THE SIEGE OF VIENNA
BY THE TURKS IN 1683

THE SIEGE OF VIENNA BY THE TURKS IN 1683

Translated into Greek from an Italian
work published anonymously in the year
of the siege

by

JEREMIAS CACAVELAS

Edited from an unpublished manuscript in the British
Museum dated Bucharest 1686 with Introduction,
Text, English Translation, Notes, and Glossary

by

F. H. MARSHALL, M.A.

*Birkbeck College: Reader in Classics in the University of London:
Corresponding Member of the Historical and Ethnological Society
of Greece*

CAMBRIDGE
AT THE UNIVERSITY PRESS
1925

CAMBRIDGE
UNIVERSITY PRESS

University Printing House, Cambridge CB2 8BS, United Kingdom

Cambridge University Press is part of the University of Cambridge.

It furthers the University's mission by disseminating knowledge in the pursuit of
education, learning and research at the highest international levels of excellence.

www.cambridge.org
Information on this title: www.cambridge.org/9781107456716

First published 1925
First paperback edition 2014

A catalogue record for this publication is available from the British Library

ISBN 978-1-107-45671-6 Paperback

PREFACE

A WRITER has remarked in connection with the manuscript from which the present work is published "Warum ist der Text nicht kritisch bearbeitet?"[1] This edition is in some sense an answer to the criticism, but it may not be out of place to make one or two further remarks. It is well known that the publication of works of this kind, unless the editor is fortunate enough to obtain a grant from an outside source, must in view of prevailing conditions result in considerable financial loss to him. A scholar may reasonably be expected to spend his time in an endeavour to advance learning without hope of material reward; he is not always in a position to spend his money as well. These considerations may perhaps serve to explain why I have not collated the manuscript with the original Italian work at Venice. The task may, I think, fairly be left to another scholar, should any such feel sufficient interest.

The description of *The Siege of Vienna by the Turks in* 1683, now published for the first time in its Greek form, is an absolutely contemporary account, which, so far as I can ascertain, has never been used by those who have made a special study of this momentous event in the history of Europe. It is also instructive for the history of Greek culture in Roumania, and may be welcomed by those who consider that the living Greek language, no less than the dead, is worthy of some attention, and who take interest

[1] Ph. Meyer in *Theologische Literaturzeitung*, 1924, No. 25, p. 544.

in its modification through contact with neighbouring languages.

I have to express my gratitude to Birkbeck College for assistance towards the cost of publication, and to Prof. R. M. Dawkins and Mr N. B. Jopson, both of whom have given me most valuable help in elucidating difficulties, without of course being in any way responsible for errors into which I may have fallen.

F. H. MARSHALL.

LONDON,
August, 1925.

CONTENTS

INTRODUCTION

JEREMIAS CACAVELAS[1], the translator of this monograph, was born in Crete. He became a monk, and in his zeal for learning travelled widely. He visited Asia Minor, and afterwards went to Leipzig, where he became acquainted with the teachers, and in particular with John Olearios, Professor of Greek. From Leipzig he went to Vienna, and from there wrote in 1670 a letter to Olearios signed Ἰερεμίας ὁ ″Ελλην διδάσκαλος τῆς ᾿Ανατολικῆς ᾿Εκκλησίας. This letter was printed by Olearios in his notes to the Chronicle of Philip of Cyprus. The present MS. shows that Cacavelas was Abbot of the monastery of Plavicenii in 1687, and it bears the date: Bucharest, Dec. 1686. Later on he migrated to the court of Constantine Cantemir at Jassy, and taught Constantine's son Demetrios. He is mentioned as Professor in the Αὐθεντικὴ ᾿Ακαδημία in 1698.

Cacavelas' residence in Wallachia brought him into contact with its subject prince. The translation is dedicated to Servan Cantacuzenos, Voivode of Wallachia (1679–1688), who, together with the Voivode of Moldavia, was compelled to serve with the Turks in the siege of Vienna in 1683. In that campaign the Wallachians and Moldavians were not trusted to fight, but were employed in

[1] Sathas, Νεοελληνικὴ Φιλολογία, 1868, p. 383 f.; Xénopol, *Hist. des Roumains*, ii, pp. 162, 173. Further details about Cacavelas will be found in Gröber, *Grundriss der romanischen Philologie*, ii, 3, pp. 278, 283, 313, 393. Cf. *Byz.-Neugriech. Jahrbücher*, iv, p. 170 f., and my article on this MS. in *Journ. Hell. Stud.*, xlii, pp. 16–23.

cutting timber[1] and in bridging, work, it may be said, which appears to have been done very unwillingly and ineffectually[2]. Indeed the inefficiency of the Turkish bridges over the Danube seems to have contributed materially to the success of the relieving forces. Servan Cantacuzenos left behind him a memorial of his devotion to Christianity in the form of an inscribed wooden cross[3].

Constantine Brancovanos, at whose instance the present translation was undertaken, succeeded his uncle Servan Cantacuzenos, and is regarded as one of the most remarkable figures in Roumanian history. Something more will be said about him later on in this Introduction. Here it may be pointed out that one of his chief merits is to have reorganized and greatly enlarged the Greek School founded by his predecessor. I quote Xénopol on the subject of this School[4].

"The first systematic organization of public instruction in Greek was carried out in Wallachia by the Roumanian

[1] See a letter of Georg Chr. von Kunitz, dated 22 July 1683: "Der Fürst aus Walachei (Fürst Cantacuzene) ist mit seiner Mannschaft beschäftigt, Hals über Kopf Bauholz zuzuführen, welches er alles in dem Wäldlein bei Schönbrunn schlagen und nach Wien ins Lager führen lässt; dieses, glaube ich, will man zu den Minen gebrauchen." (Quoted by Camesina, *Wiens Bedrängniss*, p. 25, n. 6.) Kunitz, who was Imperial Agent at Constantinople, was at the time a prisoner in the Turkish camp. See also Hammer, *Gesch. d. osm. Reiches*, vi (1830), p. 403 n.

[2] Xénopol, p. 73: "Si les princes roumains, qui sympathisaient avec les chrétiens, ne leur fussent venus en aide en diverses occasions, au péril de leurs têtes, il est très probable que la ville n'aurait pu attendre le secours que lui amenait le roi de Pologne."

[3] Klopp, *Das Jahr* 1683, p. 237 ff.; Camesina, p. 134 f.

[4] Xénopol ii, p. 173 f. Further details as to the Greek culture in Roumania will be found in Xénopol, *Istoria Românilor din Dacia Traianǎ*, iv, p. 640 ff.

prince Scherban (Servan) Cantacuzenos. Though this
prince scarcely had love for the Greeks and his policy to-
wards them was even hostile, he nevertheless recognized
the superiority of their culture, a thing which is the less
surprising, since then, as to-day, there was the same confu-
sion between the modern Greeks and their celebrated an-
cestors. Del Chiaro tells us 'that Scherban Cantacuzenos
greatly favoured the development of teaching by giving
splendid salaries to the Professors of the Greek language
who taught grammar, rhetoric and philosophy to the
children of the nobles.' Scherban Cantacuzenos was the
first to found a Greek School at Bucharest."

We can thus understand why Cacavelas migrated from
Vienna to Bucharest, and why Brancovanos prompted
him to make the present translation. The appropriateness
of its dedication to Servan also becomes clear. The fact
is that Greek culture had been transferred from Greece
proper to a more congenial home in Wallachia and
Moldavia. We know that Greek printing presses were
set up both at Bucharest and Jassy.

Besides the letter to Olearios above mentioned, the
only work of Cacavelas (bearing his name) previously
printed seems to be a translation of Platina's "De vita
summorum pontificum" made by order of Brancovanos
in 1689, and a few poems[1]. Other work by him (besides
the present MS.) is however known[2]. Besides Greek, he

---

[1] Sathas, *op. cit.*, p. 384: εὕρηνται καὶ ἡρωελεγεῖα αὐτοῦ ἐπιγράμματα
εἰς τόμον 'Αγάπης Δοσιθέου, ἐπιστασίᾳ τοῦ ἐκδοθέντα.

[2] Cacavelas also translated the Greek Liturgy into Roumanian (M. Gaster
apud Gröber, *op. cit.*) and was (according to Legrand) the author of an
historical work on the wars between the Hungarians and the Turks. For
this latter work see E. Legrand, *Épistolaire grecque* (*Bibliothèque grecque*

knew Latin, Hebrew, Italian and Roumanian, and was a noted preacher of the Gospel. This accounts for his present translation from the Italian and also for his *vulgaire*, iv (1888), p. xiii (c)). M. Legrand mentions the following MS. as included in the Catalogue of the MSS. in the Bibliothèque du Métoque du Saint Sépulcre at Constantinople (No. 252).

Εἴδησις ἱστορικὴ ὑπὸ Ἱερεμίου Κακαβέλα ἱεροκήρυκος ἀφιεροῦντος αὐτὴν εἰς τὸν ἡγεμόνα Οὐγγροβλαχίας Στέφανον Καντακουζηνόν, ἥτις διαλαμβάνει ἱστορίαν πολέμων μεταξὺ Οὐγγρων καὶ Τούρκων· ἄρχεται ἀπὸ τοῦ 1660 ἔτους.

M. Legrand says he was unable to obtain access to this and other MSS.

Sathas, however, *Bibliotheca Graeca Medii Aevi*, I. (Κατάλογος χειρο-γράφων τῆς βιβλιοθήκης τοῦ ἐν Κωνσταντινουπόλει Μετοχίου τοῦ Παναγίου Τάφου), p. 300, has the following: Κακαβέλα Ἱερεμίου μετάφρασις ἐκ τοῦ Ἰταλικοῦ, Ἱστορία τοῦ ἀποκλεισμοῦ τῆς Βιέννης ὑπὸ τῶν Μουσουλμάνων, ἀφιερωθεῖσα τῷ Ἰωάννῃ Σερβάνῳ Καντακουζηνῷ ἡγεμόνι πάσης Οὐγγροβλα-χίας (252).

From this it appears that Legrand's description is wrong. Either the Constantinople MS. is a second copy of the present work, or else it is identical with the B.M. MS. which was probably sold to North surreptitiously.

A. Papadopulos-Kerameus, *Texte greceşti privitoare la istoria româneascǎ* (in Hurmuzaki *Documente privitoare la istoria Românilor*, xiii, Bucharest, 1909), p. 1α΄, 1β΄, has given a summary of Cacavelas' activities. On pp. 201-206 he prints two short pieces previously unedited, composed by Cacavelas at Bucharest under Servan Cantacuzenos. The first is an address on the vanity of human things, delivered at the request of the Postelnic Gregorios on the occasion of the funeral of his wife Smaragda, daughter of the Voivode Servan. Though marked by exuberance of rhetoric, it displays real feeling for the untimely death of this sixteen-year-old bride. The second is a curious interpretation of the appearance in Wallachia of a two-headed hare in the year 1688. It is of some interest in relation to the preface to the Siege of Vienna, and in this connection the following passage may be quoted from it.

"The reason why the portent appeared to Your Eminence here in Wallachia is none other than that God should show you how that Kingdom [of Turkey], which aforetime walked about like a roaring lion over all, so that all trembled at it and feared, has now become a hare, and is no longer even whole, but half and half, and is incapable even of moving. Therefore fear it no more, but set with the others to hunt and rend it in pieces."

[Ἡ ἀφορμὴ δὲ ὁποῦ ἐφάνη τῇ σῇ ἐκλαμπρότητι τὸ τέρας ἐδῶ εἰς τὴν Βλαχίαν, δὲν εἶναι ἄλλη, παρὰ διὰ νὰ τῆς δείξῃ ὁ Θεός, πῶς ἐκείνη ἡ βασιλεία, ὁποῦ πρώην ὡς λέων ὠρυόμενος ὅλους ἐκαταπάτει καὶ ὅλοι τὴν ἔτρεμαν καὶ ἐφοβοῦντο,

description of himself as Ἱεροκήρυξ. His residence at
Vienna will have made him specially interested in the
siege, though I think it is clear that he was not actually
present at it. The situation of the subject princes of Wallachia and
Moldavia was one of peculiar difficulty, since they formed
as it were a buffer between the German and Turkish Em-
pires[1]. Even after the defeat of the Turks before Vienna
in 1683, Servan Cantacuzenos was not able to declare
openly for the Emperor Leopold, in spite of the proofs of
sympathy which he had given during the siege. After the
great Imperial victory over the Turks at the battle of
Harkány, near Mohács, in 1687, the Emperor sent a letter
to Servan inviting him to join the Imperial side, and as a
result the Voivode collected a considerable army with a
view to adopting this policy. The Emperor held out
various inducements, promising to recognize the right of
the Cantacuzene family to the throne of Wallachia against
an annual payment of 75,000 piastres, and even going so
far as to offer to make Servan Emperor at Constantinople
should the Turks be driven out of Europe. Despite the
great skill which the Voivode showed in impressing the
Austrians with a belief in his devotion to their cause,
while at the same time lulling the suspicions of the Turks,
the strong anti-German party at Bucharest (which in-
cluded his nephew Constantine Brancovanos) brought
his efforts to nought, and secured his removal by poison
on October 29th, 1688.

τώρα ἔγινεν ἕνας λαγωός, καὶ οὔτε σωστός, ἀλλὰ μισὸς καὶ μισός, ἤγουν
ἀδύνατος οὔτε κἂν νὰ σαλεύσῃ· ὅθεν νὰ μὴν τὴν φοβᾶται πλέον, ἀλλὰ νὰ
βαλθῇ μὲ ὅλους τοὺς ἄλλους νὰ τὴν θηρεύσῃ καὶ νὰ τὴν καταξεσχίσῃ.]

[1] For what follows I am indebted to Xénopol ii, p. 73 ff.

His successor, Constantine Brancovanos, reigned till 1714. He started as an anti-Imperialist, and joined in inflicting a crushing defeat on the Austrian General Haisler in 1690. But in the next year he reversed his policy. His long reign was a continual effort to placate both Turks and Germans; and in doing this he showed extreme ability. But in the end he was unable to ward off the fate which constantly threatened him. He was deposed by the Turks, removed to Constantinople, and there executed with his family.

A brief glance may be taken at the careers of the Moldavian princes Constantine Cantemir and his son Demetrios, the latter a pupil of Jeremias Cacavelas. Constantine reigned as Voivode of Moldavia from 1685 to 1693. He showed Turkish leanings, and as a result came after 1691 into collision with Brancovanos. From 1693 to 1711 Nicolaos Mavrocordato, a Phanariote Greek, reigned at Jassy, and was on terms of intimate friendship with Brancovanos. He was replaced in 1711 by Demetrios Cantemir, owing to the desire of the Turks to bring about the fall of Brancovanos. But though installed as a pro-Turk, Demetrios was finally convinced that the power of Turkey was on the wane, and went over to the Russians. He shared the Russian defeat on the Pruth in 1711, and it was with great difficulty that Peter the Great rescued him from the Turks and gave him an asylum in Russia, where he occupied his leisure in writing a *Description of Moldavia* in Latin[1].

---

[1] See *Encyclopædia Britannica*. Art. *Rumania*.

THE MANUSCRIPT

The Manuscript[1] (Add. MS. 38890 in the British
Museum) was purchased by the Museum at Hodgson's
sale, 25th June, 1914, lot 413. It was once in the posses-
sion of the Honourable Frederic North (afterwards 5th
Earl of Guilford, died 1827) and was subsequently owned
by Richard Taylor, F.S.A., and Doctor William Francis,
F.L.S. It is well written and presents but few difficulties
of decipherment. In transcribing it I have not attempted
to reproduce the very fluctuating use of the acute and
grave accents. In a few instances I have restored accents
and breathings where these have clearly been omitted
by inadvertence. The contractions (except those which
would require a special fount to reproduce) and variations
of spelling are as they stand in the manuscript, and
the peculiar punctuation is also retained.

HISTORICAL VALUE OF THE MONOGRAPH

The Italian original from which Cacavelas made his
translation was printed and published, though I shall have
something to say as to the strange omission of all allu-
sion to it by specialist writers on the history of the Siege.
I owe the identification of the Italian original to the
courtesy of Sig. P. Zorzanello of the Biblioteca Nazionale
di San Marco, to whom I sent extracts from the MS.
His reply leaves no doubt that the original was the fol-

[1] I have to express my thanks to Mr J. P. Gilson and Mr H. I. Bell of
the Dept. of Manuscripts, British Museum, for drawing my attention to the
MS., and to Mr H. J. M. Milne of the same Department for answering
various enquiries about it.

lowing very rare book, a copy of which is in the library
of San Marco at Venice (numbered 31503, 3d 288).

He gives the title as follows:—

"Ragguaglio historico della Guerra tra l' Armi Cesaree
e Ottomane dal principio della Ribellione degl' Ungari fino
l' Anno corrente 1683, e principalmente dell' Assedio di
Vienna e sua Liberazione, con gl' incominciati progressi
delle dette Armi Cesaree e Confederate. All' Illustriss.
Eccell. Sig. Giulio Giustiniano cavaliere. Venetia.
MDCLXXXIII, Presso Gio. Giacomo Hertz" [in 12°, pp.
(xii), 215 e due tavole]. These two plates are, as Sig.
Zorzanello informs me, a portrait of Count Starhemberg
and a picture of the Turkish flag captured by Sobieski.
The British Museum MS. has a portrait of the Emperor
Leopold I and a picture of the Turkish flag; thus the
Emperor Leopold has been substituted for Starhemberg
by the illustrator of the present MS. With regard to the
author of the book, Sig. Zorzanello supplies me with the
following information drawn from the Preface. "Due
Amici, uno somministrando le migliori notitie, e l' altro
impiegandovi l' ordine, l' ornamento e qualche picciola
reflessione, hanno condotta al suo fine quest' opera."

Sig. Zorzanello then goes on to cite passages from the
beginning and end of the book which correspond exactly
to those of the MS.

The fact that the MS. is a translation of a published
work in a sense diminishes the interest of the document
from the historical standpoint. Yet it seems to me a
matter for surprise that this account, not merely of the
details of the actual siege, but also of the general political
circumstances from 1660 to October 1683, should, as far

as I have been able to ascertain, have been entirely neglected by the specialist writers on the subject. The Italian work is an absolutely contemporary document, published in the same year as the siege. The first edition of the book at all events is not included in Kábdebo's Bibliography of the two sieges[1]. Nor can I find any allusion to it in the exhaustive works of Camesina and Klopp cited below[2]. There are, however, many indications that early writers on the subject, such as C. Contarini in his history quoted in note 2 below and the author of *Theatrum Europaeum*, vol. xii, and several others of

[1] Kábdebo (Heinrich). *Bibliographie zur Geschichte der beiden Türken-belagerungen Wiens*. Vienna, 1876. It would seem, however, that the following work mentioned by Kábdebo in his Supplement (p. 130, No. 339) is a second edition of the book.

"Ragguaglio della guerra tra l' armi Cesaree et Ottomane da principio della ribellione degli Hungari sino l' anno corrente 1684, e principalmente dell' assedio di Vienna e sua liberatione con la vittoria di Barcan, aggiontovi in quest' ultima impressione la presa di Strigonia, molt' altre curiosità. In Venetia, 1684. 4°."

[2] The following are the principal works I have used:
For Bibliography.
Kábdebo (H). *Op. cit.*
Cambridge Modern History. Vol. v. Bibliography to Ch. xii. (R. Lodge). Cambridge, 1908.
For the Siege and General History.
Contarini (Camillo). *Istoria della guerra di Leopoldo I contra il Turco.* 2 vols. Venice, 1710.
Abelin (J. P.) and others. *Theatrum Europaeum.* Vol. xii. Frankfurt am Main, 1691.
Camesina (Albert). *Wiens Bedrängniss im Jahre* 1683. (In *Berichte und Mittheilungen des Alterthumsvereines zu Wien*, viii, 1864.)
Klopp (Onno). *Das Jahr* 1683... Graz, 1882.
[The above works are cited respectively as Contarini, *Theatr. Eur.*, Camesina, and Klopp.]
Other works consulted are cited as occasion arises.

approximately the same period, used the same sources as the authors of this Italian account of the siege and its attendant circumstances.

In view of this it may not be out of place to give my impressions briefly of the value of the book from the historical standpoint. In the first place, it appears rather a remarkable achievement that the work, in spite of its obvious shortcomings presently to be alluded to, should have been printed and published in the same year as the siege which ended as late as Sept. 12th. The account in the manuscript deals with a period starting with 1660 and ending October 9th, 1683. I shall endeavour to point out some of its salient characteristics. The sources from which the Italian authors drew their information and the relation of the document to other contemporary records might, I think, provide interesting problems for the specialist student to solve. All I can do here is to record the general impression the account has made upon me.

(1) *Political tendencies.* The writers are ardent admirers of the Emperor Leopold I, Pope Innocent XI, the Duke of Lorraine and John Sobieski. No bitterness is shown except as regards the Turks and the Hungarian rebels. The absence of ill-feeling towards Louis XIV in such references as are indirectly made to him is somewhat remarkable[1]. Of the two policies open to the Emperor after the defeat of the Turks before Vienna—war with Louis XIV or the following up of the success over the Turks—it is clearly the business of the writers to recommend the latter. All that could ruffle the susceptibilities of the Imperial allies is carefully smoothed away. The

[1] *E.g.* MS. F. 9*b*, l. 15 ff.; F. 31*b*, l. 13 ff.; F. 33*b*, l. 1 ff.

excuses of the Elector of Brandenburg for recalling his troops are accepted without demur[1]. The difficulties which the Emperor had in securing the assistance of the Elector John George of Saxony are dismissed in a line or two[2], and full recognition is given to his prowess in the field, as indeed to that of all the other prominent leaders in the Imperialist army[3]. There is no hint of dissatisfaction with the conduct of the Polish troops; their appropriation of the lion's share of the spoils is merely stated, and that in a way which could cause no offence[4]. The meeting of the Emperor and Sobieski is described as being of a most cordial character, and no trace of the unpleasantness mentioned by the King in his correspondence and by his son Jacob in his diary (an unpleasantness magnified by subsequent writers) is to be found[5]. The defeat of Sobieski at Párkány is glossed over[6], and in general it may be said that the King is accorded ungrudging recognition of his great services[7]. This anxiety to avoid wounding the susceptibilities of any save the Turks and their Hungarian allies points to the authors' having been inspired by those who were anxious to keep Western Europe and the Poles united with a view to the prosecution of the campaign against their common enemy the Turk, and it is significant that Pope Innocent XI and the Republic of Venice both strongly urged this policy[8].

(2) *Historical value*. The authors appear to me to be well-informed, in the sense that they evidently had access to various authentic sources of information, but to be

[1] F. 31*b*, l. 13 ff.   [2] F. 23*a*, l. 18 ff.   [3] F. 43*a*, l. 16 ff.
[4] F. 41*a*, l. 11 ff.   [5] F. 46*b*, l. 25 ff.   [6] F. 53*a*, l. 3 ff.
[7] Cf. especially F. 42*a*, l. 21 ff.; F. 44*b*, l. 1 ff.
[8] See Klopp, p. 339 ff.

inaccurate in detail. The impression left is that the work was done in a hurry with little revision, and I should be inclined to think that the hurry was due to the fact that the monograph was intended to serve as a political pamphlet. Its aim goes a good deal beyond that of giving a mere diary of the siege, as is the case with most of the documents written immediately after the Siege of Vienna. In a sense it is comprehensive, since it gives a summary sketch of all the main circumstances of interest (from the Imperial standpoint) before, during, and immediately after the siege. It is necessarily, in view of its small compass, marked by a good deal of superficiality. Such attention as is paid to detail is curiously unequal, a striking instance being the singling out of the army of the Elector of Saxony for rather full description[1]. Contrast this with the complete absence of detail in the case of the Bavarians. As regards the Poles, such omission is to some extent compensated for by a general account of the composition of their army[2].

I have said that the monograph is inaccurate in detail. A few examples may be given. The date of the Emperor's flight from Vienna is stated to have been July 11th,[3] July 7th is the real date. The treaty between the Emperor and the King of Poland is said to have been concluded on April 18th[4]. March 31st is the date usually given, but probably the authors of the monograph refer to the taking of the oaths before the Pope and the ratification by the Polish Diet, which took place on April 16th—17th[5]. A more serious error is the confusion between the engage-

[1] F. 23a, l. 24 ff.   [2] F. 52a, l. 1 ff.   [3] F. 16b, l. 14.
[4] F. 8b, l. 11.   [5] Klopp, p. 171.

ment on the Raab, in which Count Bathiany played the
traitor, and the battle of Petronell, in which the Prince of
Aremberg and Prince Julius Ludwig of Savoy met their
death[1]. A similar confusion seems to have been made
between the victory of the Duke of Lorraine near Press-
burg and a later action near the Bisamberg[2]. General Stras-
soldo is erroneously stated to have been in command of
Kaschau at the time of its surrender, whereas the actual
commander was Colonel Lamb[3]. I have no doubt that a
critical examination of the account would reveal several
other inaccuracies of this kind[4].

These errors would be of no great moment provided
that the main aim of the writers, was, as I suggest, a
political one, and supposing that they felt it important
that the account should be finished as quickly as possible.
They do of course diminish the value of the work as a
historical document, though I think it possible that its
broad outlook may be held to compensate to some extent
for its lack of care in detail. It is possible, of course, that
the translator is responsible for certain minor errors, but
I cannot say whether this is the case as I have not been
able to consult a copy of the original Italian work.

I am not competent to discuss fully the sources from
which the authors may have drawn their information. It
may, however, be useful to point out certain close resem-

[1] F. 15b, l. 21 ff.   [2] F. 24b, l. 16 ff.   [3] F. 7a, l. 25.

[4] Attention may be drawn to the discrepancy of the statements regarding
the number of boats supporting the bridge at Pressburg. Our MS. (F. 12a,
l. 13) says 37; *Theatr. Eur.*, xii, p. 528, says 73.

A convenient summary of dates of explosions, assaults and sorties is
given by Hammer, *Gesch. d. osm. Reiches*, vi (1830), p. 404 n. A good
many of the dates given in our MS. correspond to these, but there are several
discrepancies.

blances to descriptions in other works published within a few years of the work under discussion.

The description of the attempted poisoning of the Emperor by Nadasdy by means of a cake[1] has much in common with the account given by Contarini in his history[2], where the scene of the attempt is placed at Pottendorf. I should infer that our authors and Contarini used the same source of information. This attempt, and the other two attempts (viz. arson at the Imperial Palace and the poisoning of the wells) named in the manuscript are mentioned under the year 1668 by the anonymous author of a history of Tekeli first published in 1693[3]. Contarini's account[4] of the share of Count Tattenbach in the conspiracy of the Hungarian nobles also corresponds closely to that of our authors. The description of the review at Kittsee given in this monograph bears a striking resemblance to that in *Theatrum Europaeum*[5], and it can hardly be doubted that they are drawn from the same source. The story of the find made by the engineer Rümpler is very much the same as that which occurs in the *Hungar.-Türk. Chronik* published at Nürnberg in 1685[6]. The letter from Tekeli to the Grand Vezir[7] is given in Han's *Alt und Neu Pannonia*, Nürnberg, 1686[8], in a form

[1] F. 5a, l. 9 ff.   [2] Contarini, i, p. 24.

[3] *Histoire d'Éméric comte de Tekeli*, 2nd edn., 1694, p. 52.

[4] Contarini, i, p. 26 f. and MS. F. 5a, l. 27 ff. Light might be thrown on this point by the *Perfetta e veridica relatione della processi...contro.... Nadasdi*, etc., Vienna, 1671, to which I have not access.

[5] F. 12a, l. 2 ff. and *Theatr. Eur.* xii, p. 528 ff.

[6] F. 28b, l. 11 ff. The passage from the *Hungar.-Türk. Chronik* is quoted by Camesina, p. 34, n. 2.

[7] F. 25b, l. 12 ff.

[8] Han (P. C. B.), *Alt u. Neu Pannonia* (p. 553).

which is substantially the same as that of our text, though it presents a few variations. On the other hand, the descriptions of the flag captured by the King of Poland and of its presentation to the Pope given by Jac. Franci, *Hist. Beschr. der denkwürdigsten Geschichten* (1684)[1], and by Feigius, *Wunderbahrer Adlers-Schwung* (1694)[2], differ materially from that of our text[3].

These examples are, I think, sufficient to show that the problem of the sources from which our authors drew their information might prove of interest to the student of the period.

[1] Camesina, p. 78, n. 4.
[2] P. 94 ff. Quoted by Camesina, p. 80.
[3] F. 49*a*, l. 23 ff.

NOTE TO TRANSLATION

In dealing with personal and place names I have adopted this principle:

(1) When the identification appears certain I have given the ordinarily accepted form without query.

(2) When the identification is not certain, but has some probability, I have given such form with the addition of a query.

(3) When I have been unable to identify the name, I have transliterated the form into English and put it in italics.

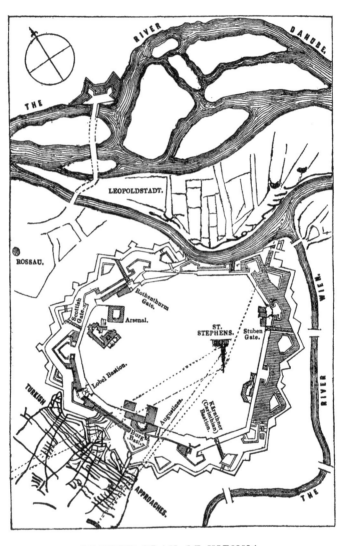

SKETCH-PLAN OF VIENNA.

(After *The Two Sieges of Vienna by the Turks*. J. Murray, 1847.)

SIEGE OF VIENNA

2 a Γαλυνώτατε, εὐσεβέστατε, καὶ κράτιστε ἡγεμῶν, πάσης
οὐγκροβλαχίας, κύριε, κύριε, ἰωάννη, σερβάνε βοη(β)όνδα,
καντακουζηνέ, ἔντεινε καὶ κατ' εὐοδοῦ, ἔνεκεν τῆς τῶν
χνῶ͞ν πίστεως.

5 Ἐκ προτροπῆς τοῦ μεγαλοπρεπεστάτου σας ἀνεψιοῦ, καὶ
πρωτοσπαθαρίου, κυρίου κωνσταντίνου μπρακοβάνου, τὸ
παρὸν βιβλιάριον ἀπὸ τὴν ἰταλικήν, εἰς τὴν ἡμετέραν
τῶν γραικῶν ἀπλῆν διάλεκτον πιστὰ ἐμεταγλώττησα, τὸ
ὁποῖον ἄλλον δὲν περιέχει, παρὰ μίαν ἀνκαὶ σύντομον,
10 ἀλλὰ ἀληθεστάτην καὶ καθαρὰν ἱστορίαν τοῦ ἀπόκλεισμοῦ
τῆς περιφήμου πόλεως βιένας, ἀπὸ τοὺς καταπάντα
ἀπίστους καὶ ἀθέους μουσουλμάνους, συλλογιζόμενος τὸ
λοιπόν, τίνος νὰ ἀφιερώσω τοῦτον μου τὸν κόπον, διὰ νὰ
ἔχει περισσοτέραν τιμήν, σιμὰ εἰς τοὺς ἀναγινώσκοντας,
15 ἄλλο δὲν ἐδιάλεξα παρὰ τὸ σεβαστόν σας ὄνομα, τὸ ὁποῖον
ἡ χριστιανικὴ καὶ βασιλικὴ σας διαγωγή, τόσον λαμπρὸν
καὶ χαριτωμένον τὸ ἐκήρυξεν εἰς τὸν κόσμον, ὁποῦ ὅλοι
σχεδὸν τὸ εὐφημίζουν, καὶ σέβονται.

2 b Πολλὰ παραδείγματα ἄξια στοχασμοῦ, καὶ μυμήσεως
διαλαμβάνει ἡ ἱστορία, καὶ ἀφήνωντας τὴν ἀήττητον ἀν-
δρείαν τῶν στρατάρχων ἰωάννου ῥηγὸς τῆς λεχίας, καὶ τοῦ
δουκὸς τῆς λορένας τοῦ θαυμαστοῦ καὶ ἀξιοπρεπεστάτου
5 λοταρύγκου, στοχάσου ἡ γαλυνότης σου, καὶ θαύμασε τὴν
δεδοξασμένην πρόνοιαν τοῦ θ͞υ͞, ἡ ὁποῖα μὴν ὑποφέρωντας
πλέον τὴν σκληροτάτην, καὶ διαβολικὴν τυραννοίαν ὁποῦ,
κατὰ τῶν εὐσεβῶν τόσους χρόνους ἔδειξεν, ἡ ἀπα͞ινία τῶν
ἀγαρηνῶν, ἔξαφνα, καὶ παρελπίδα ἐξύπνησε εἰς ταῖς καρ-
10 δίαις ὁλονῶν τῶν χ͞νῶν βασιλέων, πνᾶτα ὀργῆς, διὰ νὰ
συκωθοῦν ὅλοι συμφώνως μὲ τὴν δύναμιν στ͞ρ͞ού, νὰ συν-
τρύψουν τὴν φαρμακερὴν κεφαλὴν τῶν τυραννούντων
ἀγαρηνῶν, καὶ ἰδοῦ ὁποῦ βοηθεία, καὶ νεύσει τῆς αὐτῆς

Most Serene, Pious and Mighty Ruler of all Ugro-Wallachia, Lord John Servan, Voivode, Cantacuzenos, be strong and prosper in thy way on behalf of the Christian faith. At the instance of thy most illustrious nephew and protospatharios, Constantine Bra(n)covanos, I have translated the present little book from the Italian faithfully into our simple Greek dialect. It contains nothing but a brief, though perfectly true and clear, account of the siege of the famous city of Vienna by the utterly treacherous and godless Mussulmans. So on considering to whom I should dedicate this work of mine that it may have the more honour in the eyes of the readers, I chose none other than your revered name, which your Christian and Royal bearing has proclaimed as so brilliant and gracious to the world, that nearly all acclaim and revere it[1]. History contains many examples worthy of reflection and imitation, and leaving aside the invincible courage of the generals, John King of Poland and the wonderful and most brilliant Duke of Lorraine, your Serenity should reflect upon and marvel at the glorious providence of God, which, no longer suffering that most harsh and diabolic tyranny which the Hagarenes in their inhumanity showed for so many years against the god-fearing, suddenly and unexpectedly aroused in the hearts of all Christian Kings the spirit of anger that they should all with one accord arise in the power of the Cross to crush the poisonous head of the tyrant Hagarenes, and lo!, with the help and

[1] Cf. Hammer, *Gesch. d. osm. Reiches*, vi (1830), p. 403 n.*d* (from MS. No. 886 in the Hofbibliothek, Vienna):
"In Valachia il principe moderno Serbano e uomo di gran spirito, potente e ricco per se stesso, amato dai Bojari e Grandi, ha gran parentela, due fratelli, uno Micaele, l'altro Constantino, questo ha studiato in Padova, persone mature di gran pratica e spirito, ha molti nepoti esperti, fra l'altri il Conte Brancovano che fu spesso Generale di queste provincie, persona di gran talenti...."

4 SIEGE OF VIENNA

θείας προνοίας, κείτεται θέαμα ἐλεηνόν, ὁ ὑπερίφανος, ἀπὸ
15 κάτω ἀπὸ τὰ ὀνύχια τῶν εὐσεβῶν, καὶ κινδυνεύει νὰ
ψωφήσῃ παντάπασι· ἀλλά, παρακαλῶ, δὲν εἶναι καὶ ὁ
σερβάνος βοηβόνδας, καὶ υἱὸς βασιλέων, καὶ ἂν εἰς παρὰ
μικρὴν ἐπαρχείαν αὐθέντης, καὶ βασιλεύς ; ναὶ βέβαια μὲ
τὸ ἔλεος τοῦ θῡ. ἃς μυμηθῇ τὸ λοιπόν, καὶ ἃς λάβῃ τὸν
20 ζῆλον τῶν προγόνων της, διὰ νὰ διαφεντεύσῃ ὅταν καλέσῃ
ὁ καιρός, τὴν χριστιανωσύνην, ἃς μὴν δειλιάσῃ, ἃς μὴν
φοβηθῇ, διατί τοῦ θῡ εἶναι ἡ νεύσις, καὶ ἡ προτροπή, ὁποῦ
με φανερὰ σημεῖα φωνάζει, καθὼς ἕναν καιρὸν τοῦ μωϋσέως,
τοῦ ἰησοῦ τοῦ ναυῆ, τοῦ γεδεῶν, τοῦ δαβίδ, καὶ τῶν ἄλλων,
25 ἐγείρεσθε ἰδοῦ γὰρ δέδωκα τοὺς ἐχθροὺς ἡμῶν, εἰς τὰς
χεῖρας ὑμῶν, μὴ φείσεσθε αὐτῶν, οὕτως ἐλπίζω καὶ ἐγώ,
καὶ ὅλον τὸ ταλαίπωρον καὶ κατασκλαβωμένον, γένος τῶν |
3 a ρωμαίων, νὰ ἰσχύσῃ ὁ θ̄ς ἕως τέλους τὴν γαλυνοτητά σου,
καὶ ὅλην τὴν χριστιανωσύνην, διὰ νὰ προσκυνῆται ἐν μιᾷ
θεότητι, ὁ πῆρ, ὁ υἱός, καὶ τὸ ἅγιον πνᾶ, ἡ ἁγία καὶ
προσκυνητὴ τριάς, εἰς τὴν ὁποῖαν δεόμενος ἐγώ, τῆς γαλη-
5 νοτητός σου, εὐτυχείαν, μακροημέρευσιν, καὶ νίκην κατὰ
τῶν ὁρατῶν, καὶ ἀοράτων ἐχθρῶν, ἀσπάζομαι τὴν ἄκρην
τῆς σεβαστῆς σας πορφύρας, καὶ ὑπογράφομαι
δοῦλος εὐτελεῖς καὶ εὐχέτης θερμότατος
Ἱερεμίας κακαβέλας ὁ ἱεροκήρυξ.

4 a   Εἴδησις : ἱστορική.

Δὲν ἐπολέμησαν ποτὲ οἱ ὀτομάνοι διὰ δόξαν, καὶ διὰ
ὄνομα, ἠθέλησαν πάντα ταῖς νίκαις πλέα βεβαίαις παρὰ
συγχησμέναις, καὶ τοὺς ἄρεσαν δυνατά, ἐκείναις ὁποῦ ἢ ἡ
ἀμέλεια εὔκολα τοὺς ἔδωσε εἰς τὸ χέρι αὐτονῶν, ἢ χωρὶς
5 κόπον τοὺς ταῖς ἀφιέρωσε ἡ προδοσία, συχναῖς φοραῖς
τὰ ἐδιαφέντευσαν, ὅμως ἡ διαφέντευσις ἦτον χειρότερη
ἀπὸ τὴν τυραννείαν, διατί ἀχαμνένωντας τὸ δυνατόν, εἰς
καιρὸν ὁποῦ ἐδυνάμωναν τὸ ἀχαμνὸν μέρος, ἐξιουσιάζων-
τας τὸ πρῶτον στανικῶς, τὸ δεύτερον θεληματικῶς, ἀπό-
10 μειναν ἕως τὸ ὕστερον αὐθένται δύο ἐπαρχειῶν, τῆς μιᾶς

at the beck of the same divine Providence, the proud lies low, a piteous sight, beneath the talons of the pious, and seemeth ready to perish utterly. But, I ask, is not Servan also a Voivode, the son of kings, yea and a king to boot, even though he be lord over but a very small province? Yea verily, by the mercy of God. Let him imitate therefore and take up the zeal of its forefathers, that when the time summons he may champion Christendom; let him not shrink, let him not fear, for the bidding is the Lord's and the exhortation, which calls with clear signs, even as once to Moses, Joshua the son of Nun, Gideon, David and the others: Rise up, for lo! I have delivered our enemies into your hands, spare them not. Even so it is my hope, and the hope of all the hapless and enslaved race of the Romans, that God may strengthen your Serenity to the end and all Christendom that the Father, the Son, and the Holy Spirit, the holy and worshipful Trinity, may be adored in one Godhead. To which Trinity I pray on behalf of your Serenity for success, length of days and victory over your foes visible and invisible, and kiss the hem of your revered purple, and subscribe myself

Your humble servant and fervent well-wisher

JEREMIAS CACAVELAS THE PREACHER.

HISTORICAL ACCOUNT

The Ottomans never waged war for glory and renown, they ever desired victories certain rather than embroiled, and they took great pleasure in those which neglect gave into their hands easily, or treachery offered to them without trouble. They frequently gave protection, but their protection was worse than their tyranny, because by weakening the strong party while strengthening the weak, they obtained authority over the first by violence, and over the second by consent; they subsequently remained masters of two provinces, the one as a gift, the other by

χάρισμα, τῆς ἄλλης ἐξ ἀρπαγῆς, διὰ τὸ ὁποῖον, δὲν εἶναι
νὰ κατηγορήσῃ τινάς, τόσον, τὸν δόλον αὐτονῶν, ὅσον τὴν
τυφλαμάραν ἐκεινῶν, ὁποῦ ἀποστατεύωντας ἐξ ὑπερφανίας
ἀπὸ τοὺς μεγαλήτερους, ἐδιάλεξαν καλείτερα νὰ ὑποφέρουν
15 τὸν βαρύτατον ζυγὸν τῶν βαρβάρων, παρὰ τὴν γλυκυτάτην
εὐτυχείαν τῶν νομίμων τως αὐθεντάδων.

Τούτην τὴν δυστυχείαν, μάλιστα ὀργήν, καὶ θεικὴν παί-
δευσιν, πλέα παρὰ καμίαν ἄλλη αὐθεντεία, ἐδοκίμασεν εἰς
4b τοὺς ὄχι μόνον ἀπερασ|μένους καιρούς (καθὼς διαλαμ-
βάνουν αἱ ἱστορίαι) ἡ οὐγκαρία, ἀλλὰ ἀκομή, καὶ τῶρα εἰς
τοὺς καιρούς μας, ὅθεν διὰ πολλὰ ἐλαφραῖς, καὶ μάταιαις
ἀφορμαῖς, καὶ διὰ οὐδατιναῖς ζηλοτυπίαις τῆς ἐπαρχίας,
5 τῶρα ἀρματόνωντας τοὺς ἐδικούς της, διὰ νὰ ἁρπάζουν
ἀδίκως τοὺς τόπους καὶ τὰ καλὰ τῶν νομίμων της αὐθεντῶν,
τῶρα κρούωντας τὴν πόρταν τῆς ἀνατολῆς, διὰ νὰ ὁρμήσουν
καταστροφαῖς πολέμων νὰ καταπιοῦν, καὶ νὰ ἀφανίσουν
βασίλεια, καὶ τόπους, ἕως τὸ ὕστερον στανικῶς ἐδυναστεύ-
10 θη, νὰ ἀφήσῃ εἰς τὰ χέρια τῶν ὀτομάνων καὶ εἰς τὸ
θέλημα, ταῖς διαφοραῖς καὶ τὴν ἐλευθερίαν της, πληρώ-
νωντας πολλαῖς, καὶ συχναῖς φοραῖς μὲ πολὺ χρυσείον,
καὶ περισσότερον αἷμα, ἐκείνην τὴν αὐθεντείαν ὁποῦ
ἀπὸκάτω εἰς τοὺς νομίμους της αὐθεντάδες, δὲν ἤθελε δώσῃ
15 ἄλλο, παρὰ ὀλίγην ὑπακοήν, καὶ παραμικρὴν εὐπείθιαν.

Τὸ λοιπὸν ἡ ἀποστασία ὁποῦ εἰς τοὺς 1660 ἀκομὴ
τριφερή, εἶχεν ἀρχήσει ἀπὸ ταῖς ματαίαις διαφοραῖς τῶν
παραμικρῶν ἐξουσιαστῶν, διὰ νὰ μὴν πιστεύουν νὰ ἀφήνουν
νὰ σεβαίνουν εἰς τὰ κάστρη των οἱ ἀναγκαῖοι στρατιῶται
20 ἀλαμάνοι, αὔξησεν ὕστερον καὶ ἐμεγάλωσεν εἰς τὸ διάφορον,
καὶ τὴν οὐσίαν τῶν μεγάλων ἐξουσιαστῶν, καὶ ἐπήγενεν νὰ
τελειώσῃ παρὰ νόμως εἰς τὸν χαλασμόν, καὶ τὴν κατα-
στροφὴν τῶν πρηντζήπων, καὶ τοῦ καίσαρος, ἀνίσως καὶ
ὁ θ̄ς ὁποῦ μὲ μερικὴν χάριν διαφεντεύει ἐδὼ εἰς τὴν γῆν,
25 ταῖς πλέα λαμπραῖς του εἰκῶνες, δὲν ἤθελε στρέψει ταῖς
σαίταις του εἰς τὴν καρδίαν τῶν τοξότων, καὶ τὸ σπαθὴ
εἰς τὸν λαιμὸν τῶν δημίων.

Οὔτε αἱ παγίδες ὁποῦ κατὰ τῆς ζωῆς τοῦ καίσαρος
5a ἐμυχανεύθη ὁ κόν|τε πέτρος σρήνης, οὔτε τὸ πῦρ ὁποῦ εἰς

rapine. In this one should not blame so much their guile as the blind infatuation of those who out of pride revolted from those greater than themselves, and judged it better to endure the very heavy yoke of the barbarians than the very sweet prosperity of their lawful masters.

This misfortune or rather anger and divine chastisement has been experienced by Hungary, more than by any other Power, not merely in past times (as history treats of) but even now in our own times. Hence it was that as the result of very light and vain motions and trivial jealousies in the province, they now armed its inhabitants that they might seize unjustly the places and goods of its lawful masters, and now knocked at the gate of the East that they might set in movement disasters of wars to absorb and destroy kingdoms and places, until in the end it was forced to leave in the hands and at the will of the Ottomans its disputes and its liberty, paying on many occasions the price of much gold and more blood to those masters, whereas it need only have given under its lawful masters a little obedience and a very little discipline.

So the rebellion, which in 1660 was still in its infancy, and had begun from the idle quarrels of the petty rulers, which prevented them from allowing the entry into their fortresses of the necessary German soldiers, afterwards increased and grew in importance, touching the interests and possessions of the great rulers, and was like to have ended in the unlawful ruin and overthrow of the princes and of the Emperor, had not God, who with special grace here on earth protects his brightest images, turned his arrows against the heart of the archers, and his sword against the throat of the executioners.

Neither the traps which Count Peter Zrinyi set against the life of the Emperor, nor the fire which Count Nadasdy

τοὺς 1668 μέσα εἰς τὴν βιέναν εἰς τὸ καινούριον παλάτι
τῆς αὐγούστης ἔκαμε, καὶ ἔβαλεν ὁ κόντε νατάσντης, οὔτε
ἡ φθορὰ τῶν ὑδάτων, ὁποῦ εἰς τοὺς 1670 μέσα εἰς τὰ
5 πηγάδια τῆς κούρτης ἐπάσχησαν οἱ ἐχθροί, ἠμπόρεσαν
νὰ κάμουν ἄλλον ἀποτέλεσμα, παρὰ νὰ συγχήσουν τὸν
ἀσεβῆ νοῦν τῶν ἐφ᾽ εὑρετῶν, καὶ τὴν ἀνήκαστον ἀσέβειαν
τῶν προδότων.

Ἔφρυξεν ἡ ἴδια ἀσέβεια εἰς τὸ μυσητὸν τραπέζι, ὁποῦ
10 εἰς ἕνα του χωρεῖον ἐτοίμασεν τοῦ καῖσαρος, καὶ ὅλης τῆς
κούρτης ὁ ναντάσντης, εἰς τὸ ὁποῖον ἔχωντας ἀποφασισ-
μένον νὰ ἀσικόση τὴν ζωὴν τοῦ καῖσαρος μὲ τὸ θανατηφόρον
φαγῆ, μιᾶς φαρμακεμένης τούρτας, εὐδόκησεν ἡ θεία πρό-
νοια, ὅτι ἡ ἴδια γυναῖκα τοῦ κόντε, τρομάζουσα καὶ αὐτή,
15 τόσην ἀθείαν, νὰ προστάξη τὸν μάγυρα νὰ κατασκευάση
εὐθὺς ἄλλην τούρταν, καὶ συκόνωντας ἀπὸ τὸ τραπέζη τὴν
φαρμακεμένην νὰ βάλη εἰς τὸν τόπον της τὴν καλήν, τὸ
ὁποῖον μαθαίνωντας ὁ ναντάσντης, ἔδωσε τὸ φαρμάκι τῆς
γυναικός του, καὶ ἐθανάτωσε μὲ τὰ ἰδιά του χέρια, καὶ τὸν
20 μάγυρα διατί, τῆς ἐφανέρωσε τὴν ἐπιβουλήν.

Ἕως τόσον δὲν ἔπαυαν εἰς τὸ κρυφόν, αἱ συβάσαις μὲ
τὴν πόρταν διὰ νὰ ἀποφασίσουν ἕως τὸ ὕστερον οἱ τοῦρκοι,
νὰ καταπατήσουν τοὺς τόπους τῆς μεγαλειοτητός του·
τοῦτα ἐμυχανεύωνταν μὲ βαθείαν συωπήν, ὁ σντρῆνις, καὶ
25 ὁ μαρκέζες φρανγίσκος φραγκιπάνης ὁ συμπεθερός του, μὲ
τὸ μέσον τῶν τρανσυλβάνων, ἦτον εἰς τὴν ἐπιβουλήν, καὶ
ὁ κόντες τατεμπάκ, σύμβουλος εἰς τὴν ἐπαρχείαν τῆς
5b στήριας, καὶ ὁποῦ ἐκράτιε | πολλὰ ἀγαθὰ εἰς τὴν κοντέα
τῆς τζηλέας, ὅμως ἔστωντας μὲ θείαν νεύσιν νὰ προδοθῆ
ἐτοῦτος ἀπὸ τὸν ἰδιόν του ποστέλνικον, καὶ νὰ φανερωθοῦν,
καὶ αἱ ἐπιβουλαῖς τῶν ἀλονῶν ἀπὸ τὸν δραγομάνον πανα-
5 γιώτην ὁποῦ ταῖς ἐξεμυστεύθη τοῦ ἐλτζῆ εἰς τὴν πόλιν,

caused and started in 1668 in the new palace of the Empress at Vienna, nor the corruption of the waters which the enemies attempted in the Court wells in 1670, were able to effect any other result than that of confounding the impious mind of the devisers and the inconceivable impiety of the traitors.

Their own impiety shuddered at that abhorred banquet which Nadasdy prepared at one of his villages for the Emperor and all the Court, at which, having resolved to destroy the life of the Emperor with the deadly food of a poisoned cake, it was determined for him by divine Providence that the Count's own wife, who herself shuddered at such impiety, should order the cook to prepare immediately another cake, and to remove the poisoned cake from the table and put the good one in its place. When Nadasdy learned this he gave the poison to his wife and did her to death with his own hands, as also the cook because he had revealed the plot to her[1].

Meanwhile secret negotiations went on continuously with the Porte to make the Turks decide in the end to trample under foot the territory of his Majesty. This was contrived with great secrecy by Zrinyi, and the Marquis Francis Frangipani his marriage-relation was, through the agency of the Transylvanians, in the plot, as was also Count Tattenbach, Councillor in the Province of Styria, who also owned much property in the County of Celje[2]. But it was determined by divine appointment that he should be betrayed by his own chamberlain, and that the plots of the others should be revealed by the Dragoman Panayotes who divulged them to the ambassador at Constantinople[3]. They were arrested and

[1] With this account, cf. Contarini, *Istoria*, p. 24; *Histoire d'Éméric comte de Tekeli*, 2nd edn., 1694, p. 52. The village was Pottendorf.

[2] Cf. Contarini, *Istoria*, p. 26: "Conte Tauttempach Barone de' più riguardevoli, che possedendo molti e ricchissimi patrimoni nella Cilea, e tenendo la carica autorevole di Consigliero della Stiria..."

[3] Cf. Contarini, p. 27. He calls the informer a *cameriero*. Panayotes was Imperial interpreter at the Porte. See Hammer, *Gesch. d. osm. Reiches*, vi (1830), pp. 71, 266 ff.

ἐπιάσθηκαν καὶ ἐκατακρίθηκαν μὲ ταῖς ἰδιαίς των γραφαῖς
ὁποῦ ἐβρέθηκαν μέσα εἰς πέντε κασέλαις γαιμάταις γράμ-
ματα, ὅταν ἐπάρθη τὸ καστέλι τοῦ μουράνου εἰς τὸ ὁποῖον
εἶχαν συνήθειαν αὐτοὶ νὰ συνάζονται, καὶ νὰ μαγερεύουν
10 ταῖς δουλιαῖς των, φυλακονοντάς τους τὸ λοιπὸν καὶ
ἐξεταζωντάς τους, τοὺς ἀποφάσισαν, καὶ ἀπεκεφαλίσθη ὁ
ναντάσντης εἰς τὴν βιέναν, καὶ ὁ σρῆνης, καὶ ὁ φραγκι-
πάνης εἰς τὴν ἴδιαν ἡμέραν ταῖς 30 τοῦ ἀπρηλίου εἰς τοὺς
1671 εἰς τὸ νεουστάτ, καὶ ὕστερα ἀπὸ ἑπτὰ μῦναις εἰς τὴν
15 πρώτην τοῦ δεκεμβρίου τοῦ αὐτοῦ χρόνου διὰ νὰ μὴν
ἦτον ἀκομὴ καλὰ τελειομένη ἡ ἐξετασίς του ἀπεκεφαλίσθη
καὶ ὁ κόντε τατενμπάκ, εἰς τὸ παλάτι τῆς συμβουλῆς
ὁποῦ ὀνομάζεται γράτζ.

Ἐπίστευσεν ὁ καίσαρ πῶς τὸ διστυχισμένον τέλος
20 ἐτουτουνῶν νὰ εἶχε γενῆ διδασκαλία τῶν ἐπιλύπων, ὅπως
γυρεύωντες τὴν συγχώρησιν νὰ ἤθελαν πασχήσουν νὰ
γλυττώσουν ἀπὸ τὴν παίδευσιν ὁποῦ ἀτοί τως ὁμολογοῦ-
σαν πῶς δικαίως τοὺς ἔπρεπε, καὶ διὰ τοῦτο τὸ τέλος
συγκεραίνωντας τὰ ἀστροπελέκια τῆς δικαιοσύνης, μὲ
25 ταῖς δροσιαῖς τῆς εὐσπλαγχνίας, ἐκήρυξεν ἕνα ἑορτάσιμον
χρυσόβουλον μιᾶς κοινῆς ἀφέσεως ὁλονῶν τῶν ἀποστάτων
εἰς ταῖς 6 τοῦ ἰουνίου εἰς τοὺς 1671 ὅμως μὲ τέτοιον λο-
γαριασμόν, ὅτι οὔτε οἱ ἀποκηρυγμένοι, οὔτε οἱ ἐξετασμένοι,
6 a οὔτε | οἱ φευγάτοι εἰς ξένους τόπους, οὔτε οἱ ἀμεταμέλειτοι
νὰ μὴν λογίζονται εἰς τὴν συγχώρησιν, μὲ ὅλα τοῦτα οὔτε
ἡ παίδευσις, οὔτε ἡ εὐσπλαγχνεία δὲν ἐστάθηκαν ἀρκετὰ
ἰατρικά, νὰ θεραπεύσουν τὴν ἀρωστίαν ἐκεινῶν τῶν ψυχῶν
5 ὁποῦ μίαν φορὰν συγχυσμέναις μὲ τὸν αὐθέντην τους, διὰ
νὰ τοῦ πάρουν τὴν ζωήν, καὶ τοὺς τόπους ἀπόμειναν
ἀναίσθηταις, καὶ ἀκολοῦθως ἀδύνατον νὰ ἀπαλήνουν μὲ τὰ
ἀλείματα τῆς εὐσπλα(γ)χνίας, ὅθεν ἠμπορεῖ νὰ εἰπῆ τινάς,
πῶς εἰς τοὺς πρώτους ἄγνωστους ἀπόθαναν οἱ ἄνοι, καὶ
10 ὄχι ἡ ἀποστασία, καὶ κόπτωντας ἐκείναις ταῖς τέσσαρες
κεφαλαῖς, ἐξαναφύτρωσαν ἄπειραις εἰς τὴν ἴδραν τῆς
ἀπιστείας, ὅσοι δὲν ἔτυχαν τῆς ἀφέσεως, περισσότερον
ἐθυμώθησαν, καὶ ὅσοι ἔτυχαν τὴν ἀθέτησιν, ὅθεν σμυγμένα,
καὶ τὰ δύο μέρη ἐδιάλεξαν νέα κεφάλια, τῆς ἀποστασίας,

condemned by their own writings which were found in five boxes full of documents, when the Castle of Murány was taken, in which they had been in the habit of meeting and hatching their plots. So they put them in prison and examined them, and passed sentence on them, and Nadasdy was beheaded at Vienna, and Zrinyi and Frangipani on the same day, the 30th April 1671, at Neustadt, and seven months afterwards, on the first of December the same year, because his examination had not yet been quite completed, Count Tattenbach was also beheaded at the Council Palace called Gratz[1].

The Emperor believed that the ill-fated end of these men would have been a lesson to the rest, and that they would have craved pardon and sought to have escaped the chastisement which they themselves admitted that they justly deserved. Therefore to this end, mingling the thunderbolts of justice with the dews of lovingkindness, he published a festal golden bull giving a common amnesty to all the rebels on the 6th June 1671, with the proviso however that neither the outlawed nor those under examination nor those who had fled to foreign parts nor those who were unrepentant should be included in the amnesty. Nevertheless neither the chastisement nor the lovingkindness had sufficient healing power to cure the sickness of those souls which, once they had broken with their master with the object of taking his life and his lands, remained insensitive, and in consequence it was impossible that they should be softened with the ointment of lovingkindness; so that one may say that in the first foolish ones there were put to death men and not the rebellion, and that by cutting off those four heads, they caused innumerable heads to spring up in the hydra of disloyalty; those who obtained not pardon were the more incensed, as well as those who obtained the amnesty, so that joining together the two parties chose new heads

[1] Cf. Contarini, *Istoria*, p. 36.

15 πρόφασιζόμενοι ὅτι ἐπαρακινοῦνταν εἰς τοῦτο διὰ τὴν
ἐλευθερίαν τῆς συνειδήσεως, καὶ διὰ τὰ προνόμοια τῆς
ἐπαρχείας, καὶ μὲ τούταις ταῖς παρακίνησαις ὁποῦ εἰς τὸ
φανερὸν ἐφαίνωνταν εὔλογαις, καὶ εἰς τὴν ἀλήθειαν δὲν
ἦτον ἄλλο παρὰ κακία καὶ ἔχθρα, ἀποκτῶντας ταῖς καρ-
20 διαῖς καὶ τὴν βουλὴν τῶν κόντιδων, εὐγῆκαν συχνὰ ἀνοικτὰ
εἰς τοὺς κάμπους κατὰ τῶν καισαρινῶν μὲ τοὺς ὁποίους μὲ
διάφορον τύχην πολεμῶντας, τῶρα νικηταί, καὶ τῶρα
νικημένοι, ἕως τὸ ὕστερον ἀπόμειναν παντάπασι ξενε-
φρισμένοι, ἀπὸ τὴν ἀνδρείαν τοῦ γενεράλ καπράρα, καὶ μὲ
25 τοῦτα ὅλα ἔστρεφαν πάλιν εὐθὺς αὐξησμένοι μὲ περισσό-
τερον ἀριθμόν, ἀπὸ τὴν μεγάλην συνδρομὴν κακῆς ζωῆς
ἀνω͞ν ὁποῦ εἰς αὐτοὺς πολλοὶ καθ' ἡμέραν ἔτρεχον, καὶ
ταῖς περισσότεραις φοραῖς ἦτον βοηθημένοι καὶ ἀπὸ τοὺς
6b τούρκους, | ἀνκαλὰ καὶ δὲν ἰξεύρεται μὲ θέλημα ἢ καὶ χωρὶς
λόγον τῆς πόρτας, ἐκεῖ ὁποῦ καθ' ἡμέραν ὑπόσχονταν τῶν
ἐλτζήδων τοῦ καίσαρος εἰς τὴν πόλιν, νὰ τοὺς διώξουν ἀπὸ
τὸν τόπον τὸν τούρκικον, καὶ καθ' ἡμέραν τοὺς ἔδυναν
5 τόπον εἰς τὴν οὐγκαρίαν.

Ἔθρεφε τοὺς ξανακινημένους ἀποστάτας, ὁ πρῶτος
βεζήρις ὑποσχομενός των δύναμιν καὶ βοήθειαν, διὰ νὰ
βαστοῦν μὲ τέτοιον τρόπον ζωντανὰ τὰ σκάνδαλα ἀνάμεσα
τοῦ καίσαρος καὶ τῶν οὐγκρῶν, οἱ ὁποῖοι ὅμως ἔστελναν
10 συχνὰ αὐτεξουσίους ἐλτζήδες εἰς τὴν βιέναν, μὲ προτροπὴν
εἰς τὸ φανερὸν νὰ συβάσουν ταῖς διαφοραῖς, μὰ εἰς τὴν
ἀλήθειαν διὰ νὰ ἀποκιμήσουν τὸν καίσαρα, ἕως νὰ τοὺς
ἔλθη ἡ ἐλπισμένη δυνατὴ βοήθεια τῶν τουρκῶν.

Ἐπέρασαν μὲ τέτοιαις τέχναις ἀπὸ τοὺς 1671 ἕως εἰς
15 τοὺς 1679 ὅταν γενόμενος κεφαλὴ αὐτονῶν ὁ κόντες τέκελης,
ὁ ὁποῖος σεβαίνωντας ἐξ ἀρχῆς εἰς τούτην τὴν φατρείαν
μὲ τὸ πρωσοπεῖον τοῦ μεσίτου, μὴν ἠμπορῶντας μὲ τοὺς
δολερούς του τρόπους νὰ ἀποφασίση οὐδέν, διὰ νὰ γενῆ τὸ
θέλημά του εἰς τὴν κούρτην τοῦ καίσαρος, ἔστειλεν νέους
20 ἐλτζήδες εἰς τὴν κωνσταντινούπολιν, εἰς τὴν ὁποίαν ἴξευρε
καλὰ νὰ μέταφερθῆ ὁ ἄνος τοῦ διαβολικοῦ πνάτος, ὁποῦ
ἐκατάπεισεν τὸν πρῶτον βεζήριν νὰ τὸν διαφεντεύση, καὶ
ἔτζη εἰς τοὺς 1680 ἤρχησαν νὰ ἐτοιμάζονται τὰ ἀναγκαῖα

for the rebellion, alleging that they were stirred up to this for the sake of liberty of conscience and the privileges of the province, and as a result of these incitements, which on their face seemed reasonable, but in reality were nothing but malice and enmity, they won over the hearts and counsel of the Counts, and often took the field openly against the Imperial troops, fighting against them with various success, now victorious and now vanquished, though afterwards they were quite unnerved through the courage of General Caprara[1]. Nevertheless they forthwith returned again, their numbers increased by the accession in great quantity of men of evil life, many of whom ran to them daily, and most times they were helped also by the Turks (whether by the wish or without the knowledge of the Porte is not known), and though they daily assured the ambassadors of the Emperor at Constantinople that they would chase them from Turkish territory, yet they daily gave them place in Hungary.

The Grand Vezir kept fostering the rebels in their movement by promising them support and help, in order that in this way the dissensions between the Emperor and the Hungarians might be kept alive. The latter, however, frequently sent independent envoys to Vienna, ostensibly for the purpose of settling the differences, but in reality to lull the Emperor to sleep until the powerful aid from the Turks which was looked for should arrive.

Such then were the arts they proceeded with from 1671 to 1679 when Count Tekeli (Tökölyi) became their head. At first he entered this faction under the guise of mediator, but being unable with all his craft to bring about a decision and to impose his will on the Court of the Emperor, he sent new envoys to Constantinople, to which this man of diabolical spirit knew well how to transfer himself. He persuaded the Grand Vezir to protect him, and so in 1680 the necessary materials began to be

---

[1] Cf. *Hist. d'Éméric comte de Tekeli*, 2nd edn., 1694, p. 95 ff.

πράγματα διὰ τὸν πόλεμον, τὰ ὁποῖα ἔφερναν καὶ ἐσφά-
25 λιζαν μέσα εἰς τὰ κάστρη τῶν συνόρων διὰ νὰ μὴν δώσουν
ὑποψίαν τῶν ἰμπεριάλων, μάλιστα ὁ τέκελης διὰ νὰ τοὺς
7 a κρατεῖ ἀνεγνοίαστους, ἔδει|χνε τοῦ λόγου του πάντα νὰ
ἐπιθυμᾶ τὴν ἀγάπιν, καὶ τὴν σύβασιν μὲ αὐτοὺς διὰ τὸ
ὁποῖον δὲν ἔπαυεν νὰ στέλη ἐμπρὸς καὶ ὀπίσω τοὺς ἐλτζή-
δες, ἀγκαλὰ καὶ μ᾽ ὅλλα τοῦτα, ποτὲ δὲν ἔβαλε κάτω τὰ
5 ἄρματα, πρόφασιζόμενος ὅτι διὰ νὰ διαφεντεύση τὸν ἑαυτόν
του, καὶ ὄχι διὰ νὰ βλάψη ἄλλους ἐβάστα τὸ σπαθῆ
ξεγυμνωμένον, καὶ μὲ τοῦτο τὸ τέλος ἀκομὴ εἰς τὸν μῆνα
τοῦ αὐγούστου εἰς τοὺς 1682 ἑόρτασε τοὺς γάμους τῆς
ἀδελφῆς του μὲ τὸν κόντε ἐστεράζ παλατίνον τῆς οὐγκαρίας
10 καὶ πιστόν, τάχα θέλωντας νὰ δώση μὲ τοῦτο καμίαν
εὐχαρήστησιν τῶν οὐγκρῶν, καὶ νὰ ἀκολουθήσι καὶ ἡ
διόρθωσις μὲ τοὺς ἀποστάτας, ὅμως τοῦτα ὅλα εὑρέθηκαν
κολακίαις καὶ μέσα, διὰ νὰ συμπαιρένη τὸν καιρόν, ἐπειδὴ
ἀκομὴ δὲν εὑρίσκετον μὲ ταῖς ἀναγκαίαις δύναμες, καὶ
15 ἔβλεπεν ἀκομὴ ὅτι καὶ οἱ ἐχθροὶ ἐβαστοῦνταν δυνατοί,
καὶ τοῦτο εἶνα φανερὸν διατί εὑρίσκοντας καιρὸν εἰς τὸν
ἴδιον μῆνα τοῦ αὐγούστου, μὲ τὸ νὰ ἀδυνατήσουν οἱ ἰμπεριά-
λοι ἀπὸ τοὺς κόπους, καὶ τὴν ἀνάγκην ὁποῦ εἶχαν νὰ
εὑρίσκονται εἰς τὸν τόπον τῶν ἐχθρῶν, ῥίπτωντας εὐθὺς
20 κάτω καὶ κατάπατῶντας ὅλα τὰ συβάσματα τῆς ἀγάπης,
ἦλθε εἰς μιὰν ῥοπὴν μὲ ὅλα του τὰ στρατεύματα ἀπὸ κάτω
εἰς τὴν κασοβίαν, ὁποῦ εἶναι κάστρον δυνατὸν τῆς ἀπάνω
οὐγκρίας, καὶ κουρσεύωντας τὰ πέριξ τοῦ κάστρου, τὸ
ἐπερικύκλωσε καὶ ἐπολέμει, ἐδιαφεντεύθη πολλαῖς ἡμέραις
25 ὁ ἐπιστάτης τοῦ κάστρου γενερὰλ στρασόλδος, ὅμως μὴν
ἔχωντας ἑτοιμασίαν διὰ τὸν πόλεμον, οὔτε ἀρκετὸν στρά-
τευμα νὰ διαφεντεύση, ἕνα κάστρο κατοικιμένον τὸ περισ-
7 b σότερον ἀπὸ τοὺς ἀποστάτας, τὸ | ἐπαράδωσε μὲ σύβασαις
καλαῖς καθὼς εἶναι συνήθεια τοῦ πολέμου, ὑπεριφανεύθη
διὰ τούτην τὴν εὐτυχὴν ἔκβασιν ὁ τέκελης, ὅθεν παγένων-
τας ἐμπρὸς κατὰ πάνων τῶν ἀλλονῶν καστρῶν μέσα εἰς
5 τὰ βουνά, καὶ μὴν εὑρίσκοντας καμίαν ἀντίστασιν, εὔκολα
τὰ ἐκράτησε, μαζὴ καὶ τὰ μαντένια, τοῦ χαλκόματος, καὶ
ἀσημιοῦ, ἀπὸ τὰ ὁποῖα ἔκαμεν εὐθὺς νὰ φτιάσουν περισσό-

prepared for the war, which they carried to and enclosed in the frontier fortresses, that they might not cause suspicion among the Imperialists. Above all Tekeli, in order that he might keep them quiet, himself professed always to desire peace and reconciliation with them, to which end he did not cease to send his envoys to and fro, though for all that he never laid down his arms, alleging that it was for his self-protection, and not with the object of harming others, that he kept the sword bared, and it was to this end further that in the month of August 1682 he celebrated the marriage of his sister with Count Esterházy, Palatine of Hungary, a loyalist, perhaps wishing by this pledge to give some pleasure to the Hungarians, and that the arrangement with the rebels might continue. Yet all this was proved to be but flattery and a means of gaining time, since he was not yet in possession of the necessary forces, and he saw that the enemy still remained powerful. This was proved clearly, for when he found opportunity in the same month of August when the Imperial troops were wearied out with their labours, and the necessity of stationing themselves in the enemy's country, he straightway hurled down and trampled upon all the covenants of peace, and came with one swoop with all his forces down on Kaschau, which is a strong fortress in Upper Hungary, and ravaging the country round the fortress, he invested it and carried war against it. The commander of the fortress, General Strassoldo[1], defended himself for many days, yet having no preparation for the war nor sufficient troops to defend a fortress for the most part inhabited by the rebels, he surrendered it on honourable terms according to the custom of war. Tekeli was elated by this fortunate issue, and advanced against the other mountain fortresses, and finding no resistance easily mastered them together with the mines of copper and silver, from which he caused at

[1] This is an error. General Strassoldo was not in the fortress, the commander of which was Colonel Lamb (*Hist....de Tekeli*, 1694, p. 110 f.).

τερον ἀριθμῶν τόπιῶν, διὰ νὰ αὐξηυθῇ καὶ νὰ προκόψῃ
περισσότερον, ἀκομὴ κάμνωντας ἄλλην καμίαν παραμικρὴν
10 ἀνδραγαθίαν εἰς τὴν οὐγκρίαν, εὐθὺς ἔδωκεν εἴδησιν κατα-
λεπτῶς τῶν ἀγαρινῶν παρακαλῶντας νὰ ταχύνουν, νὰ τοῦ
στείλουν βοήθειαν ὡσὰν ὁ καιρὸς ἦτον ἁρμόδιος νὰ κατα-
δαμάσῃ τὴν δύναμιν τοῦ καίσαρος.

Εἰς τὴν ἀρχὴν ἐδοκίμασεν ὄχι ὀλύγην δισκολίαν, ἐπειδή,
15 καὶ δὲν τοῦ ἔδυναν τὴν παντελῆ ἀπόφασιν εἰς τὰ ἐξήτα,
ὡσὰν ὁποῦ αἱ γνώμαις τῶν μικρῶν βεζήριδων ἦτον διά-
φοραις, τρυγίρου εἰς τὸ νὰ χαλάσουν τὴν ἀγάπην μὲ τὸν
ἰμπεραδῶρον, διατί δὲν ἦτον ἀκομὴ τελειομένος ὁ καιρὸς
τῆς ἀγάπης, ἀπὸ τοὺς 1663 μετὰ τὸ πάλαισμα ὁποῦ
20 ἔκαμαν εἰς τὸν ἅγιον γοτάρδον, σιμὰ εἰς τὸν ποταμὸν ὁποῦ
λέγεται ῥάβ, ὅμως ἀνκαλά, καὶ ὅλοι οἱ ἄλλοι, νὰ ἦτον
ἐναντείας γνώμης, καὶ νὰ ὁμολογοῦσαν πῶς ἦτον ἄδικον
νὰ ἀσυκοθοῦν κατὰ τοῦ ἰμπεραδώρου, ὁ πρῶτος βεζήρις
ἀκουμπίζωντας εἰς τοὺς λογαριάσμούς, τῶν πρῶτον βεζή-
25 ριδων αὐτοῦ, οἱ ὁποῖοι διὰ νὰ βαστάξουν τὸ βεζηράτο, καὶ
διὰ νὰ μὴν τοὺς ἐκρεμνήσουν ἀπὸ τὸν θρόνον, οἱ ἀντι-
πάλοι τως, πάντα ἐπαρακινοῦσαν τὸν σουλτάνον, εἰς κανένα
βαρύν, καὶ χρειαζόμενον πόλεμον, καὶ τοῦτο διὰ νὰ στερεω-
8 a θοῦσι εἰς τὴν ἀξίαν, καὶ νὰ ἀποκτίσουν καὶ ὄνομα, | ἔχρω-
μάτισε τοῦτον του τὸν ἀπόκρυφον λογαριασμόν, μὲ τὸ νὰ
βάλῃ ἐμπρὸς εἰς τὰ ὄμματα τοῦ βασιλέως, τὴν ἀνάγκιν
ὁποῦ ἐκ πίστεως εἶχαν νὰ πάρουν ὀπίσω τὸ ἰανίκι, εἰς τὸ
5 ὁποῖον ἐφτιάστηκαν μετζήτια ἔναν καιρόν, καὶ ἐθάπτηκαν
πολλοὶ μοῦσουλμάνοι.

Ὅθεν εἰς κοντολογίαν, καταπίθωντας μὲ τὸν λογισμὸν
τὰ βασίλεια, καὶ ὀνυρεύωντας ἐδικαίς του ὅλαις ταῖς νίκαις,
ἔστειλε μετὰ σπουδῆς, εἰς ὅλα τὰ μέρη τῆς μεγάλης των
10 βασιλείας, καὶ ἕως εἰς τὰ πλέα μακρινὰ βασίλεια τῆς
ἀσίας, διὰ νὰ μαζωχθοῦν, καλὰ καὶ διαλεκτὰ φουσάτα, τὸ
ὁποῖον μαθαίνωντας ὁ ἔνδοξος κόντες ἀλβέρτος καπράρας,
τότε ἐλτζῆς τοῦ καίσαρος εἰς τὴν πόρταν, ἔδωκεν εἴδησιν
διὰ ὅλα τὰ μυχανήματα εἰς τὴν βιέναν διὰ νὰ ἐτοιμάσουν,
15 καὶ αὐτοὶ κατὰ τὸ δυνατὸν τὰ χρειαζόμενα.

once more cannon to be made to increase his strength and to further his progress, and after another very small achievement in Hungary, he forthwith gave full information to the Hagarenes, asking them to send help with speed as the time was favourable for overthrowing the power of the Emperor.

At first he experienced no little difficulty, because they did not give him a definite answer to what he asked, seeing that the opinions of the lesser Vezirs were divided as to breaking peace with the Emperor, because the period of peace had not yet run out which dated from the struggle of 1663 at St Gothard hard by the river called Raab, yet though all the rest were of contrary opinion and confessed that it was wrong that they should rise against the Emperor, the Grand Vezir, relying on the judgment of his predecessors, who, to keep their Vezirship and avoid being hurled from their seat by their rivals, had always urged the Sultan to some difficult and necessary war, and this in order that they might be confirmed in their dignity and acquire a name, coloured this secret design of his by presenting to the eyes of the King their religious obligation to recover Janiki (Raab)[1], in which mosques had once been built, and where many Mussulmans were buried.

So in short he won over the Court to his plan, and dreaming that all the victories would be his own, sent zealously to all the parts of their great Empire and as far as the most distant kingdoms of Asia, with the object of gathering together fine and picked armies. On learning of this, the illustrious Count Albert Caprara, who was then the Emperor's ambassador at the Porte, gave information to Vienna of all their designs, in order that they too might make as far as possible the necessary preparations.

---

[1] This place must be Raab. Contarini (p. 98) calls it Giavarino, apparently from its Hungarian name Györ. Wagner (*Hist. Leopoldi Magni* i, p. 584) has Jaurinum.

Ἔδωκεν εὐθὺς ὁ ἰμπεραδῶρος προσταγήν, νὰ ἀριθμηθοῦν
τὰ παλαιὰ στρατεύματα, καὶ νὰ μαζωχθοῦν, καὶ νέα,
ὁμοίως ἔστειλεν καὶ ἀνοῦς τῆς κούρτης, εἰς τοὺς αὐθεντά-
δες τοῦ ἰμπερίου, καθῶς ἀκομή, καὶ εἰς τὸν ἰωάννην τρίτον
20 ῥῆγα τῆς λεχίας, εἰς τὸν ὁποῖον ἔστειλεν, τὸν ἔνδοξον κόντε
βαλδεστέν, μὲ παραγκέλματα νὰ πασχήσῃ τὴν στερέωσιν
μιᾶς ἑνώσεως, εἰς διαφέντευσιν τῆς χριστιανωσύνης, καὶ
ἐξολόθρευσιν τοῦ κοινοῦ ἐχθροῦ, ἔχωντας καλώτατα γνω-
ρισμενον ἡ κούρτη τοῦ καίσαρος πῶς τοῦτος ὁ ἀήττητος
25 ῥῆγας ὁποῦ ἔβαψεν τὴν πορφύραν του μὲ τὸ αἷμα τῶν
τουρκῶν, εἰς καιρὸν ὁποῦ ἐβάστα τὴν ἀξίαν τοῦ μεγάλου
χάτμανου τῆς βασιλείας, ἤθελε πλέα παρὰ μὲτὰ χαρᾶς
συγκατέβη εἰς μίαν ἔνωσιν ὁποῦ ἦτον τόσον χρειαζόμενοι,
καὶ χρυσὴ διὰ τὴν χριστιανωσύνην, ἀμὴ διατί ἐκείναις αἱ
8 b ἀπόφασαις ὁποῦ κρέμονται ἀπὸ | τὸ θέλημα τῶν πολλῶν,
ταῖς περισσότεραις φοραῖς συμβαίνουν ἀργαῖς καὶ δίσκο-
λαις, ἐλογίασεν ἡ μεγαλειότης του διὰ νὰ εὐκολείνη ἡ
δουλεία νὰ κάμη ἕνα συμβούλειον, τὸ ὁποῖον ἔγυνεν τὸν
5 μάρτιον μῆνα, εἰς τοὺς 1683, καὶ ἐδῶ νικῶντας ἕως τὸ
ὕστερον ταῖς κινδυνώδεις ἀντίστασαις κάποιων μεγάλων,
τῶν ὁποῖων πλέα ἄρεσε ἡ ἀνάπαυσις τῆς ἰδίας των σακού-
λας, παρὰ τὸ κοινὸν καλὸν τῆς χριστιανωσύνης, καὶ διὰ
τοῦτο δὲν ἔστεργαν τὴν ἔνωσιν, ἕως τὸ ὕστερον μὲ μεγάλην
10 παρηγορίαν ὁλονῶν τῶν ἐχθρῶν τοῦ μωαμετισμοῦ, ἐγύνει
καὶ ἐτελειώθη εἰς ταῖς 18 τοῦ ἀπρηλίου, μὲ τὰ κάτω
γεγραμμένα κεφάλεα.

Πρῶτον, ὅτι ἡ ἔνωσις διὰ νὰ πολεμεῖται ὁ ἐχθρὸς νὰ ἔχη
νὰ βαστᾶ, ἕως τόσον ὁποῦ νὰ ἤθελε ἀκολουθήσει ἀγάπη,
15 μὲ μεγάλο διάφορον τῶν χυῶν, καὶ ἡ ἔνωσις διὰ νὰ διαφεν-
τεύη ἕνας τὸν ἄλλον νὰ εἶναι παντοτινή.

Δεύτερον, ὅτι νὰ εἶναι ὁμοσμένη ἡ ἔνωσις μὲ τὸ μέσον,
τῶν δύο καρδιναλέων, πίου, καὶ μπαρπαρίνου, εἰς τὴν
ῥώμην, ἐμπρὸς εἰς τὸν πάπα, τόσον ἀπὸ μέρος τοῦ καίσαρος,
20 ὅσον καὶ ἀπὸ τοῦ ῥηγός τῆς λεχίας.

Τρίτον, ὅτι ὁ καίσαρ, νὰ ἀφήσῃ ἀπὸ μέρος του ὅλα
ἐκεῖνα τὰ ζητήματα, καὶ διαφοραῖς, ὁποῦ εἶχε μὲ τοὺς

The Emperor gave immediate orders that the old forces of the Empire should be numbered, and that new forces should be mobilized; he likewise sent men from the Court to the rulers in the Empire, and also to John III King of Poland, to whom he sent the illustrious Count Waldstein[1], with instructions to try and conclude an alliance for the protection of Christendom and the destruction of the common foe, the Court of the Emperor very well knowing that this invincible King, who had dyed his purple with the blood of the Turks at the time when he bore the dignity of the Great Hetman of the kingdom, would more than joyfully join in an alliance which was so much needed and of priceless value for Christendom. But since those decisions which depend on the will of the many generally prove slow and difficult, His Majesty determined for the facilitation of the work to hold a Council which took place in the month of March 1683, and here he finally overcame the dangerous opposition of certain great ones who were more concerned with the comfort of their own pockets than with the common interests of Christendom, and for this cause did not favour the alliance. Subsequently to the great consolation of all the enemies of Islam, it took effect and was concluded on April 18th under the following heads[2]:

1. That the alliance for war against the enemy shall last until such time as peace shall have ensued to the great advantage of the Christians, and the alliance for mutual protection shall be permanent.

2. That the alliance shall be sworn through the agency of the two Cardinals Pius and Barbarini at Rome before the Pope, both on the part of the Emperor and the King of Poland.

3. That the Emperor shall set aside all those questions and differences which he had with the Poles when the

[1] In *Theatr. Eur.* xii, p. 570 he is called Wallenstein.
[2] Apparently the real date of the ratification was April 16th—17th. See Klopp, p. 171.

λέχους, ὅταν ἔγυνεν ὁ πόλεμος τῶν σφέτζων, κάμνωντας
ἀργὸν τὸ δίπλωμα τῆς ἐκλογῆς τοῦ ῥηγός, ἀπὸ μέρος τῶν
25 ἀλαμάνων.

Τέταρτον, ὅτι ὁ ῥήγας, μὲ τὴν γερουσίαν τῆς λεχίας νὰ
ἀφήσουν καὶ αὐτοὶ ὅλα τὰ ζητήματα, καὶ διαφοραῖς των,
διὰ τὴν αὐτὴν ὑπόθεσιν.

Πέμπτον, ὅτι οὔτε τὸ ἕνα οὔτε τὸ ἄλλο μέρος, νὰ μὴν
9 a ἔχη θέλημα, ξεχωριστὰ | ποτὲ κανέναν καιρὸν νὰ κάμη
ἀγάπην μὲ τοὺς ἐχθρούς, ἀλλὰ τὰ πάντα νὰ γίνονται ἐκ
συμφωνίας.

Ἕκτον, ὅτι νὰ εἶναι κρατημένοι εἰς τὴν αὐτὴν ἕνωσιν,
5 καὶ συμφωνίαν, καὶ οἱ κληρονόμοι, τῶν δύο μερῶν εἰς τοὺς
αἰῶνας.

Ἕβδομον ὅτι ἡ ἕνωσις μόνον νὰ εἶναι διὰ τὸν πόλεμον
τῶν τουρκῶν, καὶ ὄχι διὰ κανένα ἄλλον.

Ὄγδωον, ὅτι ὁ καῖσαρ νὰ εἶναι χρεώστης νὰ ἔχη πάντα
10 ἑτοίμους, εἰς τοὺς πόδας 70,000 ἀσκέρη, καὶ μαζὴ τὰ στρα-
τεύματα τῆς οὐγκρίας, καὶ ὁ ῥήγας ἀκομὴ καὶ ἐκεῖνος
νὰ ἔχη 40,000 ἕως ὁποῦ νὰ διαφεντεύουν ἕνας τὸν ἄλλον.

Ἔννατον, ὅτι ὁ πόλεμος, νὰ ἤθελε κινηθῆ εἰς διαφόρους
τόπους, ἤγουν ὁ ἰμπεραδῶρος, ἀπὸ τὸν τόπον του διὰ νὰ
15 πάρη τὰ κάστρη τῆς οὐγκριᾶς, καὶ ὁ ῥήγας πᾶλιν καὶ
αὐτὸς ἀπὸ τὸν τόπον του, διὰ τὴν καμενίτζαν, ποδόλιαν
καὶ οὐκραΐ(ν)αν.

Δέκατον, ὅτι διὰ νὰ ταχυνεύσουν τὰ στρατεύματα,
ὁ καῖσαρ νὰ εἶναι χρεώστης νὰ δίνη τοῦ ῥηγὸς διακοσίαις
20 χιλιάδες τόλορα, μὲ λογαριασμόν, ὅτι ἡ τοιαύτη ποσότης,
νὰ πληρώνεται ἀπάνω εἰς τὰ δέκατα, ὁποῦ ὁ πάπας ὑπο-
σχέθη νὰ δώση τῶν λεχῶν.

Ἐνδέκατον, ὅτι νὰ εἶναι καλεσμένοι, εἰς τὴν αὐτὴν
ἕνωσιν, καὶ ὅλλοι οἱ ἄλλοι πρήγκηπες, καὶ αὐθεντάδες τῆς
25 χριστιανωσύνης, καὶ τοῦτο μὲ τὴν γνώμην, καὶ τῶν δύο
μερῶν, καὶ μερικῶς ἐξ ὀνόματος, νὰ ἔχουν νὰ καλοῦνται εἰς
τὴν ἕνωσιν, καὶ οἱ δύο βασιλεῖς τῆς μοσχοβίας.

9 b Εἶχε τὸ λοιπὸν μυσεύσει ἕναν χρόνον ἐμπρὸς παρὰ νὰ
τελειωθῆ ἡ ἕνωσις εἰς ταῖς 5 τοῦ νοεμβρίου ὁ κόντες μαρ-
τενίτζ εἰς τὴν ἰταλίαν διὰ νὰ ζητήση βοήθειαν ἀπὸ τὸν

war with the Swedes took place, making void the diploma of the election of the King on the part of the Germans.

4. That the King and the Senate of Poland shall on their part lay aside all their questions and differences on the same matter.

5. That neither the one nor the other party shall at any time have the will to make a separate peace with the enemy, but that all shall be done by agreement.

6. That the heirs of the two parties are bound in perpetuity to the same alliance and agreement.

7. That the alliance is for the war with the Turks only, and for no other war.

8. That the Emperor is bound to have ready at all times on a war footing an army of 70,000, together with the forces of Hungary, and that the King also shall have 40,000, for mutual protection.

9. That the war shall be set on foot in different places, to wit the Emperor shall from his country direct it to the taking of the fortresses of Hungary, and the King again from his country against Kamieniec, Podolia and the Ukraine.

10. That with a view to the speeding up of the armies the Emperor is bound to give the King two hundred thousand thalers, on the understanding that such sum is paid over and above the tithes which the Pope had promised to give to the Poles[1].

11. That there are invited to the same alliance all the other princes and rulers of Christendom, and this with an understanding on both sides that there shall be invited in particular by name the two Kings of Muscovy[2].

The year before the conclusion of the alliance, on the 5th November, Count Martinitz had gone to Italy to seek

---

[1] Cf. *Theatr. Eur.* xii, p. 525 (5): "Also dass Sie sich der Wiederfor-derung verzeihen und bloss an den Päbst. Gefällen dieser Summa halber erholen wolten."

[2] These were the young Ivan and Peter (afterwards Peter the Great), who were minors and under the regency of their sister Sophia.

πάπα, καὶ ἀπὸ τοὺς ἄλλους δυνάστας, καὶ ἔλαβε καλὸν
5 τέλος ἡ πρεσβεία του, διατί ὁ πάπας εὐθὺς ἔταξε ἕνα
μυλιοῦνι σκοῦδα, διὰ νὰ ἔχη νὰ στέλη μὲ ταῖς ἀλαξιαῖς
εἰς τὸν ἐλτζήν του εἰς τὴν βιέναν, καὶ τοῦτο ὅσο νὰ βαστὰ
ὁ πόλεμος διὰ τὸ ὁποῖον ἀκομὴ μὲ προσταγὴν τοῦ καίσαρος,
ἐκήρυξεν τὴν συμβουλὴν τοῦ πολέμου, εὐγάνωντας φερμάνη
10 εἰς ὅλα τὰ βιλαέτια, ὁποῦ εἶναι ἐκκληρονομίε, ὅτι πῶς
ὅλοι οἱ ὑποκείμενοι νὰ εἶναι χρεῶσται, νὰ δύνουν ἕνα εἰς
τὰ ἑκατὸν ἀπὸ ὅλα τους τὰ τίποτες, ἀπὸ τὰ ὁποῖα ἐμαζώχθη
μία μεγάλη ποσότης χρυσίου, εἰς τὴν βηστιαρίαν τοῦ
πολέμου.
15 Ἀκομὴ ἀπεστάλθη, καὶ ὁ μπαρὼν βαλντεμνόρφ, εἰς τοὺς
τέσσαρους ἐλετῶρους ὁποῦ κατοικοῦν εἰς τὸ ῥένο γυρεύ-
ωντας, καὶ ἀπ᾽ αὐτοὺς βοήθειαν ἀμὴ ὀλίγον τίποτες ἐκατόρ-
θωσε, ἐπειδὴ καὶ νὰ εὑρίσκονταν οἱ ἐλετόροι, εἰς φόβον διὰ
τοὺς φραντζέζους, ὁποῦ ἔλεγαν νὰ κινηθοῦν εἰς πόλεμον.
20 Ἀμὴ διὰ νὰ ἔλθωμεν εἰς τὴν ὑπόθεσιν ὡσὰν ὁ τεκέλης
ἐξουσίασε τὰ μαντέγνια, εὔγαλεν εὐθὺς 10,000 οὔγρικα
φλωρία, καὶ ἔκαμε νὰ τυπώσουν μονέδαις μὲ τὴν εἰκόνα
του, ὀνομαζόμενος εἰς αὐτὰ ματαίως, ῥήγας τῆς ἀπάνω
οὐγκριᾶς, προστάζωντας ἀπάνω εἰς ὅλα τῶν πατέρων τῶν
25 ἰησουιτῶν, ὁποῦ ἦτον εἰς τὴν κασόβιαν νὰ τοῦ πληρώσουν
70,000 φλορίντζια, διὰ νὰ τοὺς ἐλευθερώση ἀπὸ τὴν
σκλαβίαν, οὔτε ἐντράπη ὕστερα ἀπὸ τόσα νὰ στείλη
ἐλτζήδες εἰς τὸν καίσαρα νὰ ζητᾷ καταλαγὴν τοῦ πολέμου,
διὰ νὰ συγχωρήση μερικὰ κομήτάτα νὰ ξεχυμάση ἐκεῖ
10 a μὲ τὰ φυσάτα του, τὸ ὁποῖον τοῦτο ἐσυγχώρησεν | ἡ κούρτη,
κολακευωντάς τον διὰ νὰ ἀφήση αὐτός, τὰ κάστρη ὁποῦ
ἦτον εἰς τὰ βουνά, καὶ τὰ μαντένιά των ἀντάμα, εἰς τὸν
ὁποῖον καιρὸν ἔδωσεν εἴδησιν ὁ κόντες ἀλβέρτος κάπράρας,
5 πῶς δὲν ἦτον βολετὸν καμία ἐλπίδα, νὰ γενῆ καμία διόρ-
θωσις μὲ τοὺς τούρκους, διὰ τὰ παράξενα, καὶ σκληρά των
ζητήματα, ἐπειδὴ καὶ ἐζητοῦσαν νὰ τοὺς δώση ὁ καῖσαρ
ἐξ ἀποφάσεως τὸ ἰανίκι, καὶ τὸ κομαράνι, καὶ νὰ χαλάση,
ἕως ἐδάφους ὅλα τὰ κάστρη, καὶ καστέλια, ἕως εἰς τὴν
10 βιέναν, καὶ νὰ τοὺς δώση ἀκομὴ τέσσαρα μιλιούνια
μάλαμα διὰ τὰ ἔξοδα τοῦ πολέμου, ὅθεν μαθαίνωντας πῶς

aid from the Pope and from the other rulers, and his mission
had good result, for the Pope immediately set aside a
million scudi, that he might be able to send remittance at
the rate of exchange to his envoy at Vienna, and that so
long as the war lasted. To which end further at the
instance of the Emperor he proclaimed his approval of the
war, issuing an order to all districts, that all subjects
who belonged to his inheritance were bound to give one
per cent. of all their property, and from this a large
sum of gold was collected for the furnishing of the
war.

Further Baron Walderndorff[1] was sent to the four
Electors, who dwell on the Rhine, asking them too for
help, but he had little or no success, for the Electors were
afraid of the French, who, they said, were threatening
war.

But to come to the main theme. When Tekeli became
master of the mines he forthwith issued 10,000 Hungarian
florins and caused coins to be struck with his portrait, in
his vanity calling himself thereon King of Upper Hungary,
and, to cap all, ordered the Jesuit Fathers who were in
Kaschau to pay him 70,000 florins in order that he might
free them from captivity. Nor was he ashamed after such
actions to send envoys to the Emperor to ask, as
compensation for the war, the cession of some counties
that he might winter there with his armies. This the
Court granted, flattering him in order that he might leave
the mountain fortresses and their mines at the same time.
At this juncture Count Albert Caprara gave information
that there was no further hope of an arrangement with
the Turks on account of their extraordinary and harsh
demands, seeing that they demanded that the Emperor
should definitely give them Raab and Komorn, and should
rase to the ground all the fortresses and castles up to
Vienna, and further give them four millions in gold for

---

[1] So *Theatr. Eur.* xii, p. 524 gives the name.

οἱ τούρκοι, ἔκαμναν μεγάλαις ἐτοιμασίαις, τρυγίρου εἰς τὸ
μπούντημι, συνάζωντας συτάρια, κριθάρια, χορτάρια,
ξυλὴ διὰ γεφύρια, καὶ πῶς ἔλεγαν φανερά, πῶς ὁ πόλεμος
15 ἔχει νὰ γενῇ εἰς τὴν βιέναν, ὁ ἰμπεραδῶρος διὰ νὰ μὴν
χάσῃ καιρόν, τρυγήρου εἰς τὰ ἄλλα κάστρη ἐλογίασε νὰ
πληρώσῃ, καὶ νέα στρατεύματα, ἔδωκαν μαζὴ καὶ οἱ λέχοι
4,000 ἀνοῦ'ς ἀπὸκάτω εἰς τὴν κιβέρνησιν τοῦ πρήντζηπε
λουμπομίσκη, ἔστειλεν εἰς τὸν ἴδιον καιρόν, καὶ ὁ κόντες
20 τοῦ λαμπέργ, ἐλτζὴν εἰς τοὺς αὐθέντας τῆς σαξονίας, καὶ
τοῦ μπραντεμπούργ, διὰ νὰ τοὺς παρακινήσῃ, νὰ στείλουν
βοήθειαν ἱκανὴν διὰ τὸν πόλεμον.

Ἕως τόσον ὁ τέκελης ἐστερέωσε μὲ τὸ μέσον τῶν
ἐλτζήδων του, εἰς τὴν πόλιν τὰ ζητήματά του, καὶ ὑπέγραψε
25 τὸν ἑαυτόν του χαρατζομένον, καὶ δοῦλον τῶν ἀγαρηνῶν,
μὲ τὰ κάτω γεγραμμένα κεφάλεα.

Πρῶτον, ὅτι ἡ βασιλεία νὰ τὸν κηρύξι ῥῆγα τῆς
οὐγκριᾶς.

Δεύτερον, ὅτι νὰ εἶναι χρεώστης, τὸν κάθε χρόνον νὰ
10 b πληρώνῃ εἰς τὴν βασι|λείαν χαράτζη ἑκατὸν μπουγκία.

Τρίτον, ὅτι νὰ εἶναι χρεώστης, νὰ βαστὰ εἰς τὴν πόρταν
πάντα καπικιαχαγιάδες, καὶ νὰ μὴν λοίπουν.

Τέταρτον, ὅτι νὰ μὴν ἔχῃ νὰ ἀνακατώνεται, καθόλου μὲ
5 τὰ κάστρη τῶν τουρκῶν ὁποῦ εἶναι εἰς τὰ συνορά του,
ἀλλὰ νὰ τὰ ἀφήνη εἰς τὴν κιβέρνησιν τῶν πασάδων κατὰ
τὴν συνήθειαν αὐτονῶν.

Πέμπτον, ὅτι νὰ ἔχουν οἱ τούρκοι νὰ τοῦ φυλάγουν
ἀπαρασάλευτα ὅλα του τὰ προνόμοια, καὶ νὰ μὴν τὸν
10 δυναστεύουν εἰς τὴν ἐλευθερίαν τῆς συνηδήσεως.

Ἕκτον, ὅτι ἀποθένωντας ὁ τέκελης, νὰ ἔχουν θέλημα οἱ
οὕγκροι νὰ ψηφίζουν νέον ῥῆγα ὅμως μὲ τὴν γνώμην τῆς
βασιλείας.

Ἕβδομον, ὅτι νὰ μὴν ἠμπορῇ ποτὲ ὁ τέκελης νὰ ἐνωθῇ
15 εἰς βοήθειαν μὲ τοὺς ἐχθροὺς τῆς βασιλείας.

Ὄγδοων, καὶ ὕστερον, ὅτι διὰ ὁποιαν ἀφορμήν, ἤθελαν
ποτέ συκοθῆ, οἱ συνορῆτες χῦοί νὰ πολεμοῦν τὴν οὐγκρίαν,

the expenses of the war[1]. So learning that the Turks were making great preparations in the neighbourhood of Buda, collecting wheat, barley, fodder, and wood for bridging, and that they said openly that Vienna was to be the seat of the war, the Emperor to avoid losing time over the other fortresses determined to fit out fresh armies. The Poles also gave 4000 men under the command of Prince Lubomirski. At the same time also Count von Lamberg sent an envoy to the rulers of Saxony and Brandenburg to urge them to send adequate help for the war.

Meanwhile Tekeli secured his claims at Constantinople through his envoys, and signed himself tributary and servant of the Hagarenes under the following clauses:

1. That the Empire shall proclaim him King of Hungary.

2. That he is bound to pay each year to the Empire tribute of a hundred purses.

3. That he is bound always to keep at the Porte Agents, and that they shall not fail.

4. That he shall in no wise tamper with the Turkish fortresses on his frontiers, but shall leave them to the government of the Pashas according to their use and wont.

5. That the Turks shall preserve all his privileges unshaken, and not exercise lordship over his liberty of conscience.

6. That on the death of Tekeli the Hungarians shall elect a new King, subject to the approval of the Empire.

7. That Tekeli may never enter into an alliance with the enemies of the Empire.

8. And last, that if for any cause the Christians on its borders set in motion war against Hungary, the Empire

---

[1] Cf. the *Histories* of Al. Mavrocordato in A. Papadopoulos-Kerameus, *Texte grecești*, p. 3 ff., an account which is valuable for the whole of this campaign as viewed by one resident in Constantinople, who actually accompanied the Turkish army.

νὰ ἔχη ἡ βασιλεία νὰ στέλη ὅλα της τὰ στρατεύματα εἰς
βοηθειάν της, καὶ ἐκ τοῦ ἐναντίου, μὲ ὅποιον ἤθελε κάμη
20 πόλεμον ἡ βασιλεία νὰ ἔχη νὰ στέλη αὐτὸς 6,000 ἀσκέρι,
εἰς βοήθειαν κατὰ τὴν συνήθειαν τῶν ἀλονῶν ὁποῦ πληρώ-
νουν χαράτζη εἰς τὴν βασιλείαν.
    Ἀκολοῦθα μ᾽ ὅλα τοῦτα, μὲ ταῖς συνηθισμέναις του
ψευστιαῖς ὁ τέκελης, νὰ δίχνη πῶς ἐπιθυμᾶ τὴν ἀγάπην,
25 διὰ τὸ ὁποῖον ἐσύναξε ἕνα συμβούλειον εἰς τὴν κασόβιαν,
εἰς τὸ ὁποῖον ἐσύναξε, διὰ νὰ ἀποφασίση, νὰ δώση τόπον
τῶν ἰμπεριάλων, εἰς τὰ ἄνω κάστρη τῆς οὐγκριᾶς, δινωντάς
τους τροφάς, καὶ ὅτι τοὺς ἔκαμεν χρεῖα, καὶ τοῦτο ὅλο τὸ
ἔκαμνε μὲ τέλος νὰ ἀφεθοῦν αὐτοὶ νὰ ἑτοιμάζωνται, διὰ
11 a τὴν | διαφέντευσιν, καὶ μ᾽ ὅλον τοῦτο, ὁ καῖσαρ δὲν ἄφησε
καθὼς τοῦ ἔδυνε ὁ καιρός, νὰ δυναμώνη τόσον τὰ κάστρη
τῆς ἀπάνω οὐγκριᾶς, ὅσον καὶ τὴν μητρόπολιν τῆς βιένας,
εἰς τὴν ὁποίαν ἔβαλαν ἀόκνως, τρεῖς χιλιάδαις χωριάταις,
5 καὶ ἐδούλευαν τὰ ἀναγκαῖα, εἰς καιρὸν ὁποῦ καὶ ὁ τοῦρκος
ἔφτιανε εἰς τὸ μπελιγράδι μπαχτζὲ εἰς ὑψιλὸν τόπον διὰ
νὰ φτιάση, καὶ τὸ σεράγι, τὸ βασιλεικόν, καὶ εἰς τοῦτον
τὸν καιρὸν ἤρχησαν παντοῦ νὰ τρέχουν, ὡσὰν τ(ἡ)ν¹ ἄμμον
τὰ φοσάτα του, καὶ νὰ ἔρχονται πρὸς τὴν οὐγκρίαν.
10   Τὸν μάιον μῆνα τὴν πρώτην βραδιάν, ὁποῦ εὐγίκεν τὸ
ἀλάι, μὲ ὅλον τὸ στράτευμα ἀπὸ τὴν ἀνδριανοῦπολιν,
ἔγυνε μία φορτοῦνα μὲ βροχὴ καὶ ἄνεμον τρόμακτικόν,
καὶ φοβερόν, τόσον ὁποῦ ἔκαμε μεγάλην ζημίαν, καὶ εἰς
τὸν τόπον, καὶ εἰς τοὺς ἐντόπιους, ὅθεν τὸ ἐξήγησαν διὰ
15 κακὸν προγνωστικόν, καὶ ὅτι εἶχε νὰ λάβη, καθὼς κακὴν
ἀρχήν, ἔτζη καὶ κακὸν τέλος, ἡ στράτα τῶν ἀγαρηνῶν.
    Τοὺς ἀκολούθησεν ἀκομή, ἄλλη μιὰ διστειχία, καὶ ἦτον
ὅτι εἰσεβαίνωντες δύο χρηβάτες, εἰς ἕνα τούρκικο κάστρο,
κατὰ πολλὰ δυνατόν, ὀνομάζεται τζηγκέτ, ἔβαλαν φωτιάν,
20 εἰς τὸν μπαρουτχανά, με τόσην πηδεξιότητα, ὁποῦ ὅλον
τὸ κάστρο, μὲ μεγάλην ποσότητα, πολεμικῆς κατασκευῆς
ἀπέταξεν εἰς τὸν ἀέρα.
    Τὸν ἀπρήλιον μῆνα καθὼς παράνω εἴπαμεν, ἔγηνεν ἡ

¹ MS. τὸν.

shall send all its forces to its aid, and conversely, whenever the Empire shall make war with anyone, he himself shall send an army of 6000 to its aid, according to the custom of the others who pay tribute to the Empire.

Agreeably to all this, Tekeli with his accustomed falsity, in order to show how much he desired peace, summoned a Council at Kaschau, for the purpose of deciding to allow the Imperialists to enter the fortresses of Upper Hungary, giving them food and all that they needed. And all this he did with purpose that they should be allowed to make preparations for defence. Despite all this the Emperor did not omit any measures opportunity gave him of strengthening the fortresses of Upper Hungary, as well as the capital of Vienna, into which they put without delay three thousand peasants, and they worked at things necessary, at a time when the Turk was making a garden on high ground at Belgrade with a view to building also the royal palace; and at this time his armies were beginning to run everywhere like the sand and to come towards Hungary.

On the first evening of the month of May, when the procession of the whole army issued from Adrianople, there was a storm of rain, accompanied by a fearful wind, so terrible that it caused great damage both to the place and its inhabitants. They regarded this as an evil omen, to the effect that the march of the Hagarenes was destined to have an evil end as well as an evil beginning.

Yet another misfortune followed them, and this was that two Croats entered a Turkish fortress of great strength named Szigeth, and threw fire into the powder-magazine with such skill that the whole fortress was blown up with a great quantity of material of war.

In the month of April, as we said above, the alliance

ἔνωσις τοῦ ἰμπεραδώρου, μὲ τὸν ῥῆγα τῆς λεχίας, καὶ
25 ἔστειλεν ὁ καῖσαρ, τοῦ ῥηγὸς 300,000 φλορίντζια, διὰ νὰ
κινήσουν τῆς ὥρας τὰ στρατεύματα, σμύγωντας εἰς τὰ
κεφάλεα τῆς αὐτῆς ἐνώσεως, ὅτι ὁποῖαν ὥραν ὁ τοῦρκος
11 b ἤθελεν ἔλθη | νὰ πολεμήσει τὴν βιέναν, νὰ εἶναι χρεώστης
ὁ ῥῆγας ἀτός του σωματικῶς νὰ τρέξη εἰς βοήθειαν, καὶ
πᾶλιν ὅποιαν φοράν, ἤθελε παγένη ὁ τοῦρκος νὰ πολεμήση
τὴν λεχίαν, νὰ τρέχη ὁ ἰμπεραδῶρος σωματικῶς ἀτός του
5 εἰς βοήθειαν.

Ἔστρεψε πάλιν τὸν μάϊον μῆνα, ὁ τέκελης μὲ τοὺς
ἀπόστατας του εἰς τὸν κάμπον, καὶ ἐπῆγε καὶ ἐκτύπησε
τὸ κάστρον δόκλιτες, τὸ ὁποῖον μὴν ἔχωντα, πουθενὰ
ἐλπίδα βοηθείας, ἐπαραδώθη μὲ καλλαῖς σύβασαις, κατὰ
10 τὴν συνήθειαν τοῦ πολέμου, ἀγκαλὰ καὶ δὲν ἐφύλαξεν τὸν
ὅρκον του ὁ τέκελης, διατί εὐθύς, ὁποῦ ἐπῆρε τὸ κάστρο,
ἐφυλάκωσε τὸν αὐθέντην τοῦ κάστρου, ὀνόματι μπαρὸν
γιοβανῆλι, τόσον ὁποῦ ἐδυναστεύθη διὰ νὰ ἐξαγωρασθῆ νὰ
πληρώση τοῦ τέκελη 6,000 φλωρία, καὶ νὰ τοῦ ἀφήση, καὶ
15 ὅλον του τὸ τίποτες, ὁποῦ ἔκαμναν σχεδὸν ἄλλα 40,000
φλορίντζια.

Μετὰ τοῦτα ἰδοῦ ἐσύμωνεν ὁ πρῶτος βεζῆρις, μὲ ἑκατὸν
ὀγδωήντα χιλιάδες ἀνούς τοῦ σπαθηοῦ, καὶ τριάντα χιλιάδες
δουλευτάδες τοῦ πολέμου, μὲ τοὺς ὁποίους ἦτον νὰ συνα-
20 χθοῦν καὶ νὰ σμυχθοῦσι, εἰς ὀλύγαις ἡμέραις, τὸ πλῆθος
τῶν τατάρων, ἐρχόμενοι εἰς τὰ σύνορα τῆς οὐγκριᾶς, καὶ
εἶχεν προσταγὴν ὁ πασὰς τοῦ μπουντιμιοῦ, εὐθὺς ὁποῦ νὰ
φθάση τὸ ἀσκέρη εἰς τὸ μπελιγράδι, νὰ κάμη αὐτὸς πρῶτος
ἀρχὴν τῆς ἀμάχης καὶ τοῦ πολέμου, διατί ἀπέκει ὕστερα
25 ὁ πρῶτος βεζῆρις νὰ τελειώση τὸν πόλεμον φανερά, εἰς
ταῖς πρῶταις τοῦ ἰουνίου, εἰς τὸν ὁποῖον καιρὸν τὸ στρά-
τευμα τοῦ καίσαρος ὁποῦ εὑρίσκετον περιμαζομένον εἰς τὸν
κάμπον τοῦ κιτζέ, εἰς τὰ σύνορα τοῦ πρεσμπούργ, ἐτοιμά-
ζετον διὰ νὰ τοῦ γενῆ κοινὸν καουτάρε, κατέμπροσθεν τοῦ
30 ἰμπεραδώρου, ὁ ὁποῖος διὰ τούτην τὴν ἀφορμὴν εἶχε κινήση |
12 a πρὸς τὴν ποσονίαν.

Τρίτη ἡμέρα τὸ λοιπόν, ταῖς τέσσαρες τοῦ μαΐου, ταῖς

between the Emperor and the King of Poland was concluded, and the Emperor sent the King 300,000 florins in order that the armies might be set in motion at once. He added to the clauses of the same treaty that when the Turk should come to fight against Vienna, the King is bound to hasten to its aid in person, and on the other hand that when the Turk should go to fight against Poland, the Emperor is bound to hasten in person to its aid.

In the month of May Tekeli again took the field with his rebels, and proceeded to attack the fortress of *Doklites*[1], which, having no hope of help from any quarter, surrendered on honourable terms according to the custom of war, though Tekeli did not keep his oath, for immediately on taking the fortress he imprisoned the commander named Baron Joannelli, so that he was forced to pay to Tekeli a ransom of 6000 florins, and to leave him all his property, which amounted to nearly another 40,000 florins.

At this point lo! the Grand Vezir approached with a hundred and eighty thousand men of the sword, and thirty thousand labourers of war, to which there was to be added and joined in a few days the mass of the Tartars coming to the borders of Hungary, and further the Pasha of Buda had orders immediately the army arrived at Belgrade himself to make a beginning of strife and war. The object was that the Grand Vezir should afterwards finish the war openly from there on the first of June. At this time the army of the Emperor, which was being mustered on the plain of Kittsee on the borders of Pressburg, was preparing its headquarters there before the Emperor, who for this purpose had moved to Pozsony.

So on Tuesday the fourth of May at eight o'clock in

---

[1] Called by Contarini, *Istoria*, p. 90, 'Donavisth,' in *Theatr. Eur.* xii, p. 562, 'Dinawitz.'

ὀκτὼ ὥραις πρὸς τὸ βράδα, ὁ ἰμπεραδῶρος μὲ τὴν αὐγούστην,
καὶ ἀρχιδούκισα τοῦ ἐλετῶρου τῆς μπαβιέρας, συντροφι-
5 ασμένοι ἀπὸ πολλοὺς ἁρματωμένους, μὲ συδηροποκάμησα,
ἔξω ἀπὸ τοὺς συνηθισμένους σαϊμένιδες, εὑρέθηκαν νὰ
φανοῦν ἐμπρὸς εἰς τὴν ποσονίαν, ὁποῦ εἶναι πρώτη καθέδρα
τῆς οὐγκριᾶς, καὶ περνῶντας τὸ πρῶτον γεφῦρι τοῦ δοῦναβη,
ὁποῦ ἐπαράστεκαν μίαν ἀράδα τοῦ στρατεύματος τοῦ
10 λεγομένου γράνα (ὁ ὁποῖος ἔλαβε τὴν χάριν νὰ εἶναι φύλαξ
τοῦ καίσαρος, καὶ εἰς τὸ κάστρο, καὶ εἰς τὸ καστέλι) ἔφθασαν
εἰς τὸ δεύτερον μεγάλο, καὶ πλατὺ γεφῦρι, ὁποῦ ἀκούμπιζε
ἐπάνω εἰς τριάντα ἐφτὰ λοῦντραις μεγάλαις, καὶ ἐκεῖ μὲ
κάθε τιμήν, καὶ τάπείνωσιν, ἐδέχθηκε, καὶ ἐπροσκύνησε
15 τὴν μεγαλειοτητά τως, ὁ μ̅ροπολίτης τῆς στριγονίας, πρῶτος
ποιμὴν τῆς οὐγκριᾶς συντροφιασμένος μὲ πολλοὺς ἀρ-
χιερεῖς, καὶ ἱερεῖς τῆς αὐτῆς αὐθεντείας, εἰς τὸν χαιρετησμὸν
τοῦ ὁποίου, ἀπὸκρινόμενος μετὰ χριστιανικῆς ἱλαρότητος
ὁ καῖσαρ, εὐθὺς ἐκτύπησαν ὅλα τὰ τόπια τοῦ κάστρου,
20 καὶ τοῦ καστελιοῦ ἕως εἰς τὴν πόρταν, τοῦ ὁποίου συντροφι-
ασμένος, ὁ ἰμπεραδῶρος ἀπὸ ἕνα μεγάλο πλῆθος τῶν
ἀρχόντων τοῦ κάστρου, εὐθὺς ὁ ἀγὰς τοῦ καστελιοῦ μὲ
πολλὴν εὐλάβειαν τοῦ ἐπρο(τ)ύνησε[1] τὰ κλιδιά, τὸν ὁποῖον
δεχόμενος ὁ καῖσαρ σπλαχνικά, ὅταν τοῦ ἐμετάδωσε τὰ
25 κλιδιά, τοῦ ἀπεκρίθη μὲ ἕναν λόγον εὔγλωττον λατινικόν,
λέγωντας πῶς, πάντα ἐπίστευσε, καὶ πιστεύει τὴν ἐδικήν
12 b τως εὐλάβειαν | πρὸς τὸ κράτος του, καὶ πῶς μὲ μεγάλη
παρηγοριάν, ἐξανάβλεπε ἐκείνους τοὺς ὑποκειμένους, εἰς
ταῖς ἀγκάλαις τῶν ὁποίων, ἐβάστα τὸν ἑαυτόν του πλέα
παρὰ σύγουρον, μὴν ἔχοντας παντελῶς οὐδεμίαν ὑποψίαν
5 εἰς τὴν ὑπακοήν τως, καὶ πατρικὴν ἀγάπην καὶ τελειόνωντας
ὁ λόγος, ἐκτύπησαν, δεύτερον, καὶ τρίτον πάλιν ὅλα τὰ
τόπια, ὅθεν εἰς ταῖς ἐννέα ὥραις ἔφθασαν εἰς τὸ καστέλι,
ὁποῦ χωριζόμενοι οἱ πρήγκιποι ἀπὸ τὸν καῖσαρα, ἐπῆγαν
καθ᾽ ἕνας εἰς τὰ ἀξιοπρεπῶς ἑτοιμασμένα τως κονάκια.
10   Τὴν τετράδην ταῖς 5 τοῦ αὐτοῦ μηνός, πρὸς τὸ βράδι,
ὁ ἐκλαμπρότατος δούκας τῆς λορένας ὄντας κονεμένος εἰς
τὸν κάμπον, διὰ νὰ εἶναι συμὰ εἰς τὸ ἀσκέρη, ἦλθε καὶ

_____
[1] MS. ἐπροσύνησε.

the evening[1], the Emperor with the Empress, and the Archduchess, wife of the Elector of Bavaria, accompanied by many armed men in mail shirts in addition to the usual bodyguard, appeared before Pozsony where is the first seat of Hungary, and passing the first bridge over the Danube, where was stationed a line of the army called Grana (which had the privilege of guarding the Emperor both at the fortress and at the castle), arrived at the second great and broad bridge which is supported on thirty-seven large boats[2], and there the Archbishop of Strigonia (Gran), the first shepherd of Hungary, accompanied by many bishops and priests of the same kingdom, received and did homage to their Majesties with all honour and humility. To his greeting the Emperor made answer with Christian cheerfulness, and they immediately fired all the cannon of the fortress and the castle up to the gate. The Emperor was escorted by a large number of the authorities of the fortress, and the commander of the castle immediately with much respect offered him the keys. Him the Emperor received kindly when he gave over the keys, and answered him in an eloquent Latin speech, saying that he had always trusted and now trusts their devotion to his kingdom, and said with what great comfort he beheld again those subjects of his in whose arms he held himself more than secure, having no suspicion at all as to their allegiance and fatherly affection. At the end of the speech they again fired all the cannon a second and a third time, and after that they reached the castle at nine o'clock; there the princes separated from the Emperor, and went each to his own suitably prepared lodging.

On Wednesday the fifth of the same month at evening the most illustrious Duke of Lorraine, who was lodged upon the plain in order that he might be near the army,

[1] With this account of the review at Kittsee should be compared that in *Theatr. Eur.* xii, p. 528 ff. There are several striking points of resemblance.
[2] *Theatr. Eur.* p. 528, has 'drei und siebenzig.'

ἀντάμωσε τὸν καῖσαρα, καὶ ὕστερα ἀπὸ ὀλύγαις ὥραις
συντροφιασμένος, ἀπὸ διαφόρους ἀξίους γενεράλιδες, καὶ
15 καβαλιέρους, ἐγύρησε εἰς τὸ κονάκη του.

Τὴν πέμπτην ταῖς 6 τοῦ αὐτοῦ ἤρχησαν νὰ ἀπερνοῦν,
ἄπειροι ἀνοῖ κάθες λογῆς μὲ ἀμάξια, καὶ ἄλογα καταβαί-
νωντας εἰς τὸν κάμπον διὰ νὰ σεριανήσουν τὸ στράτευμα,
ὅπου ἐβάστα εἰς τὸ μάκρος ἕως τρία μύλια τόπον, ἀγκαλά,
20 καὶ κατευθείαν γραμμὴν δυνατὰ μαζωμένοι εἰς ταῖς 4 ὥραις
ἤρχησαν νὰ κινοῦνται ἀπὸ τὸν τόπον τους, καὶ εἰς ταῖς
7 τὰ τάγματα, τοῦ σταρεμπέργ, τοῦ σόουκες, καὶ τοῦ
μανσφέλδ, ἐφτίασαν ἕνα σῶμα μὲ τριάντα μπαϊεράκια,
καὶ πλέα, παρὰ ἐξ χιλιάδες παιζοὺς, περπατῶντες ἀργά,
25 εἰς τὸ ζερβόν, καὶ ἀπέκει καταπρόσωπον, καὶ ὕστερα εἰς
τὸ δεξιὸν μέρος, σμιγόμενοι ἀπὸ κάθε μέρος μὲ τὰ ἄλλα
στρατεύματα, τὰ ὁποῖα, ἕως τέλους ἐσύνθεσαν ἕναν κάμπον |
13 a χωρισμένον εἰς δύο μακραῖς ἀράδαις ὁποῦ ἐβαστοῦσαν ἕνα
μῦλι τόπον μὲ 72 τόπια, εὐτρεπισμένα εἰς τὸ κέφαλι τοῦ
τάγματος, ὅλης τῆς πεζούρας, ἀντάμα, καὶ οἱ καπητάνιοι,
καὶ τοπτζῆδες, εἰς τὸν ὁποῖον τόπον ἐστάθη καὶ ὁ γενεράλης
5 τῶν τοπιῶν, ὁ ἔνδοξος κόντε σταρεμπέρκ, καὶ ἐκ τοῦ
ἐναντίου ταῖς 8 ὥραις ἤρχησε νὰ ξεχωρίζεται ἡ καβαλαρία
εἰς δύο μέρη, καὶ κατ᾽ ὀλύγον χοντρένωντας ἦλθε νὰ
συνθέσῃ τὸ ἀριστερόν, καὶ δεξιὸν πτερύγειον, μὲ δέκα
μεγάλα μπαϊεράκια εἰς κάθε πρόσωπον, τόσον ὁποῦ εἰς τὰ
10 δύο πτερύγεια ἐμετροῦνταν 164 μπαϊεράκια, εἰς τὸ μέσον
τῶν ὁποῖων, ἔστεκεν ἀραδισμένη ἡ πεζούρα, μὲ τάξιν τόσον
ἔμορφην καὶ θαυμαστήν, ὁποῦ ἠμπόριε καθένας νὰ τοὺς
βλέπῃ ὅλους, ἀγκαλὰ καὶ νὰ ἦτον πλῆθος 35,000 πολε-
μιστῶν διαλεγμένων, καὶ ὁ ἐκλαμπρότατος τῆς λορένας,
15 ἐκαβαλίκευσε ἀπὸ ταῖς τρεῖς ὥραις τρυγηρίζωντας πάντα
τὸν κάμπον σωματικῶς, καὶ δείχνωντας μὲ τάξιν καθ᾽ ἑνὸς
τὸν τόπον ὁποῦ τοῦ ἐτύχενε νὰ στέκη, ἔξω ἀπὸ τὸ ἄνωθεν
στράτευμα, ἔστεκαν ἕως 8,000 οὕγκροι, καὶ οὕσαροι, διὰ-
τεταγμένοι εἰς τὸ δεξιὸν πτερύγειον τῆς καβαλαρίας τῶν
20 ἀλαμάνων μὲ 14 τόπια, εἰς τὸ κεφάλη τῶν ὁποῖων, ἔστεκεν
ὁ ἔνδοξος κόντες ἐστεράζις παλατίνος τῆς οὐγκριᾶς, καὶ
πολλοὶ ἄλλοι καβαλάριδες οὕγκροι.

came and met the Emperor, and a few hours afterwards accompanied by various worthy generals and knights returned to his lodging.

On Thursday the sixth of the same month innumerable men of every sort began to move in carriages and on horseback, descending into the plain in order to traverse the army which occupied a position about three miles in length. At 4 o'clock these massed together in a straight line and began to move from their position, and at 7 the regiments of Starhemberg, Soouches and Mansfeld formed a body with thirty flags and over six thousand footmen, moving slowly to the left, and afterwards to the front, and subsequently to the right, being everywhere joined by the other forces, which in the end formed a field separated into two long lines, occupying a mile space with 72 cannon, arranged at the head of the array of all the footmen. Together with them were the captains and the gunners, and in that position the General of the artillery, the famous Count Starhemberg, took his station. Opposite them the cavalry began at 8 o'clock to separate into two divisions, and gradually massing came to form the left and right wing, with ten great standards on either front, so that on the two wings there were numbered 164 standards, in the midst of which the infantry stood in line in such fair and wondrous order that one could see them all, albeit that they numbered 35,000 picked warriors. The most illustrious Duke of Lorraine from three o'clock continually ranged on horseback over the plain in person, and showed each in order the position he should take up. Over and above the army mentioned, about 8,000 Hungarians and Hussars took their station, arranged on the right wing of the German cavalry with 14 cannon, at the head of which stood the famous Count Esterházy, Palatine of Hungary, and many other Hungarian knights.

Στέκωντας, εἰς τέτοιαν καλὴν τάξιν τὸ στράτευμα,
ἔφθασεν, καὶ ὁ ἰμπεραδῶρος πρὸς ταῖς δέκα ὥραις, τοῦ
25 ἀκολουθοῦσαν, ἄπηρα ῥαντηβάνια, καὶ ἐπῆγε, εἰς ἕνα
13 b ἕτοιμον τζαντῆρι ὀλίγον παράμερα ἀπὸ | τὰ τόπια, ὁποῦ
δεχομενός τον μὲ τὴν ἀρχιερατικὴν στολὴν ὁ μροπολίτης
τῆς στριγονίας, ἐξεφώνησε ψάλλων, τὸ βασιλεὺς οὐράνιε,
τὸ ὁποῖον, τελειώνωντας οἱ μουσικοί, ἐσέβη εἰς τὴν λυτουρ-
5 γίαν, μετὰ ἑορτῆς καὶ δόξης, εἰς τὸν ἴδιον καιρὸν ἐλυτούρ-
γησε, καὶ εἰς τὸ παρέκι τζαντῆρι ἄλλος ἱερεύς, τελειόνωντας
τὴν ἱερουργίαν, εὐλόγησεν τὸ στράτευμα ὁ ἀρχιερεύς, καὶ
εὐθὺς ὁ καῖσαρ ἐκαβαλίκευσεν, ἀπομένωντας εἰς τὸν
θρόνον ἡ αὐγούστη, καὶ ἡ ἀρχιδούκησα εἰς τὴν καρότζα,
10 καὶ οἱ δοῦκιδες τῆς λορένας, καὶ τῆς μπαβιέρας, ἐπροπο-
ρεύουνταν τοῦ ἰμπεραδώρου, καβαλάριδες, ἀνκαλά, καὶ
ὁ δοῦκας τῆς λορένας, ὡσὰν πρῶτος γενεράλες νὰ ἐκαβαλί-
κευσε πιγένωντας πρὸς τὸ ζερβὸν μέρος τοῦ καίσαρος,
τόσον ὁποῦ ἐδιάβη παρεμπρὸς ἀπὸ τὰ τόπια, εἰς τὸ δεξιὸν
15 πτερύγιον, εἰσεβαίνωντας καὶ εὐγένωντας δύο φοραῖς ἀπὸ
μέσα ἀπὸ μέσα ἀπὸ τὸ στράτευμα, τότε ἐχαιρέτησαν τὸν
καίσαρα μὲ τριπλὸν κτύπον, ὁλονῶν τῶν τόπιῶν, καὶ
τουφεκιῶν.

Ἀπόμειναν τὸ λοιπὸν 4 ὥραις ἕως τὸ κεντί, ὁποῦ
20 ἐτελείωσεν αὕτη ἡ τάξις, ὅθεν ἀπεκεῖ ὁ ἰμπεραδῶρος μὲ
τὴν δόξαν, καὶ συνοδίαν ὁποῦ εἴπαμεν παρά πάνω, εἰς τὰ
βασιλεικά του τζαντήρια, τὰ ὁποῖα ἦτον στεμένα, εἰς τὴν
ἄκριν τοῦ δοῦναβη καὶ ἐκεῖ ἔχωντας, ἕτοιμον τραπέζη,
ἐκάθησε, καὶ ἐχάρικαν πλέα παρὰ βάσιλικά, τέλειόνωντας
25 τὸ τραπέζη, τὸ ὁποῖον ἐβάσταξεν τρεῖς ὥραις, ἐτραβήχθη-
καν πάλιν εἰς τὸ κάστρο τῆς ποσονίας, χαρίζωντας ὁ
ἰμπεραδῶρος 50,000 φλορίντζια, διὰ νὰ μήραστοῦν, εἰς τὸ
στράτευμα.

Εἰς τοῦτο τὸ καουτάρε, εὑρέθηκαν τάγματα παιζῶν 14
30 ἤγουν, σταρεμπέρκ, μανσφέλτ, ντιεπένθαλ, μπάαντενγράνα,
14 a στρασόλδοσόουκες, ἔϊστερμπεκχ, | οὐβάλης, σκερφενμπέρ,
κατὰ τὰ μέσα τάγματα, τοῦ νεμποῦρ θίμ, ἐβουτεμπέργ,
τάγματα τῶν συδερομένων, καὶ ἀλόγων 12 ἤγουν ραμπάτα,
γόντολα, ἀλεουβέλκ, πάλφι, ντουμνιουβάλτ, καπράρα,

When the army had taken its station in this fair array, the Emperor arrived about ten o'clock, and was followed by innumerable carriages. He proceeded to a pavilion prepared for him a little apart from the cannon, where the Archbishop of Gran received him in his episcopal garb, and pronounced chanting the 'O King of Heaven.' When the musicians had finished this, he proceeded to the Mass with festival and praise, and another priest at the same time read the Mass in the pavilion farther off. When the Mass was finished, the bishop blessed the army, and the Emperor immediately mounted his horse, while the Empress remained on her throne and the Archduchess in her carriage, and the Dukes of Lorraine and Bavaria preceded the Emperor on horseback, and the Duke of Lorraine as first General rode on the left of the Emperor, in such a way that he crossed in front of the cannon towards the right wing, traversing the whole army twice to and fro. Thereupon they saluted the Emperor with a triple salvo of all the cannon and muskets.

It was 4 o'clock in the afternoon, when this review ended, and then the Emperor, amid the praise and retinue we have described above, proceeded to his royal pavilions which were placed on the bank of the Danube, and there having a banquet ready he took his seat, and they had more than royal joy. When they had finished the banquet, which lasted three hours, they proceeded back to the fortress of Pozsony, and the Emperor gave a largess of 50,000 florins to be divided among the army.

In these quarters there were stationed 14 regiments of foot[1], to wit, Starhemberg, Mansfeld, Diepenthal, Baden-Grana, Strassoldo-Soouches, Heister-Beck, Wallis, Schärffenberg, alongside the inner regiments of Neuburg-Dhim, Würtemberg, 12 regiments of the mail-clad and horse, to wit, Rabatta, Gondola, Halleweil, Pallfy,

---

[1] One of the best sources for the identification of these regiments is P. C. B. Han, *Alt u. Neu Pannonia* (1686), pp. 513 ff. and 527 ff. See also Newald, *Beiträge zur Gesch. d. Belagerung von Wien*, p. 114 f.

5 μοντεκούκιλι, σάσενς λαβενπούργ, ταφγότζ, ντουπίγνι,
μέρτζη, καὶ τῶν δραγόνων 3 ἤγουν στέρουνμ, καστέλι,
ἐρμπεβίλε, καὶ 4 καπιτανίες τῶν χηρβάτων, τοῦ ρητζηάρ-
δου, τὰ ὁποῖα ὅλα ἐσύνθεταν τὸν ἀριθμὸν 35,000 ἀνῶ`ν,
ἔξω ἀπὸ τὰ στρατεύματα τὰ οὗγκρικα, τὰ ὁποῖα ἦτον 8,000
10 πολεμισταί, ἀφήνωντας τὰ τόπια, ἀμάξια, ἄλογα, καὶ
ἄλλους ἀνοὺς ὁποῦ ἦτον διὰ τὸν ζαερέ, καὶ ὅλην τὴν ἄλλην
πολεμικὴν κατάσκευήν, οἱ ὁποῖοι δὲν ἔχουν ἀριθμόν, εἰς
τρόπον ὅτι τὴν καθ᾽ ἡμέραν ἐμοιράζουνταν διάθροφὴν
60,740 μερτίκια.

15 Ἔβαλε τὸ λοιπόν, ἐπιστάτας μὲ τάξιν ὁ καίσαρ, διὰ νὰ
τελειώσουν τὸ καουτάρε, δίνωντας θέλημα τῶν στρατιωτῶν,
καθ᾽ ἕνας νὰ γυρεύση, ἂν εἶχε νὰ λάβη τίποτες ἀπὸ τὸν
ἀπερασμένον λουφέ, ὅθεν ἕως εἰς ταῖς 9 τοῦ μαΐου εὑρί-
σκονταν εἰς τέτοιαις, καὶ ὅμοιαις ὑπηρεσίαις.

20 Εἰς ταῖς 10 τοῦ αὐτοῦ, ὁ ἔνδοξος κόντες τῆς λορένας,
ἐκίνησε τὸ στράτευμα πρὸς τὸ ἰανίκη, εἰς τὸν τόπον τῶν
ἐχθρῶν, καὶ ἐκὶ ἔφθασε εἰς τὰς 15, καὶ περνῶντας τὸν
δοῦναβην, ἐπῆγε, καὶ ἐκόνευσε εἰς τὰ πέριξ τοῦ κόμαρανιοῦ,
καὶ ἐκεῖ ἐστάθη ἕως ταῖς 4 τοῦ ἰουνίου, ἐξεχώρησε εἰς
25 τοῦτον τὸν καιρὸν ἡ ἐνδοξότης του, 8,000 καβαλαρέους,
καὶ 4,000 πεζούς, μαζὴ 8 τόπια, καὶ ἐτραβήχθη ἐμπρὸς, νὰ
βηγλήση τὴν στριγονίαν, ἀμὴ εὑρίσκοντας τοὺς τούρκους,
δυνατὰ ἀρματωμένους ἀπάνω εἰς τὸ βουνί, καὶ ὁποῦ εἶχαν
14 b χαλάση | τὰ πέριξ τοῦ βιλαετιοῦ, μὲ τέλος ὅτι τὸ ἀσκέρι
τὸ γερμανικόν, νὰ μὴν ἠμπορεῖ νὰ ἔχη στάσιμον, ἐγύρησεν
ὀπίσω, ἐγένησεν ὅμως ἡ παρουσία του εἰς ἐκεῖνον τὸν τόπον,
τόσον φόβον εἰς τοὺς ἐντόπιους, ὁποῦ οἱ περισσότεροι, καὶ
5 σχεδὸν ὅλοι οἱ πλούσιοι ἔφυγαν μὲ μεγάλην σύγχησιν,
ἔφυγαν ἀπὸ τὸ κάστρο, καὶ ἐπρόσφυγαν εἰς τὸ ναϊεσέλ,
ὡσὰν νὰ ἦτον βέβαιοι πῶς θέλουν νὰ τοὺς κτυπήσουν.

Καθὼς ἀκομή, ἔλαβαν φόβον, καὶ οἱ γερμανοί, ἀπὸ ἕναν
ψεύστικον λόγον, ὁποῦ ἐσπάρθηκε, πῶς τὸ ἀσκέρι τῶν
10 τουρκῶν, μὲ μεγάλαις δύναμαις ἐκεῖ σιμὰ εἶχε φθάση, ὅθεν

Dünewald, Caprara, Montecuculi, Sachsen-Lauenburg, Taaffe[1]-Götz, Dupigny, Mercy, and of the dragoons 3, to wit, Styrum, Castelli, Herbeville, and 4 companies of the Croats of Ricciardi, which in all formed 35,000 men, over and above the Hungarian troops which were 8,000 warriors, leaving aside the cannon, waggons, horses, and other men who were for the commissariat, and all the rest of the munitions of war. These were without number, so that 60,740 drew daily rations.

Further the Emperor appointed overseers with orders to make the quarters complete, giving the individual soldiers leave to ask if they had any arrears of pay. So up to May 9th they were occupied with these and similar services.

On the 10th of the same month the famous Count of Lorraine moved his army towards Raab to the position of the enemy, and arrived there on the 15th, and crossing the Danube went and encamped in the neighbourhood of Komorn, and there remained till the 4th of June. At this time His Excellency sent out 8,000 cavalry and 4,000 foot with 8 cannon, and moved forward to reconnoitre Gran, but finding the Turks strongly armed on the mountain above, and that they had ravaged the surrounding parts of the district, to the end that the German army might not be able to maintain a position, he turned back. His presence, however, caused so much terror to the inhabitants of the district, that the majority, and practically all the wealthy, fled in great confusion. They fled from the fortress and took refuge in Neuhäusel, as if they had been certain that they would be bombarded.

Further the Germans too were seized with panic as the result of a false rumour which had been spread abroad to the effect that the Turkish army had arrived in the

---

[1] Count Taaffe's letters to his brother the Earl of Carlingford (London, 1684) are interesting in connection with the operations of the Duke of Lorraine's army. He describes a good many of the actions touched upon in this monograph.

μὲ σπουδήν, ἔστρεψαν ὀπίσω, καὶ σχεδὸν φεύγωντες,
ἔδωσεν ἀφορμὴ νὰ φοβηθῆ, καὶ τὸ ἐπίλοιπον ἀσκέρι, τοῦτο
τὸ συμβεβηκός, διατί εἶχ(εν) καὶ αὐτὸ προσταγὴν νὰ
κινήση, μάλιστα ἐκίνησε ἕως τέσσαρες ὥραις δρόμον, διὰ
15 νὰ σμιχθῆ εἰς τὸ ἰανίκι ὅλον εἰς ἕνα τόπον, μ' ὅλα τοῦτα
τὸ γοργώτερον, ἔφθασαν ὀπίσω ἀπ' ἐκεῖ ὁποῦ ἐμύσευσαν,
καὶ πέρνωντας χαμπάρι βέβαια, πῶς ἀκομὴ ὁ τοῦρκος δὲν
εἶχε φθάση εἰς ἐκεῖνα τὰ μέρη, ὁ ἔνδοξος δοῦκας τῆς
λορένας ἐτραβήχθη μὲ τὸ ἀσκέρι πρὸς τὸ ναἴεσὲλ κάστρο
20 τὸ ὁποῖον εἶχε πάρη ὁ τοῦρκος εἰς τοὺς 1663 μὲ σκοπὸν νὰ
τὸ περικυκλώση, καθὼς καὶ ἔκαμε, πρὸς τὸ βράδι ταῖς 6
τοῦ αὐτοῦ, καὶ μὲ πρῶτον γιουροῦση, ἐπῆρε τὴν παλάνκα
ὁποῦ ἐσκέπαζε τὸ βαρόσι, χάνοντας ὀλύγους ἀπὸ τοὺς
ἐδικούς του, καὶ ἔτζη ἐσυστάθη 200 πατήματα μακρά, ἀπὸ
25 τὰ ἐσκαμένα τοῦ κάστρου, τὰ ὁποῖα ὅλα τοῦ ἔδυναν νὰ
λογιάση, πῶς τὸ κάστρο νὰ μὴν εἶχε νὰ τοῦ σταθῆ πλέον
ἀπὸ 8 ἡμέρας, ὅμως ἡ δοκημὴ ἔδειξε τὸ ἐναντεῖον, διατί
εὑρισκόμενον τὸ ἀσκέρι ἔρημον, ἀπὸ χοντρὰ τόποια, καὶ
ἀπὸ ἄλλα ἀναγκαῖα διὰ τέτοιαν ὑπόθεσιν, ἔστεκε μόνον
15 a σκορπισ|μένο, εἰς παρὰ μικρὰ μέτερίζια, καὶ ὀπίσω ἀπὸ
κάποια χαλασμένα σπήτα, χωρὶς νὰ ἡμπορῆ νὰ κτυπήση
οὔτε ἕνα τόπι, ὁποῦ νὰ ἡμπορῆ νὰ ξεκόψη κἂν μίαν πέτραν,
ἀπὸ τὰ τύχη τοῦ κάστρου, ἔστειλεν τὸ λοιπὸν εὐθὺς ἡ
5 ἐνδοξότης του, νὰ ὑψώσουν χῶμα ὡσὰν τάμπια διὰ νὰ
βάλη τόπια, νὰ κτυπᾶ, καὶ ἀγκαλὰ μὲ ἄργηταν ὅμως
ἐτελείωσε τὸ ἔργον, καὶ ἤρχησε νὰ τὸ κτυπᾶ, μὲ ἐλπίδα
νὰ τὸ πάρη εἰς ὀλύγαις ἡμέραις.

Εἰς τοῦτο τὸ μέσον, εἶχε φθάση λόγος εἰς τὴν κούρτην
10 τοῦ καίσαρος, πῶς ὁ σουλτάνος, μὲ τὸν πρῶτον βεζῆριν,
εἶχε φθάση εἰς τὸ μπελιγράδι, με 200,000 ἀρματωμένους,
καὶ ἀπ' ἐκεῖ ἔκαμε τοὺς περισσότερους νὰ περάσουν μὲ
γλυγοράδα τὸ γεφύρι τοῦ ὀσεκιοῦ, μὲ σκοπὸν νὰ κατά-
πατήση, τὴν στήριαν, ἢ καὶ νὰ συμώση πρὸς τὴν μπούταν,
15 μαζῆ μὲ τὸν πρῶτον βεζῆριν, διὰ τὸ ὁποῖον οἱ ἔνκριτοι τοῦ
πολέμου, ἔστειλαν εὐθὺς λόγον, τοῦ ἐνδοξοτάτου λορένα
νὰ ἤθελε ἀφήση τὸ κάστρο, καὶ νὰ πηγένη νὰ σκεπάση τὴν
οὐγκρίαν, τὸ ὁποῖον εὐθὺς ἔκαμε, συκόνωντας τὸν πόλεμον

neighbourhood in great force. So they turned back hastily, almost in flight. This circumstance gave the rest of the army occasion to fear, for it too had orders to move. It in fact marched some four hours in order to concentrate at Raab. However they very speedily returned to the place from which they had set out, and receiving certain information that the Turk had not yet reached those parts, the famous Duke of Lorraine moved with his army to Neuhäusel (a fortress which the Turks had taken in 1663) with the intention of investing it, and this he actually did on the evening of the 6th of the same month, and at the first assault took the palisade protecting the suburbs, losing few of his own men, and so took his station 200 paces from the moat of the fortress. All this gave him to think that the fortress would not resist more than 8 days. Yet experience proved the contrary, for the army was without heavy cannon and the other necessaries for such a business, and was scattered in very small strong posts and behind a few ruined houses, without being able to fire a single cannon capable of dislodging one stone from the walls of the fortress. So his Excellency immediately sent men to raise a mound like a bastion in order that he might place cannon and bombard, and, albeit slowly, he finished the work, and began his bombardment with the hope of taking the place in a few days.

At this juncture word had reached the Court of the Emperor that the Sultan and the Grand Vezir had reached Belgrade with 200,000 armed men, and had there caused the most to pass quickly over the bridge of Eszék with the object of overrunning Styria or even approaching Buda with the Grand Vezir. On this account the notables of the war immediately sent word to the most illustrious Lorraine that he should leave the fortress and go and protect Hungary. This he at once did, removing the war

ἀπ' ἐκεῖ, ἀνκαλὰ καὶ μὲ ὀλύγην εὐχαρήστησιν τοῦ φουσά-
20 του, τὸ ὁποῖον ἔχωντας διὰ βέβαιον τὸ πάρσιμον τοῦ
κάστρου, ἐλογίασαν, νὰ κάμουν, ἕνα μεγάλο κέρδος, ὡσὰν
ὁποῦ μέσα εἰς αὐτὸ ἦτον φυλαγμένα, ὅλα τὰ πλούτη τοῦ
στριγονιοῦ.
    Ἐτράβηξε τὸ λοιπόν, τὸ στράτευμα, πρὸς τὸ κομοράνη,
25 εἰς ταῖς δέκα τοῦ μηνός, καὶ ἀναμένωντας, ἀπ' ἐκεῖ, διὰ νὰ
τρέξη, ὅπου τὸ ἤθελε καλέση ἡ χρεία εἰς τὸ μέσον, εἶχε
μεγάλην ἀνάγκην, ἀπὸ ταῖς συχναῖς ἐξοδρομαῖς τῶν τουρ-
κῶν, ὁποῦ ἀπὸ τὸ στριγόνι, καὶ τὸ ναϊεσὲλ ἐξέτρεχαν ἐκεῖ
τρυγήρου, ἐδῶ ἐστάθη, ἕως εἰς ταῖς 19, ὁποῦ πηγένωντας
15 b ἐμπρὸς ὁ ζαερές, καὶ ἡ πολεμικὴ κα|τάσκευή, ἐκίνησε καὶ
αὐτὸς καταπόδι, μὲ τὸ στράτευμα, καὶ ἦλθε πάλιν πρὸς τὸ
ἰανίκι.
    Ἐστάθηκεν τὸ στράτευμα, εἰς αὐτὸν τὸν τόπον, ἕως τὴν
5 πρῶτην, τοῦ ἰουλίου, ὅταν ἐρχόμενον ἐμπρὸς τὸ ἀσκέρι τὸ
τούρκικο ἐφάνη, καὶ ἐβλέποντα ἀπὸ τοὺς ἰμπεριάλους, ὅθεν
ξεχωριζόμενοι ὀλύγοι, ἀπὸ κάθε μέρος, τόσον πεζοί, ὅσον
καὶ καβαλάροι συχνά, ἀμὴ μὲ ὀλύγην ὁρμήν, ἐπολεμοῦσαν,
ἐξάνοιξαν καὶ ἀπὸ τὸ ἰανίκι τοὺς τούρκους, καὶ ἀκούωντας
10 τὰ τόπια, ἔρυψαν καὶ αὐτοὶ πολλά, κατά πάνω τῶν ἐχθρῶν
μὲ πολὴν ὁρμήν, ἀγκαλὰ καὶ δὲν ἠμπόρεσαν νὰ τοὺς
ἐμποδίσουν, νὰ μὴ βάλουν τὰ τζαντηριά των ἐκεῖ σιμὰ
καθὼς ἔκαμαν, διὰ τὸ ὁποῖον εὐθὺς ἐπρόσταξεν ὁ ἔνδοξος
δούκας τὸ στράτευμα, καὶ ἔβαλε φωτιά, εἰς τὰ προπόλεα,
15 χαλῶντας καὶ ἀφανίζοντας, κάθε πρᾶγμα, διὰ νὰ μὴν
ἠμπορούν οἱ τούρκοι νὰ τὰ μέταχειρισθοῦσι, ὅταν κτυπήσουν
τὸ κάστρο, καθὼς ἔδειχναν νὰ ἔχουν σκοπὸν νὰ κάμουσι,
ἀμὴ ἐκεῖνο ὁποῦ ὕστερα ἀνέλπιστα ἐσυνέβη, τόσον ἐσύγ-
χησεν ὅλους, ὁποῦ τοὺς ἔκαμεν νὰ λογιάζουν ἄλλα παρὰ
20 ἐκεῖνα ὁποῦ ἐμελετοῦσαν.
    Τὸ λοιπὸν ἀπὸ τὸν καιρὸν ὁποῦ ἄρχησαν οἱ τοῦρκοι
ὡσὰν ταῖς μέλυσσαις, νὰ συμῶνουν, πρὸς τὰ ποτάμια διὰ
τὴν βιέναν, οἱ ἰμπεριάλοι ἐδιαμοιράσθησαν, νὰ τοὺς ἐμπο-
δίσουν τὸ πέραμα εἰς τοὺς ποταμούς, καὶ ἀνάμεσα εἰς τοὺς
25 ἄλλους, ὁ κόντες μπουδιάνις, ὑποσχέθη νὰ φυλάξη, τὸ
πέραμα τοῦ ποταμοῦ ρὰβ, εἰς τὸν ἅγιον γοτάρδον, καὶ τοῦ-

from there, though but little to the pleasure of the army, which, being certain of taking the fortress, reckoned on making great booty, there being enclosed therein all the wealth of Strigonia.

The army accordingly marched to Komorn on the tenth of the month, and awaiting the time for moving thence when need should call, in the meanwhile suffered great distress from the frequent sallies of the Turks who made incursions from Gran and Neuhäusel into the country round. There it remained till the 19th, when the commissariat and munitions of war were sent forward, and he himself followed behind with the army, and went again to Raab.

The army stayed in this position till the first of July, when the Turkish army was observed advancing, and was seen by the Imperialists. A few detachments both of foot and cavalry were frequently engaged on either side, though with little fierceness. The Turks were observed from Raab also. Hearing the cannon, they too often fired upon the enemy with great fierceness, though they were unable to prevent them pitching their tents near there. Accordingly the illustrious Duke gave orders to the army, and set fire to the suburbs, utterly destroying everything in order that the Turks might not be able to use them when they bombarded the fortress, as they seemed to have the intention of doing. But what followed unexpectedly afterwards so confounded all that they were forced to other plans than those they had in mind.

From the time when the Turks began to approach like bees the rivers on their way to Vienna, the Imperialists disposed themselves to hinder their passage at the rivers, and amongst others the Count Bathiány undertook to guard the passage of the river Raab at St Gothard. The

τὸ ἐπίστευσεν ὁ καῖσαρ, καὶ διὰ τὴν ἀνδρείαν του, καὶ διὰ
τὴν πιστωσύνην, ὁποῦ εἰς ἄλλους καιροὺς ἔδειξαν οἱ προ-
γόνοι του, εἰς τὰ ἄρματα τοῦ καίσαρος.

30 Ὅμως ἐστάθηκεν, γελασμένος ὁ ἰμπεραδῶρος, διατί, ὄχι
μόνον μὲ μεγάλην του ἐντροπήν, ὁ μπουδιάνις, ἄφησε νὰ
16a περάσουν τοὺς τούρκους, καὶ τατάρους, ἀλλὰ | ἀκομή,
ἔσμηξε μὲ τοὺς ἐχθροὺς ἐξ χιλιάδες ἀπὸ τοὺς ἐδικούς του
οὔγκρους ὁποῦ εἶχε σιμά του, καὶ ἐπάσχησε νὰ κατακόψη
τὴν δύναμιν τῶν ἀλαμάνων ὁποῦ τοῦ ἐδώθησαν διὰ νὰ
5 φυλάξη τὸ ἄνω πέραμα, οἱ ὁποῖοι μ᾽ ὅλον τοῦτο ἐδιαφεν-
τεύθηκαν ἀνδριωμένα, καὶ ἀντιστάθηκαν ὡς λέοντες, μ᾽
ὅλον ὁποῦ ἐχάθη σχεδόν, ὅλον τὸ τάγμα τῶν δραγόνων,
τοῦ καβαλιέρε τῆς σαβοΐας, καὶ αὐτὸς ὁ ἴδιος, ἀπόμεινε
βαρέα λαβομένος, διατί ὑψωνόμενον τὸ ἀλογόν του εἰς τὰ
10 δύο ποδάρια, ἔπεσεν ἐξ᾽ ὀπίσω ῥύπτωντάς τον μὲ πέσιμον
θανατηφόρον, ὅθεν ὕστερα ὀλίγαις ἡμέραις, ἐφέρθη εἰς τὴν
βιέναν, καὶ ἀπέθανε, καὶ μὲ λόγου του μαζή, ὁ πρέτζηπας τοῦ
ἀρεμπέργ πολεμάρχος τῆς φιάντρας, ἐχάθη εἰς τὸν ἴδιον
πόλεμον, χάνωντας ὅλην τὴν πολεμικὴν κατάσκευήν, καὶ
15 ἕως δύο χιλιάδες ἀνοῦς.

Μετὰ τοῦτα οἱ τατάροι, ἐσκέπασαν τὸν τόπον, καὶ
κουρσεύοντας ὁποῦ ἤθελαν πατήσουν, ἔβαναν εὐθὺς φω-
τίαν τόσον ὁποῦ τέτοιας λογῆς, ἔφθειραν, καὶ ἀφάνησαν
τὰ πάντα, ὁποῦ σοῦ ἐφαίνετον πῶς ἐκεῖ δὲν ἐκατοίκησε
20 ποτὲ ἄνος, καὶ τοῦτον τὸν καιρὸν ὁ ἔνδοξος δοῦκας τῆς
λορένας, ἤρχησε νὰ τραβήζεται, ἀπὸ τὸ πετερνέλ, ἐρχόμενος
μὲ τὴν καβαλαρίαν του, πρὸς τὴν βιέναν, καὶ ἔκαμε νὰ
κονεύψη ἡ πεζοῦρα εἰς τὸ νυσὶ τῆς σκούτ, ὅμως ἡ φωτία
ὁποῦ ἐφάνη τὴν νύκτα ἐκεῖ τρυγῆρου, ἦτον σημεῖον πῶς
25 ὁ ἐχθρὸς νὰ μὴν ἦτον πολλὰ μακρά, μάλιστα καὶ ἐφάνη
ὀλίγον μακρά, καὶ εὐθὺς ὁποῦ τοὺς ἐγνώρισεν, ἐσύσθη καὶ
ἐταράχθη ὅλη ἀπὸ τὸ ἀνέλπιστον κακόν, ἡ ταλλαίπωρη
ἡ βιένα, οὔτε τῆς κούρτης, οὔτε τοῦ κάστρου οἱ ἄνοῖ δὲν
ἤξευραν τί νὰ ἀποφασίσουν, τί νὰ κάνουν, καὶ ποῖαν
30 στράταν νὰ πάρουν, καθ᾽ ἕνας, ἐμελέτα νὰ φύγη, καὶ δὲν

Emperor entrusted this task to him both on account of his courage and the loyalty which had on other occasions been shown by his ancestors to the arms of the Emperor. Yet the Emperor was deceived, for to his great shame Bathiány not only suffered the Turks and Tartars to cross, but actually joined six thousand of his own Hungarians to the enemy, and endeavoured to cut in pieces the force of Germans which had been given him to guard the upper passage, although these defended themselves bravely and resisted like lions. Nevertheless nearly the whole squadron of dragoons belonging to the Knight of Savoy[1] was lost. He himself was gravely wounded, for his horse reared and fell backwards, giving him a fatal fall. As a result he was a few days after carried to Vienna and died. Together with him the Prince of Aremberg, the commander from Flanders, was lost in the same battle, losing all his munitions of war, and about two thousand men[2].

After this the Tartars covered the place, and, ravaging wherever they went, carried fire and sword, and destroyed everything in such fashion that you might have thought that no man had ever dwelt there. At this time the illustrious Duke of Lorraine began to march from Petronell, coming with his cavalry towards Vienna, and caused his foot to encamp in the island of Schütt. However the fire which was seen around there at night was a sign that the enemy was not far off, and in fact he was seen a very little way off. The unhappy Vienna, as soon as it saw them, was shaken and thrown into confusion by the unlooked-for disaster. Neither the men of the Court nor the men of the fortress knew what to decide or what to do, or what road to take. Each thought of flight and

[1] See Camesina, p. 94. This was Julius Ludwig, brother of Prince Eugene of Savoy.
[2] There appears to be a confusion in the MS. account between the engagement on the Raab and the battle of Petronell on July 7th. It was in the latter that the Prince of Aremberg and Julius Ludwig of Savoy met their death. See Contarini, pp. 103, 107 f.; Klopp, pp. 198, 203 f.

16 b ἴξευρεν ποῦ, καθένας ἐγύ|ρευε νὰ φυλαχθῆ, ἀμὴ δὲν ἴξευρε
πῶς, πανταχοῦ εἶχαν εἰς τὰ ὄμματα τὸν ἐχθρόν, ἄσπλαχνον,
βάρβαρον, σκληρόν, ἀπᾶ'νον, ὅταν τὴν δεύτερην ἡμέραν,
ὁποῦ ἦτον ἡ 10 τοῦ ἰουλίου πρὸς τά βραδα, ἔφθασεν ὁ
5 ἔνδοξος γενεράλες καπράρας, ἀπεσταλμένος ἀπὸ τὸν δοῦκα
τῆς λορένας, διὰ νὰ δώση τοῦ καίσαρος νὰ γνωρίση τὸν
κύνδινον, ὅθεν ἀποφάσισεν ἡ βουλὴ τῆς βασιλείας ὅτι νὰ
ἦτον χρεία τοῦ ἰμπερίου, ὁ καῖσαρ μὲ τὴν αὐγούστην, ὁποῦ
ἦτον ἐτοιμόγενη, μὲ ὅλην τὴν κούρτην νὰ μυσεύσουν, καὶ
10 νὰ φυλαχθοῦσιν, εἰς ἄλλον τόπον, βλέπωντας φανερά, πῶς
ὁ σκοπός τῶν ἀσεβῶν, καὶ ἀθέων ἀγαρηνῶν ἦτον διὰ τὸν
ἀφανισμὸν τῆς βιένας.

Ἐμύσευσε τὸ λοιπόν, ὁ καῖσαρ, μὲ ὅλην τὴν κούρτην,
εἰς ταῖς 11 καὶ μαζή του πλέα παρὰ 60,000 ἀνόί κάθε
15 λογῆς, μέτὰ φόβου πολλοῦ καὶ συγχήσεως, ἀπομένωντας
μὲ προσταγὴν τῆς μεγαλειοτητός του, διάφεντευτῆς, καὶ
ἐπιστάτης τοῦ κάστρου ὁ ἔνδοξος γενεράλες σταρεμπέργ,
ἐσυντροφίασε τὸν ἰμπεραδῶρον, τὸ τάγμα τοῦ γενεράλε
καπράρα, ἔως τὸ λίντζ, καὶ τὴν πρώτην νήκτα τῶν ἔτυχε
20 νὰ κονέψουν μὲ τὴν αὐγούστην, ὁποῦ ἦτον μὲ τοὺς πόνους,
πολλὰ πενηχρὰ εἰς τὸ νεουμπούργο ὀλύγαις ὥραις ὕστερα,
ἀπὸ τὸν μυσεμὸν τοῦ καίσαρος, εὐρέθηκαν τὰ πέριξ τῆς
βιένας γεμάτα τούρκους, καὶ τάτάρους, ὁ ἔνδοξος δοῦκας
τῆς λορένας, ἔως τόσον, ἐφύλαξε τοῦ λόγου του, καὶ τὸ
25 στρατευμά του, ἀπὸ κάτω ἀπὸ τὸν τόπο τοῦ κάστρου, καὶ
ἡ παρουσία του, ἔδωκεν πολλὴν παρηγορίαν εἰς τὸν λαόν,
καὶ ἐφάνη ἔνα φανερὸν σημεῖον τῆς θείας προνοίας, νὰ μὴν
πέση εἰς τὰ χέρια τῶν βαρβάρων, ἐκεῖνο τὸ κάστρο, ὁποῦ
εἶναι πρόπύργειον τῆς χριστιανοσύνης, ἡ ὀκνηρὴ ἄργητα
30 τοῦ τούρκικου φουσάτου ἀπὸ κάτω εἰς τὸ ἰανίκι, διατί
17 a ἀνίσως ἴσα καθὼς ἐκίνησε, ἤθελε | ἔλθη νὰ κτυπήση τὸ
κάστρον μὴν ὥντας ἀκομή, διορισμέναις, οὔτε αἱμισαῖς
ἀνάγκαιαις διάφέντευσες, ἤθελε βέβαια πολλὰ εὔκολα,
καὶ χωρὶς καμίαν ἐναντειότητα τὸ περιλάβη.

5 Ἀκολουθοῦσαν τὴν στράταν τως, οἱ τατάροι καίωντας,
καὶ κουρσεύωντας τοὺς χ̅ν̅ούς, καὶ τὰ τιποτές των, ἐνδρο-

knew not where to flee, each sought to save himself, but knew not how. Everywhere they had before their eyes the enemy, merciless, barbarous, hard, inhuman, when on the second day, the 10th July, towards evening there arrived the famous General Caprara, sent by the Duke of Lorraine, to inform the Emperor of the danger. As a result the Royal Council decided what was needful for the Empire, viz. that the Emperor and the Empress, who was near childbirth, and all the Court should depart and save themselves in some other place, since they saw clearly that it was the aim of the impious and godless Hagarenes to destroy Vienna.

So the Emperor and all the Court started on the 11th[1] with more than 60,000 men of all conditions amid much fear and confusion. By the order of His Majesty the famous General Starhemberg remained as defender and commander of the fortress. The regiment of General Caprara accompanied the Emperor to Linz, and the first night it fell out that they lodged with the Empress, who was in her pains, very poorly at Neuburg (Korneuburg). A few hours after the departure of the Emperor the parts around Vienna were found to be full of Turks and Tartars. The illustrious Duke of Lorraine had so far maintained himself and his army in a position below the fortress, and his presence gave much comfort to the people. The sluggish delay of the Turks below Raab was regarded as a clear sign of divine Providence that that fortress, which is a bulwark of Christendom, should not fall into the hands of the barbarians, for if they had moved straight on they would have arrived in time to bombard the fortress before the necessary measures of defence had been half completed, and would certainly have taken it very easily and without any resistance.

The Tartars pursued their road, burning and ravaging the Christians and their property, violating honourable

---

[1] July 7th seems well established as the date of the Emperor's departure.

πηάζωντας ταῖς τιμιμέναις, φθείρωντας ταῖς παρθέναις, καὶ
σκλαβῶνοντας ταῖς εὐμορφύτεραις διὰ κανίσκη τοῦ πρώτου
βεζῆρι, καὶ τοῦ χάνη, τοὺς ἄνδρας ὅσους εὔρησκαν τοὺς
10 ἐπίαναν, καὶ τοὺς ἔβαναν ὡσὰν ἄλογα ζῶα, νὰ τραβοῦν τὰ
ἀμαξιά των, καὶ νὰ φορτόνουνται τὰ κούρση των, καὶ νὰ
δουλεύουν εἰς τὰ μετερηζιά των, σφάζωντας ὡσὰν κατζήκια,
τὰ ἀνεύθηνα βρέφη, καὶ τοὺς ἀνήμπορους γέρωντας, καὶ
τούτην τὴν θηριογνωμίαν, ἔδειχναν παντοῦ, ἕως ὅπου
15 ἔφθασαν σιμὰ εἰς τὸ λίντζ, ἕως τόσον ὁ δοῦκας τῆς λορένας,
ἐπρόσταξεν, ὅτι ἡ πεζοῦρα ὁποῦ ἦτον κονεμένη εἰς τὸ νυσὶ
τῆς σκούτ, νὰ ἤθελε σμυχθῆ μὲ τὴν καβαλαρίαν τοῦ
γενεράλ σοῦλ διὰ νὰ εἰσέβη τὸ γληγορότερον εἰς τὸ κάστρο,
καθῶς καὶ ἔκαμεν, βιαζομένη δύο ἡμέρας, καὶ δύο νήκτας
20 χωρὶς νὰ σταθῆ παντελῶς, ἀπὸ τὸ ἄλλον μέρος τοῦ δούναβη
νὰ φθάση, καὶ χάριτι θεοῦ, ἂν καὶ μὲ πολλὴν κόπον, ὅμως
σύγουρη ἔφθασεν, εἰς ταῖς 12 μέσα εἰς τὸ κάστρο, ἀπὸ τὸ
ὁποῖον ἐκατάλαβεν ὁ καθ᾽ εἷς πόση ὀφέλεια ἦτον εἰς τὴν
ἀρχήν, ὁ ξεχωρισμὸς τοῦ φουσάτου, τῆς ὁποίας ἀπομένωντας
25 ἀπὸ τὸν πόλεμον, εἰς τὸν ὁποῖον, χωρὶς ἄλλον ἤθελεν κακο-
περάση, σῶα καὶ ἀκαίρεα, ἔφθασαν μὲ καιρόν, νὰ φυλάξουν,
καὶ τὴν ζωήν τως, καὶ τὸ κάστρο.

Μετὰ βίας εἶχε φθάσει ἡ πεζοῦρα, ὁποῦ ἔλαβεν λόγον
ὁ γενεράλ σταρεμπέργ πῶς ἡ πρώτη βήγλα, τοῦ τούρκικου
17 b φουσάτου, εἴρχετον πρὸς τὴν βιέναν καὶ ἐξανοί|γωντάς την,
καὶ αὐτὸς εἰς μέρος, ἐπρόσταξε τῆς ὥρας νὰ δῶσουν
φωτιάν, τόσον εἰς τὴν ξυλήν, ὁποῦ ἦτον διὰ οἰκοδομᾶς, ὅσον
καὶ ἐκείνην ὁποῦ ἦτον διακαύσιμον, καὶ ἦτον πολὺ πλῆθος
5 εἰς τὸ περιγιάλι τοῦ δούναβη, ἐπρόσταξεν τὴν ἴδιαν ὥραν,
τὸ βαρόσι νὰ πάρουν εὐθὺς τὸ τιποτές τους, καὶ νὰ τὸ
φέρουν εἰς τὸ κάστρο, τῶν ὁποίων ἔδωκεν σημάδι ὕστερα
ἀπὸ τὸ μάζωμα τῶν πραγμάτων τους, τρία τόπια, διὰ νὰ
σεβοῦσι, καὶ ἀκομὴ τοὺς εἶχεν παραγγέλει ὅτι βλέπωντας
10 τὸν ἐχθρὸν νὰ συμώση, νὰ δῶσουν φωτά, καὶ εἰς τὰ σπητά
των.

Ὅθεν τὴν τρίτην εἰς ταῖς 14 τοῦ αὐτοῦ μηνὸς πρὸς τὸ
βράδυ, ἐφαίνετον ἕνα ἀξυοδάκρυτον καὶ ἐλεηνὸν θέαμα, οἱ
ἴδιοι οἰκοκῆροι τῶν σπητίων, νὰ βάλουν φωτιάν, νὰ καίουν,

women, outraging virgins and enslaving the most comely as a present to the Grand Vezir and their Khan. The men whom they found they took, and set them like brute beasts to draw their waggons and to carry their booty, and to work at their trenches, slaughtering the innocent babes like kids, as well as the weak old men. This bestiality they manifested everywhere till they came near Linz. Meanwhile the Duke of Lorraine gave orders that the foot who were encamped on the island of Schütt should join the cavalry of General Schulz with a view to entering the fortress as quickly as possible. This they did, making forced marches for two days and two nights without any halt, in order to reach the other side of the Danube. And thanks to God, they reached the fortress safely (though with great labour) on the 12th. From this everyone understood how great a benefit at the outset was derived from the separation of the army; by then remaining outside the war, in which they would certainly have suffered hardly, safe and intact, they arrived at the right moment to save their lives and to save the fortress.

The foot had arrived with difficulty, when General Starhemberg received word that the first scouts of the Turkish army were approaching Vienna. On catching sight of them in a certain quarter, he at once gave orders that they should set fire to the wood placed for building, as well as to that which was for fuel, of which there was much store on the shore of the Danube. At the same time he ordered the people of the suburbs immediately to take their property and to convey it into the fortress. After they had collected their things, he gave signal by the firing of three cannon that they should enter. He had further instructed them that when they saw the enemy approaching they should set fire to their houses.

And so it was that on the evening of Tuesday the 14th of the same month, there was seen a lamentable and piteous sight, to wit the very owners of the houses setting

15 μαζὴ μὲ τὰ περιβόλια, ἐκεῖνα ὁποῦ ἐφαίνωνταν ὡσὰν
παράδεισοι, καὶ ἔτζη ἐδώθη φωτιὰ εἰς ὅλα τὰ περίχωρα,
τρυγήρου, ἔξω ἀπὸ τὸ λεοπολντστάτ, οἱ ἄνοῖ τοῦ ὁποῖου
εὑρίσκονταν εἰς τόσην τρομάραν, καὶ ἔκστασιν ὁποῦ, μ'
ὅλον ὁποῦ εἶχε ἐμπρὸς εἰς τὰ ὄμματα τὸν καπνόν, καὶ τὴν
20 φλόγα, τῶν πέριξ τόπων, ὁποῦ οἱ τοῦρκοι ἔκαιον, ἢ ἀπὸ
τὴν σύγχησιν νὰ μὴν ἀφήσουν τὰ σπήτια, καὶ τὴν οὐσίαν
τως, ἐφαίνετον πῶς δὲν ἠμπορούσαν νὰ πιστεύσουν, ὁ
τοῦρκος νὰ συμώση εἰς τὴν βιέναν, ἕως τόσον ὁποῦ βλέ-
ποντας βαλμένην τὴν φωτιάν, καὶ εἰς τὰ σπητιά των, τότε
25 ἀλλὰ πολλὰ ἀργὰ τὸ ἐγνώρησαν, καὶ ἐγύρευαν νὰ φυλα-
χθοῦσι, διατί ὅσοι καὶ ἀν ἔφυγαν, οὔτε ἕνα ῥάμα δὲν
ἠμπόρεσαν νὰ συκόσουν, καὶ οἱ ἄλλοι ὅλοι μαζὴ μὲ τὸ
πρᾶγμα ἔχασαν καὶ τὴν ζωήν, ἀπομένωντας καϊμένοι
ζωντανοὶ μὲ τὰ κόρμιά των. Μετὰ τὴν πυρκαϊὰν τῶν
30 ὑποχωρείων, οἱ παπάδες, καὶ καλογέροι, ἐβάλθηκαν νὰ
σφαλίζουν ταῖς στράταις, εἰς τόπον ὁποῦ νὰ μὴν ἰμπορῆ
νὰ περάση οὐδένα ἀμάξι τοῦ κάστρου. |

18 a   Δὲν ἔλειπε τίποτας, ἀπὸ πολεμικὴν κατάσκευήν, ἀμὴ
ἀπὸ θροφὰς ἔξω ἀπὸ ψωμί, καὶ κρασὶ ἦτον πολλὰ ἀχαμνά,
διατί ἀν καὶ μερικοὶ εἶχαν σφαλίξη ἕναν καλὸν ἀριθμὸν
ζῶα, καὶ εὑρίσκονταν, καὶ παστρουμάδες, εἰς ποσότητα,
5 μ' ὅλον τοῦτο δὲν ἤθελαν νὰ μετὰδώσουν, καὶ τοῦ στρατεύ-
ματος τὸ καθόλου ἀν ἦτον διὰ νὰ σκάσουν.

Εἰς ταῖς 13 τὸ λοιπὸν ἀπάνω εἰς ταῖς 2 ὥραις ἔφθασε,
ἕως ὅπου ἠμπόρηε νὰ φθάση, καὶ τὸ τόπι, ὅλον τὸ παμ-
πληθές, καὶ τρομακτικὸν φουσάτον τῶν ἀθέων ἀγαρηνῶν,
10 εὐθὺς τοὺς ἐχαιρέτησεν τὸ κάστρο, μὲ τὸν κτύπον ὁλονῶν
τῶν τόπιων, ἐτοῦτο τὸ φοβερὸν φουσάτον, καὶ ἴσως ὁποῦ
δὲν εἶναι μεγαλύτερον, ἀπὸ πολλοὺς χρόνους, καὶ ἐδῶ ἡ
εὐρώπη ἐμαζώχθη, ἀπὸ τὸν καρὰ μούσταφὰ πασά, πρῶτον
βεζήρι, ὁ ὁποῖος ἦτον, καὶ ὁ ἀρχιστράτηγος ἀπὸ ὅλην τὴν
15 βασιλείαν τοῦ μεγάλου σουλτάνου, διὰ τὸ ὁποῖον τέλος,
εὐθὺς ὁποῦ ἐβεβαιώθη ὁ πόλεμος εἰς τὴν πόλιν, κατὰ τοῦ
ἰμπεραδῶρου, ἔκαμεν εὐθὺς μὲ μαντατοφόρους, νὰ ἀκούσουν
ὅλοι οἱ πασάδες, σαντζὰκ μπέϊδες, ἀγάδες, σπαχίδες, ὅτι
μετὰ ταγμάτων, ἀκομή, καὶ κάθε ἄλλος ὁποῦ νὰ ἔτρωγε

fire to them and burning them together with the gardens which seemed veritable paradises. And so the whole countryside round was set on fire except Leopoldstadt, the men whereof were in such fear and panic, that though they had before their eyes the smoke and the flames of the surrounding places which the Turks were burning, perhaps from confusion they would not leave their houses and their property. It appeared that they could not believe that the Turk was approaching Vienna until they saw with their own eyes the fire applied to their houses. Then, but too late, they knew it, and sought to save themselves. For of those who escaped none was able to take even a stitch with him, while the rest lost not only their property, but their life, being burned alive. After the burning of the suburbs, the priests and monks proceeded to block the streets at a place where no waggon could pass to the fortress.

There was no lack of munitions of war, but food apart from bread and wine was very meagre, for though some had shut in a good many animals and there was dried meat in quantity, for all that they refused to share it, even if the army generally should perish of hunger.

So at about 2 o'clock on the 13th the whole numerous and terrible army of the impious Hagarenes had advanced within cannon shot. Forthwith the fortress greeted with a salvo of all its cannon this fearful army. And perhaps no greater army has there been for many years; and here Europe was gathered together by the Grand Vezir Kara Mustapha Pasha, who was also commander-in-chief of all the Empire of the great Sultan. To which end, as soon as war was determined on at Constantinople against the Emperor, he immediately sent messengers to all the Pashas, Beys of the Sandjaks, Agas, Spahis, that they and all others who drew pay, should without delay

20 λουφέν, νὰ ἤθελαν χωρὶς ἄργηταν, δράμη εἰς τὸν πόλεμον,
ὅπου ἦτον ἀποφασισμένος νὰ γενῇ κατὰ τῶν χν̅ω̅'ν, καὶ
διὰ τὸ ὁποῖον κάμνωντας ἀκομή, μέγαλύταταις ἐτοιμασίαις,
ἀπόθροφαῖς, καὶ πολεμικὴν κάτάσκευήν, εἰς τὸ κοινὸν
καουτάρε τοῦ ἀσκεριοῦ ὅπου ἔκαμε, τὸν ἰούνιον μῆνα
25 ἐμπρὸς εἰς τὸν σουλτάνον, ἐπέρασαν.

"Εθνη τοῦ κιαμπέ, ἀνάμεσα, τὸν εὐφράτην, καὶ
    τύγρην ποταμόν 1,300
Ἀπὸ τὴν ἄμουδαν, καὶ μπαγδάτι τῆς βαβυλωνίας 14,000
Ἀπὸ τὴν ἀπάνω συρίαν 24,000
18 b Ἀπὸ τὴν κάτω, συρίαν 18,000
Ἀπὸ τὴν μικρὴν ἀσίαν 30,000
Ἀπὸ τὴν μπανφωλίαν 08,000
Ἀπὸ τὴν ἀχαγίαν 16,000
5 Ἀπὸ τὴν ἀμάσιαν, καὶ ἀνατολίαν . . . 18,000
Σαϊμάνιδες, σαριτζάδες, καὶ ντελίδες εἰς φύλαξιν
    τοῦ βεζῆρι πεζοὶ καὶ καβαλάροι . . . 8,000
Ἰανιτζάροι τῆς εὐρώπης 12,000
Ἰανιτζάροι πληρωμένη ἀπὸ τὸν σουλτάνον, μὲ
10 τὸν ἀγά 25,000
Σπαχίδες, καὶ ἄλλοι 35,000
Τατάροι 14,000
Οὔγκροι τῆς ἐρδελίας 6,000
Βλάχοι 6,000
15 Μπογδάνοι, καὶ καζάκοι τῆς οὐκραΐνας . 6,000
Ὅπου ἔρχονται, νὰ κάμουν μίαν σοῦμαν, ὅλοι . 241,300
Εἰς τούτους ἐσμύγονταν, τζεμπετζῆδες, τόπτζή-
δες, σκάπται λαγουμτζῆδες, καὶ ἄλλοι . . 32,000

Χωρὶς τὸν ἄλλον ὄχλον ὅπου ἦτον διὰ τὸν ζαχαρέ, καὶ
20 τὴν ἄλην κατασκευὴν τοῦ πολέμου, ὅπου δὲν ἦτον ὀλιγό-
τεροι, εἰς τὸν ἀριθμόν, καὶ εἰς τὸ πλῆθος τοιούτου φουσάτου,
διὰ κάθε ἄλλον μέγάλον ἔργον, ὅπου ἤθελαν καταπιασθῇ,
μετρῶντας ἔξω ἀπὸ ἄλλα μικρὰς τιμῆς πράγματα, τόπια
χοντρὰ 250, μπαρούτι καντάρια διπλὰ διακοσίαις χιλιάδες,
19 a ἄλογα διὰ τὸ ὀρδὶ 30,000 κα|μύλια διὰ τὸν ζαχερὲ τῆς κούρ-
της 3,000 δοξάρια 30,000 σαΐταις 150,000 καὶ ἄλλα πολλά.

hasten with their hosts to the war which had been deter-
mined on against the Christians, and for the which he made
the greatest preparations, stores and military munitions.
These passed before the Sultan in the month of June into
the common quarters for the army which he had made:

Tribes of the *Kiabe* between the Euphrates and the river Tigris	1,300
From the *Amouda* and Baghdad in Babylonia	14,000
From Upper Syria	24,000
From Lower Syria	18,000
From Asia Minor	30,000
From Pamphylia	08,000
From Achaia (?)	16,000
From Amasia and Anatolia	18,000
Bodyguardsmen, irregular cavalry, and fanatics (Delhis) for guarding the Vezir, foot and cavalry	8,000
Janissaries of Europe	12,000
Janissaries paid by the Sultan, with their Aga	25,000
Spahis and others	35,000
Tartars	14,000
Hungarians of Transylvania	6,000
Vlachs	6,000
Moldavians and Cossacks of the Ukraine .	6,000
Which make a sum total of	241,300
To these were joined ammunition men, gunners, diggers, miners and others	32,000

This does not include the rest of the multitude who
were for the commissariat and the rest of the munitions
of war, who were not fewer in number, and served the needs
of so great an army for any other great work which
might be undertaken. Apart from other things of small
consequence, they counted 250 heavy cannon, two hundred
thousand double hundredweights of powder, 30,000 horses
for the camp, 3,000 camels for the commissariat of the
Court, 30,000 bows, 150,000 arrows and much else.

Κονεύωντας τὸ λοιπόν, ἕνα φοσάτω τόσον ἄπειρον, καὶ
τρομακτικόν, μὲ ὅλην τούτην τὴν ἐτοιμασίαν, ἐμπρὸς εἰς
5 τὸ κάστρο, ἐμπρόσταξεν εὐθὺς ὁ πρῶτος βεζήρις νὰ ὑψωθῇ
χῶμα, καὶ νὰ βαλθῇ ἀρχὴ εἰς τὴν γραμήν, τῶν μετερηζιῶν,
ἡ ὁποῖα ἄρχησε εἰς ταῖς 14 πέντε μύλια μακριά, ἀπὸ τὸ
κάστρο, καὶ ἐπερικύκλωσε τὸν κάμπον, καὶ τοὺς λόφους
ὅλου τοῦ τόπου.

10 Ἔστεκεν ἀκομὴ ὁ δοῦκας τῆς λορένας μὲ τὸ στράτευμα
εἰς τὸ νυσὶ τοῦ πρωτέρ, δοσμένος εἰς τὸ νὰ διαφεντεύσῃ,
τὰ γεφύρια τοῦ δοῦναβη ὁποῦ εἶχαν κοινωνίαν μὲ τὸ
κάστρο, εἰς τὸν ὁποῖον καιρόν, ἐστάθη ὀλύγη πάλη μὲ
τοὺς τούρκους, ὁποῦ ἐπερνοῦσαν κολύμπου ἀπὸ τὸ μικρὸ
15 κλονάρι τοῦ ποταμοῦ, μὲ τέλος νὰ πιάσουν τὸ γεφύρι τοῦ
θαβώρ, καὶ ἀνγκαλὰ τὴν πρωτὴν φοράν, ἀνδρειωμένα, νὰ
ἐρύχθηκαν ὀπίσω ἀπὸ τὴν δύναμιν τοῦ γενεράλε σούλτζ,
ἐγνωρίσθη μ᾽ ὅλλον τοῦτο μὲ τὸν καιρόν, ὅτι ἦτον ἀδύνατον
νὰ διαφεντευθῇ ἐκεῖνος ὁ τόπος ὁποῦ ἤθελε ἦσθαι μεγάλης
20 ὀφελείας διὰ τὴν μετάδωσιν τοῦ κάστρου, τὸ ὁποῖον ὅλον
ἐν καιρῷ πρόβλέπωντας ἡ ἐπαινετὴ φρονιμάδα τοῦ δοῦκα
τῆς λορένας, τοῦ ἐφάνη καλιώτερα, νὰ κάμη νὰ σέβουν εἰς
τὴν βιέναν 4 τάγματα παλαιῶν στρατιωτῶν, καὶ δοκίμων
8,000 καὶ ἄλλαις 4,000 πεζοὺς καὶ καβαλάρους, μὲ σκευήν,
25 καὶ ἄλλο ὁποῦ τοῦ ἐφαίνετο νὰ ἔκαμνε χρεῖαν διὰ τοσαύτην
διαφέντευσιν, τὰ ὁποῖα νέα φουσάτα, σμυγμένα μὲ τὰ
ἄλλα, ὁποῦ ἦτον μέσα, μαζὴ καὶ τεχνίται, καὶ οἱ ἄλλοι
ὅσοι ἐδύνονταν νὰ πολεμοῦν ἔφθασαν νὰ γενοῦν 34,000
πολεμισταί.

30 Ὅθεν εὐθὺς ἔκαυσε τὸ πρῶτον γεφύρι τὸ ὁποῖον βλέ-
19 b πωντας οἱ τοῦρκοι μὲ σπου|δὴν ἔδραμαν, καὶ ἐπῆραν τὸ
νυσὶ προτέρ, καὶ ἀνκαλά, καὶ εὐθύς, νὰ ἐδώθη φωτιά, καὶ
εἰς τὰ ἄλλα τὰ μικρὰ γεφύρια, τῶν μικρῶν νυσιῶν, ἀπὸ
τὸν γενεράλε σούτζ, παγένωντας ἡ φωτία, ἕως εἰς τὸ
5 νουσντόρφ διὰ τῆς πλατείας λεοπολδίνας, ἐκατακάη καὶ
ἡ ἔμορφη ἐκκλησία τῶν πατέρων τῶν καρμελιτάνων μὲ τὸ
πάρσιμον τούτου τοῦ τόπου ἐπερισφαλίχθη, παντάπασι,
ὅλον τὸ κάστρο, τόσον ὁποῦ δὲν εἶχε πουθενὰ ἐξοχὴν ἢ
κοινωνίαν, μὲ κανέναν τόπον.

When an army so infinite and terrible, with all this preparation, had taken up its station before the fortress, the Grand Vezir immediately ordered that a mound should be raised and that a beginning should be made with the line of entrenchments. This was begun on the 14th, five miles from the fortress, and encircled the plain and the hills of all the place.

The Duke of Lorraine and his army were still stationed in the island of the Prater, occupied with the protection of the bridges over the Danube which communicated with the fortress. There was a slight engagement with the Turks who by swimming crossed the small branch of the river with the purpose to seize the bridge of Tabor. Though on the first occasion they were thrown back bravely by the force of General Schulz, it was nevertheless recognised that in the long run it was impossible to defend that position, which would have been of great service for communication with the fortress. All this the laudable foresight of the Duke of Lorraine perceived in due time. It appeared better to him to send 4 regiments of veterans into Vienna and 8,000 recruits, together with 4,000 other foot and cavalry, with equipment and anything else which appeared needful for such a defence. These new troops, added to the others which were within, formed with the engineers and others capable of fighting a force of 34,000.

Accordingly he immediately set fire to the first bridge. When the Turks saw this, they hastened forward and took the island of Prater. And although fire was immediately set to the other small bridges belonging to the small islands by General Schulz, the fire advanced as far as Nussdorf through the Leopoldinaplatz, and the beautiful Church of the Carmelite Fathers was burnt. With the taking of this place the whole fortress was entirely surrounded, so that it had no means of egress or communication with any spot.

10 Εἶχαν ἕως τόσον οἱ τοῦρκοι ὑψωμέναις ταῖς τάμπιαῖς
των, εἰς τὸν ἀριθμὸν 8 μίαν εἰς τὴν πόρταν τῆς οὐγκριᾶς, δύο
εἰς τὴν πόρταν τῆς κούρτης, μία εἰς τὴν πόρταν τοῦ σκοτέν,
δύο ἀπάνω εἰς τὸ νυσί, μίαν κατάγναντα τῆς τά(μ)πιας
τοῦ κάστρου, καὶ ἄλλην μίαν συμὰ ὁποῦ ἀκομὴ δὲν εἶχε
15 τελειωθῇ, εἰς τούτην τὴν ἡμέραν ταῖς 15 ἤρχησαν νὰ
κτυποῦν βιαίως, καὶ τόσον ἐτραβίχθηκαν ἐμπρὸς μὲ τού-
ταις ταῖς μηχαναῖς, ὁποῦ τὸ πουρνὸν ἐφάνηκαν τρία κονάκια
τελειωμένα, ἕνα κατὰ πόδι τὸ ἄλλο, καθὼς ἀκομή, μὲ τὴν
ἴδιαν εὐτυχίαν, ἐσύμωσαν πρὸς τῆς κορυφαῖς τῶν δύο
20 τάμπιων, τῆς κούρτης καὶ τοῦ λέμπλε, μὴν ἠμπορῶντας
νὰ εἶναι ἐμποδισμένοι, ἀπὸ τοὺς ἀπομέσα, διατί οἱ πύργοι
τῶν καϊμένων σπιτιῶν, ἀκομὴ ἔστεκαν εἰς τοὺς πόδας, καὶ
τοὺς ἐμεταχειρίζονταν διὰ μέτερήζια, ὅθεν ἀπὸ τοῦτο ἐσυμ-
παίρεναν, οἱ ἀπομέσα, ὅτι ὁ σκοπὸς τῶν τουρκῶν, ἦτον νὰ
25 κτυπήσουν τὸ κάστρο, ἀπὸ τὸ ἄνωθεν μέρος, <λογι->
λογιάζωντας νὰ εἶναι αὐτὸ τὸ ἀχαμνότερον, καὶ μὴν ὄντας
ἀκομὴ τελειωμένη ἡ ἀντιπάθεσις.

Ὀλίγον πρωτήτερα, ἀπὸ τοῦτον τὸν καιρόν, ἐσυνέβη μία
μεγάλη σύγχησις εἰς τὸ κάστρο, διατί στρεφόμενοι καθὼς
20a εἴρηται οἱ ἐξωχορῖται, ἀπὸ τὸ γδύ|σιμον τῶν σπιτιῶν
τως ἐσέβηκαν μαζὴ μετ᾽ αὐτούς, ἀνακατωμένοι μερικοὶ
ἄθεοι, διάβολοι τοῦρκοι, ἕως δέκα ἑπτά, ἐνδυμένοι μὲ σχῆμα
φραντζέζικο, μὲ περοῦκες εἰς τὰ κεφάλια, ἀπεσταλμένοι
5 ἀπὸ τὸν τέκελην οἱ ὁποῖοι εὐθὺς ἐκρύφθηκαν ἀναμένωντας
καιρὸν νὰ βάλουν εἰς τὸ ἔργο τὴν κακήν τως βουλήν, εἰς
τὸν ὁποῖον καιρόν, ἔστωντας, καὶ νὰ ἦτον ἡ φλόγα τῶν
σπητιῶν, ὁποῦ ἀπέξω ἐκαίωνταν, ἐσυκώθη ἕνας δυνατὸς
ἄνεμος, κατάπόδι, ὁ ὁποῖος κάμνωντας νὰ πηδοῦν τὰ
10 κάρβουνα εἰς τὸν ἀέρα, ἐφοβοῦνταν οἱ καστρινοὶ νὰ μὴν
πιάσῃ ἡ φωτία, καὶ μέσα εἰς τὸ κάστρο, διὰ τὸ ὁποῖον
ἀναβαίνωντας ὅλοι ἀπάνω εἰς τὰ δόματα τῶν σπιτιῶν,
ἐπαράστεκαν, καὶ ἐφύλαγαν ἡμέρα, καὶ νύκτα.

Τότε ηὗραν καιρὸν ἐκεῖνοι οἱ τρισκατάρατοι, καὶ ἔβαλαν
15 φωτιάν, εἰς τὸ κάστρο ἀρχήζωντας ἀπὸ τὸ ὡραιότατον
μοναστῆρι, τοῦ ἁγίου βενεδίκτου, εἰς τὸ σοκάκι τοῦ σκιό-
θεν, κατάγναντα εἰς τὸ παλάτι τοῦ ἐλτζῆ τῆς ἰσπανίας,

Meanwhile the Turks had raised their batteries to the number of 8, one at the Hungarian Gate, two at the Burg Gate, one at the Schotten Gate, two on the island, one opposite the Fort battery, and another one near it which had not yet been completed. On this day the 15th they opened a violent bombardment, and made such progress forward by these means that in the morning they were seen to have three lodgments finished, one after the other. Further with the same success they approached the crowns of the two bastions, that of the Burg and that of the Löwel. They could not be hindered by those within, because the towers of the burning houses still stood at their feet, and they used them as strong posts. From this those within concluded that it was the aim of the Turks to attack the fortress from the upper part, calculating that this was the weakest and that the defences were not yet completed.

A little before this time there was great confusion in the fortress, because when the dwellers outside returned, as has been described, from stripping their houses, there entered in with them pell-mell several godless devils of Turks, numbering seventeen, clothed in French garb, with wigs on their heads, sent by Tekeli. These immediately concealed themselves and waited for an opportunity to put their evil plot into execution. At this juncture, while the houses which were burning without were still flaming, a strong wind rose behind them and caused the hot ashes to leap into the air. The men of the fortress were afraid that the fire might penetrate into it, and so they all went up to the roofs of the houses, and remained on watch day and night.

Then those thrice accursed men found their opportunity, and set fire to the fortress, beginning at the most beautiful monastery of St Benedict (the Schottenhof) in the Schotten-lane, opposite the palace of the Spanish am-

καὶ σιμὰ εἰς τὸν ἀρσανά, ὁποῦ ἦτον ὅλο τὸ μπαροῦτη·
ἐτούτη ἡ ἀνέλπιστος συμφορὰ ἔδωσεν ἕναν ἄρρητον φόβον,
20 εἰς τοὺς ταλαίπωρους καστρινούς, ὁποῦ ἀλήθεια, τότε
ἐλογίασαν νὰ ἀπόθάνουν ὅλοι, καὶ νὰ γενοῦν στάκτη
μαζὴ μὲ τὸ πρᾶγμα, καὶ τὰ σπήτια, ἐξαπλονώμενη ἡ
φωτία δυνατὰ φυσιμένη ἀπὸ ἕνα δυνατὸν ἄνεμον, τόσον
ὁποῦ ἔκαυσεν εἰς μίαν ἡμέραν 40 σπήτια, ἀνάμεσα εἰς τὰ
25 ὁποῖα ἦτον τὰ δύο περιφανέστατα τῶν δύο κόντιδων,
τραοῦμ, καὶ ἀβερ(σ)πέργ, ἐσύρνετον ἡ φωτία παρολύγον,
νὰ πιάσῃ, καὶ ὁ ἀρσανὰς ὁ ὁποῖος ἂν ἤθελε πιάσει, δὲν
ἦτον ἐλπίδα χωρὶς ἄλο νὰ μὴν γενῆ στάκτη ὅλον τὸ κάστρο. |

20 b Ὅμως ἐφάνηκε πῶς ὁ θ̅ς ὁποῦ ἀπὸ τὴν ἀρχὴν τούτου
τοῦ πολέμου, ἀνάμεσα εἰς ταῖς παιδεύσεις ἔδειξε, καὶ
λαμπρὰ τὰ θαυμάσια τῆς εὐσπλαχνίας του, νὰ ἐπρόσταξε
τὸν ἄνεμον, νὰ φυσήξη ἀπὸ ἄλλον μέρος, δειόχνωντας τὴν
5 φωτιὰν ἀπὸ ἕναν τόπον τόσον ἀναγκαῖον ἐκεῖ ὁποῦ μὲ τὴν
θεϊκήν του χάριν ἐλευθερώθη ἐκεῖνος ὁ λαὸς ἀπὸ τέτοιον
κύνδινον, καὶ ἀπόμεινε κατησχωμένη ἡ κακία τοῦ τέκελη
ὁποῦ μαζὴ μὲ τοὺς τούρκους μὲ τέτοιαις διαβολιαῖς, καὶ
ἀπάνθρωπαις μυχαναῖς ἐσυμφώνησε νὰ πάρη τὸ κάστρο.

10 Ἐφανερώθηκαν ἕως τὸ ὕστερον, καὶ οἱ λησταὶ ἕναν ἀπὸ
τοὺς ὁποίους, ὁ λαὸς ἔγδαρε ζωντανόν, καὶ ἄλλους τρεῖς
ἔβαλεν εἰς τὴν φωτίαν, καὶ ἀλλουνοῦ, κόπτωντας πρῶτον
τὰ χέρια, καὶ τὰ ποδάρια, ἦλθαν εἰς τὴν κεφαλήν, ἀφή-
νωντας μὲ τέτοιον πικρὸν θέαμα, ἄθαπτα ἐκεῖνα τὰ ἄθεα
15 μέλη διὰ φόβον τῶν ἀλονῶν, νὰ μὴν ἤθελαν μεταχειρισθῆ
ἄλλο ὅμοιον κακόν.

Παύωντας ἡ πυρκαϊὰ εἶδαν πῶς μετὰ βίας ἔφθασε ὅλο
τὸ νερὸ τῆς βιένας νὰ τὴν σβήσῃ, διατί ἀπ' ἔξω ὁ ἐχθρὸς
εἶχε κόψη τὰ οὐλούκια τῶν πηγῶν, ὅμως ἡ θεία πρόνοια
20 δὲν ἄφησε οὔτε εἰς τοῦτο, ἀνεπίσκεπτους τοὺς ὑστερημένους,
διατί εὑρέθηκαν δύο βρύσαις, ὁποῦ εἶχαν στουπώση οἱ
ἄνω λησταί, ταῖς ὁποίαις ἀνοίγωντας εἶχαν ὕστερον ἀρκετὸν
τὸ νερό, οἱ καστρινοί, εὐγενεῖς, καὶ ἀγενεῖς ὅσον καὶ τεχνί-
ται, καὶ ἄλλοι δυνάμενοι, εὐθὺς ἐκράχθηκαν εἰς τὰ ἄρματα,
25 καὶ εἰς τὸν ἴδιον καιρὸν μὲ ἦχον σάλπιγγος ἐδώθη προ-

bassador and near the arsenal, where all the powder was. This unlooked-for disaster caused the unhappy defenders of the fortress unspeakable fear, for in truth they thought that all would perish and be reduced to ashes, together with their stuff and their houses. The flames, powerfully fanned by a strong wind, spread so much that they consumed in a single day 40 houses, among which were the two very famous ones of Counts Traun and Auersperg. The flames very nearly drew the arsenal into the fire, and had it taken fire there would certainly have been no hope of the entire fortress not being reduced to ashes.

But it appeared that God, who, from the beginning of this war, had shown amidst His chastisements the wonders of His lovingkindness strikingly, now ordered the wind to blow from another quarter, driving the fire from a place so dangerous to a direction where by His divine favour that people was delivered from such a danger, and the wickedness of Tekeli was held in check, after he had conspired with the Turks to take the fortress by such devilries and inhuman means.

Subsequently the brigands were detected. One of them the people flayed alive, and three others they threw into the fire. In the case of another they first cut off his hands and feet, and then came to the head. They left with this dreadful sight the impious members unburied, to strike terror into the hearts of the others that they should not wish to undertake a like villainy.

When the conflagration ceased, they perceived that all the water of Vienna scarcely sufficed to extinguish it, for the enemy without had cut the conduits of the springs. However divine Providence did not leave them unprotected even in this deprivation. There were found two fountains which the above-mentioned brigands had stopped up. They opened these, and afterwards had sufficient water. The men of the fortress, gentle and simple, as well as the artisans and other able-bodied, were straightway called to arms, and at the same time orders were given by the sound

σταγή, νὰ ρύψουν κάτω ὅλα τὰ σκεπάσματα τῶν σπητιῶν,
ὁποῦ ἦτον ταύλινα πύπτωντας ἀπάνω οἱ κουμπαράδες νὰ
ἤθελαν κάνουν ὀλυγότερην ζημίαν, ὁ μέγας βεζῆρις ἐδιάλεξε
διὰ κονάκι του τὸν τόπον λεγόμενον, ἡ καλορίζηκη γρέα,
21 a σιμὰ εἰς τὸ ὁποῖον | ἔκαμε νὰ στήσουν, τὸ πράσινο τζα(ν)τίρη,
καὶ μπαϊεράκη, ὁποῦ ὁ μέγας σουλτάνος μὲ τὴν συνηθησ-
μένην ἀκολουθεῖαν, τοῦ ἐπαράδωσε παρόντος ὁλουνοῦ τοῦ
φουσάτου, πρὴν παρὰ νὰ μυσεύσῃ ἀπὸ τὴν κωνσταντι-
5 νούπολιν.

Τὴν νήκτα εἰς ταῖς 16 ἔρυψαν τὴν πρώτην φορὰν οἱ
τούρκοι ταῖς κουμπαράδες μέσα εἰς τὸ κάστρο ὅμως, μὲ
οὐδεμίαν, ἢ καὶ ὀλύγην ζημίαν τῶν σφαλισμένων ὁποῦ καὶ
αὐτοὶ ἀπεκρίθηκαν εἰς πλῆθος μὲ κουμπαράδες, καὶ τόπια,
10 ἔκαμαν ἀκομὴ οἱ ἀπὸ μέσα, δύο ἐξοδρομαῖς, καὶ εἰς τὴν
δεύτερην μὲ θαυμασίαν προκοπήν, ἐκτύπησαν, καὶ ἄμποσαν
ὀπίσω τοὺς τούρκους, ἕως ἔξω ἀπὸ τὰ με(τε)ρήζιά των ὄντας
ἐπιστάτης εἰς ταῖς ἐξωδρομαῖς ἐκείνην τὴν ἡμέραν, ὁ
ἔνδοξος κόντες δεφό, ὁ ὁποῖος εἰς ὅλον τὸν πόλεμον ἐβάστα
15 τὴν ἀξίαν τοῦ γενερὰλ τοῦ κτύπου, μὲ τὸν ἀνδριωμένον
καφαντπούργ.

Τὴν δεύτερην ἡμέραν, ταῖς 17, ἐτραβήχθηκαν ἐμπρὸς οἱ
ἐχθροί, ἕως εἰς τὴν κόψιὖ τῆς τάμπιας τοῦ καστελιοῦ, καὶ
ἀπὸ ἐκεῖνον τὸ μέρος μὲ θυμὸν ἐκτυποῦσαν τὸ καστέλι τὸ
20 κάθισμα τοῦ ἰμπεραδώρου, καὶ εἰς τὴν κόψιν τῆς ἴδιας
τάμπιας, ἔδωσαν τὴν ἀπερασμένην ἡμέραν ἔνα λαγοῦμι
μὲ προκοπήν, ὕστερα ἀπὸ τὸ ὁποῖον ἦλθαν εἰς τὸ ἰουρούσι
μὲ τὸ σπαθὴ εἰς τὸ χέρι, καὶ ἀλαλαγμόν, συντροφιασμένοι
πέντε ἀπὸ κάθε μέρος, μὲ τοὺς ἑλκουμπαρατζῆδες, τοῦ-
25 φεκτζῆδες, καὶ τοξόταις, ὁποῦ ἀόκνως ἔκαμαν, νὰ βρέχουν,
οἱ σαΐταις πάνω εἰς τοὺς χνούς, οἱ ὁποῖοι ποτὲ δὲν τοὺς
ἄφησαν νὰ πιάσουν οὔτε μίαν πηθαμὴν τόπον, ρυπτωντάς
τους μὲ ἀνδρείαν ὀπίσω μὲ τὸ τουφέκη, ἕως ὁποῦ καὶ
στανικῶς, ἔστρεφον εἰς τὸ πρῶτον στάσιμον.

30 Ἔφερεν ὁ ἐχθρός, ταῖς 19 πρὸς τὸ νυσὶ χοντρὰ τόπια,
ἐμπρὸς εἰς τὰ μάτια τῶν καστρινῶν, οἱ ὁποῖοι εὐθὺς μὲ
ἄλλα τόπια τὰ ἐβούλησαν, φέρνωντας μ' ὅλον τοῦτο |
21 b ἄλλα τὴν νήκτα, ἦρχησαν μέτ' ἐκεῖνα εἰς ταῖς 20 νὰ

of the trumpet that they should throw down all the roofs of the houses which were of planks in order that the bombs might do less damage when falling on them. The Grand Vezir chose for his quarters the place called 'the lucky old woman,' close to which he made them set the green tent and the flag which the great Sultan and his usual retinue had given him in the presence of all the army before he set out from Constantinople.

On the night of the 16th the Turks for the first time threw their bombs into the fortress, though with little or no damage to the besieged. These on their part replied to the full with bombs and cannon-balls, and further those within made two sorties, and at the second with wonderful success attacked and drove back the Turks from their trenches. On that day the famous Count *Defoe*[1] led the sorties. He throughout the war held the post of General of assault, together with the brave *Cafanburg*[1].

On the second day the 17th the enemy advanced to the edge of the Castle bastion and from that position fired furiously on the Castle, the seat of the Emperor. On the previous day they had exploded a mine at the edge of the same bastion with success, and after that advanced to the assault with sword in hand and war-cry, accompanied by the bombers, musketeers and archers in fives on either side. These caused arrows to rain incessantly on the Christians, who never suffered them to take one span of ground, throwing them back bravely with the musket until they were forced to return though unwillingly to their first position.

On the 19th the enemy brought heavy cannon onto the island before the eyes of those in the fortress, who immediately silenced them with other cannon. Yet they brought up others during the night, and on the 20th began to

---

[1] I cannot identify these names. Daun and Schärffenberg may possibly be concealed under them, though the resemblance is somewhat remote.

κτυποῦν τὸ κάστρο ἀπᾱνῶς ἀπ᾽ ἐκεῖνο τὸ μέρος γνωρι-
ζωντάς το τὸ πλέα ἀχαμνόν.

Ἐτραβήχθη, ἔως τόσον ὁ δοῦκας τῆς λορένας μὲ τὸ
5 στράτευμα, πρὸς τὴν μοραβίαν, γνωρίζωντας ἀνεπρόκοπιν
τὴν ἀργιτάν του, ἐκεῖ ὁποῦ μὴν ἔχωντας οὐδὲ μίαν δύναμιν
δὲν ἐδύνετο νὰ ἀντισταθῇ ἐνὸς ἐχθροῦ τόσον δυνατοῦ, ὁποῦ
καὶ καθ᾽ ἡμέραν ἐλάμβανε νέαις βοήθειαις, καὶ φοσάτον.

Εἰς τούταις ταῖς ἴδιαις ἡμέραις ἔβαλαν οἱ τοῦρκοι, ὅλην
10 τως τὴν δύναμιν, νὰ ῥύψουσι κάτω, μὲ τὸ τόπι τὸ σεράγι
τοῦ καίσαρος, εἰς τρόπον ὁποῦ ἀπὸ ἕνα μέρος, δὲν ἀπό-
μεινεν οὔτε μία πυθαμὴ τύχος γερό, καὶ ὁ γενεράλες
σταρεμπέργ, εὑρίσκοντας τὴν εὐχολίαν, εἰς τὰ χαλάσματα
τοῦ σεραγιοῦ, ἔκαμε καὶ ἔβαλαν τετρακοσίους κυνηγούς,
15 καὶ τοῦφεκτζῆδες, τόσον ὁποῦ εὐθὺς ὁποῦ ἔβλεπαν, νὰ
συκόση τὸ κεφέλι, ἔξω ἀπὸ τὰ μετερήζια κανένας τούρκος,
εὐθὺς τὸν ἐκτυποῦσαν, καὶ ἐθανάτωναν, ὅμως τὰ ἐκατά-
λαβαν οἱ ἐχθροί, πῶς αἱ τάμπιαις τῶν τόπιῶν ὁποῦ
ἔκαμαν πρωτήτερα, δὲν ἔκαμναν οὐδένα ὄφελος ὅθεν εἰς
20 ταῖς 21 ἔβαλαν ὅλην τως τὴν ἐπιμέλειαν νὰ κτυποῦν τὰ
μπαστούνια τοῦ σκοτὲν τῆς κούρτης, καὶ τοῦ λέμπλε,
στένωντας ἐναντεῖον ἐκεινοῦ τῆς κούρτης διπλαῖς ταῖς
τάμπιαις, μίαν ὑψηλότερην ἀπὸ τὴν ἄλλην, μὲ πολλὰ
τόπια ἀπάνω, τὰ ὁποῖα ἄπειραις φοραῖς τὰ ἀδείασαν,
25 κάμνωντας, καὶ μετακάμνωντας γιουρῆσι, ἀμὴ χωρὶς καρ-
πόν, διὰ τὴν ἀνδρειομένην καὶ δυνατὴν διαφέντευσιν τῶν
ἀπὸ μέσα, ἐφάνη πως τὴν νῆκτα τῶν 22, νὰ ἔπαυσεν
ὀλίγον ὁ κτύπος τῶν τόποιῶν, καὶ τῶν κουμπαράδων, καὶ
τοῦτο ἦτον διατί ἀκολουθοῦσαν νὰ κάμουσι, καὶ ἄλλα
30 μετερήζια, εἰς τὸν ὁποῖον καιρόν, εὐγήκασιν ἔξω μὲ εὐτυχείαν
καλοὶ οἱ χνοί, διατί ἔστρεψαν μέσα μὲ μερικὰ κεφάλια
22 a τουρκῶν | οἱ ὁποῖοι εὐθὺς ἔβαλαν νὰ δουλεύουν ἀπόκάτω
εἰς τὴν γῆν τὰ λαγούμια, καὶ τὰ φουρνέλα, διὰ νὰ στρέψουν
τὸ χῶμα πρὸς τὸ μέρος τὸ ἔσω, μὴν ἀφήνωντας τοὺς ἀπὸ
μέσα, νὰ εὑρίσκουν τῶν ἀπὸ μέσα τὰ λαγούμια, καὶ ἀνκαλά,
5 καὶ τοῦτοι νὰ ἔσκαπταν ἐκ τοῦ ἐναντίου, ὅμως μὲ ὀλύγην
προκοπὴν διατί οἱ λαγουμτζῆδες ἦτον ὄλλοι χωριάταις,
καὶ χωρὶς πράξιν.

bombard the fortress unmercifully with these from that side, knowing it was weakest.

Meanwhile the Duke of Lorraine withdrew with the army to Moravia, knowing that his dallying on the spot served no useful purpose, since he had no strength at all, and could not resist so powerful an enemy, who was daily receiving fresh reinforcements for his army.

In these same days the Turks directed all their force to breaking down the Emperor's Palace with their cannon, so that on the one side not a span of wall remained whole. General Starhemberg, finding an opportunity among the ruins of the Palace, stationed there four hundred huntsmen and musketeers, so that, as soon as they saw any Turk lift his head above the trenches, they at once shot and killed him. The Turks however perceived that the batteries they had placed previously were ineffectual. Accordingly on the 21st they directed all their attention to bombarding the bastions of the Schotten, the Burg and the Löwel, crowding before that of the Burg a double line of batteries, one above the other, with many cannon on them. These they discharged innumerable times, making repeated assaults, but without success, owing to the brave and powerful defence of those within. On the night of the 22nd the noise of the artillery and the bombs appeared to slacken a little, and this was because they were continuing to make other trenches. At this time the Christians made a sortie with good success, for they returned with some heads of Turks. The Turks immediately proceeded to work at underground mines and blasting charges (?), with the object of overturning the mound to the inside, and they did not give those within an opportunity of discovering their mines, though they tried countermining, but had little success because their miners were all unskilled peasants.

Εὑρισκόμενα, εἰς τούτην τὴν κατάστασιν τὰ πράγματα,
ὁ ἐλτζῆς τὸν ὁποῖον προὴμερόθεν εἶχεν στείλη, ὁ καίσαρ
10 εἰς τὸν ῥῆγα τῆς λεχίας, διὰ νὰ τοῦ δώση τὸ πικρὸν μαντάτο
τῆς καταπατημένης βιένας, μὲ τέλος ὅτι νὰ ἤθελε ταχύνη
νὰ δράμη μὲ τὸ στράτευμα, διὰ νὰ βοηθήση τὸ κάστρο,
τὸν ηὗρε εἰς τὴν βαλβόουκαν, 18 μύλια μακρὰ ἀπὸ τὴν
μρόπολι τοῦ σκαμνίου του, διατί εἶχε πάγη ἡ γαλυνότης
15 του τὴν κυριακὴν εἰς ταῖς 19 μαζῆ μὲ τὴν ῥήγησαν, καὶ τὰ
ῥηγόπουλα, καὶ μὲ τὸν παλαβιτζίνον ἐλτζὴν τοῦ πάπα, εἰς
τὴν ἑορτὴν τῆς παναγίας ὁποῦ ὀνομάζεται κοστοκόβα, διὰ
νὰ κινήση ὕστερα πρὸς τὴν κ(ρ)ακόβιαν διὰ νὰ κάμη κοινὸν
καουτάρε, τοῦ φουσάτου του, λογιάζωντας τὸ κάστρο
20 τοῦτο, εὐρυχωρότερον, καὶ ἁρμοδιώτερον ἀπὸ τὴν λεόπολιν,
ὅθεν λαμβάνωντας εἴδησιν, ἐκίνησεν εὐθὺς πρὸς τὴν βιέναν
μὲ ταχύτητα, προπέμπωντας τὸν ἐλτζὴ μὲ ὑπόσχεσιν εἰς
τὸν καίσαρα, πῶς δὲν ἤθελεν ἀφήση μίαν στηγμὴν νὰ
περάση, εἰς τὸ νὰ κινήση, τὰ στρατεύματα, διὰ νὰ προ-
25 φθάση εἰς διαφέντευσιν τοῦ ἰμπερίου, καὶ ὅλης τῆς χῦῆς,
ἔδωσαν ἐτοῦτον τὸν καιρὸν τρία λαγούμια οἱ τοῦρκοι τὰ
ὁποῖα δὲν ἔκαμαν ἄλλο παρὰ πῶς ἐμετασάλευσαν ὀλίγον
τοὺς πάλους, ἀπὸ τοὺς ὁποίους ἂν καὶ μερικοὶ ἐπέταξαν
εἰς τὸν ἀέρα, μ᾽ ὅλον τοῦτο εὐθὺς ἄλλοι πάλιν ἐβάλθηκαν
30 εἰς τὸν τόπον τους. τὴν ἡμέραν τῶν 24 τόσον ἀπὸ τὸ ἕνα
22 b ὅσον | καὶ ἀπὸ τὸ ἄλλο μέρος, ἔπαιξαν δυνατὰ μὲ τόπια,
κουμπαράδες, καὶ γρανάταις, αἱ ὁποῖαις ἂν καὶ ἀναρίθμη-
ταις, καὶ μὲ πολὴν ὁρμήν, ἔπευταν ἀπάνω εἰς τὰ σπήτια,
μ᾽ ὅλον τοῦτο τινὰς δὲν ἐβλάπτη, ἔλαβαν εἰς τούτην τὴν
5 ἡμέραν μερικοὶ στρατιῶται, μίαν διστυχισμένην περιέρ-
γειαν, βαλνόμενοι νὰ μαζῶνουν ταῖς σαΐταις ὁποῦ ἄπειρες
ἔρυπταν οἱ ἐχθροί, ὄντας πολλὰ εὔμορφαις, καὶ μάλιστα
διατί ἐδιαφόρεναν μερικὸν τίποτες πουλῶντας ταις, τὸ
ὁποῖον βλέπωντας οἱ τοῦρκοι ἔρυπταν ἐπὶ τ᾽ αὐτοῦ περισ-
10 σαῖς εἰς ταῖς ἔξω δρομαῖς, διὰ τὸ ὁποῖον ξεχωριζόμενοι νὰ
μαζῶνουν σαΐταις διὰ τόσον ὀλίγον κέρδος, ἄφηναν συχνὰ
τὴν ζωήν τως, ἔγυναν εἰς τὸν ἴδιον καιρὸν διάφοραις ἐξω-
δρομαῖς, εἰς ταῖς ὁποῖαις οἱ χῦοί συχνὰ ἔρυπταν ὀπίσω

When matters were in this state, the envoy whom the Emperor had sent a few days before to the King of Poland to give him the bitter news of down-trodden Vienna, with purpose that he should hasten with his army to the help of the fortress, found him at *Valvooukas*, 18 miles from the capital of his Kingdom, for his Serenity had gone on Sunday the 19th with the queen and princes and Pallavicini the envoy of the Pope to the Festival of the Virgin called Czestochowa[1], with the intention of subsequently moving to Cracow to form a general camp for his army. He deemed that this fortress was more spacious and suitable than Lemberg. On receiving the news, he immediately hastened towards Vienna with all speed, sending on the envoy with promise to the Emperor that he would not lose a moment in setting his armies in motion, and hurrying to the Empire's assistance, and to the assistance of all Christendom. At this time the Turks exploded three mines, which did little else than dislodge the palisades slightly; though some of these were blown into the air, others were immediately put into their place. On the 24th the cannon, bombs and grenades played vigorously on either side. Though these were innumerable and fell in showers on the houses, no one was injured. On this day certain soldiers displayed an unfortunate curiosity, setting themselves to collect the arrows which the enemy shot in innumerable quantities. These were very beautiful, and their chief reason was that they made a little by selling them. The Turks seeing this shot several into the sortie parties for this special purpose, and the soldiers, scattering to collect them for such trifling gain, often lost their lives. At this time various sorties were made, in which the Christians often threw

[1] Cf. Kochowski, *Commentarius belli adversum Turcas*, p. 16: "Rex ipse die xviii Julii, Varsavia profectus, isthac in Clarum Montem divertit, ut celebri miraculis loco, VIRGINI DEIPARAE suae Poloniarumque Reginae, supplices pro Victoria preces adferret. De loco isto, ut vocatur CZESTO-CHOWA, miraculorum frequentia et quantitate inclito, fusius in Annalibus meis retuli."

τοὺς ἐχθρούς, δειοχνωντάς τους μὲ τὴν ἀνδρείαν, ἔξω ἀπὸ
15 τὰ μετερηζιά τους, ἀμὴ βλέπωντας καμίαν φοράν, καὶ ὁ
ἐχθρὸς πῶς ἔλειπαν οἱ ἐπιστάται, καὶ τὸ τᾶγμα ἦτον
κακοκυβερνημένον, ἔπεφταν εὐθὺς ἀπάνω τους μὲ δύναμιν,
καὶ τοὺς ἔκαμναν συχνὰ κομάτια.

Ἀκολούθησεν ὅλον ἕνα μὲ τὰ ἐργαλεῖα του ὁ τοῦρκος,
20 ἕως εἰς τὴν κορυφὴν τῆς τάμπιας τοῦ καστελιοῦ, καὶ τὸ
βραδὺ ταῖς 25 ἔδωσε ἕνα λαγοῦμι δυνατόν, τὸ ὁποῖον
δυνατὰ ἐτάραξε τὴν γῆν, ἀνοίγωντας τόπον τῶν ἐχθρῶν,
ἐμετάστρεψεν ἐκ θεμελίου μεγάλον μέρος, καὶ κάμνοντας
γιουρῆσι, τὸ ὁποῖον μὲ πολλὴν ὁρμὴν ἔκαμαν, ὅμως μετὰ
25 <τὰ> τὸν πόλεμον μιᾶς ὥρας φρικτὸν καὶ χαλεπόν,
ἐρύχθηκαν ὀπίσω οἱ τοῦρκοι, ἀπὸ τοὺς ἰμπεριάλους, μὲ
τὸν θάνατον δύο μοναχῶν ἐπιστάτων καὶ 14 στρατιωτῶν,
ἀπόμένωντας ἀπὸ τοὺς ἐχθροὺς πλέα παρὰ 300 θανατω-
μένοι, ἐξανάδωσαν ταῖς 26 ἄλλον ἕνα λαγοῦμι μὲ χειρότερην
30 ἔκβασιν, διὰ τοὺς καστρινούς, ἐπειδὴ καὶ τοῦτο τὸ λαγοῦμι,
κάτὰ τὸν πόθον τῶν ἐχθρῶν, ἐμετάστρεψεν ἐκ θεμε|-
23 a <με>λείων, ἕνα μεγάλο μέρος τοῦ τύχου τῆς τάμπιας,
κατὰ πρόσωπον τοῦ ριβελίνου, ὕστερα ἀπὸ τὴν ὁποίαν
δουλείαν γυρίζωντας οἱ τοῦρκοι εἰς ἕνα θηριώδη καὶ ἀπᾶνόν
γιουρῆσι, ἔκαμαν τοὺς χριστιανοὺς νὰ φύγουν, καὶ νὰ τοὺς
5 ἀφήσουν τὸν τόπον, μὴν δυνάμενοι νὰ ἀντιστέκουν εἰς τὴν
ὁρμήν, καὶ εἰς τὸ πλῆθος τοῦ ἐχθροῦ, μ' ὅλον τοῦτο τὴν
ἐρχομένην νήκτα, ἐπάσχησαν πάλιν οἱ ἰμπεριάλοι νὰ
ξαναπάρουν τὴν τάμπιαν, καὶ τὴν ἐπῆραν μὲ πολλὴν κόπον,
καὶ αἷμα, ξανακαινουριόνωντας ταῖς παλοσιαῖς, ἀμὴ ὀλύγον
10 ἐχάρηκαν, εἰς τοῦτον τὸν μεγάλον τους κόπον, διατί τὴν
ἐρχομένην ἡμέραν οἱ τοῦρκοι, τὴν ἐμεταπῆραν ὀπίσω,
ἀπειδῶντας ἀπάνω μὲ τόσην ὁρμήν, καὶ κονεύωντας τόσον
δυνατὰ ὁποῦ ὕστερα, ἐστάθη πλέον ἀδύνατον νὰ τοὺς
μετὰσαλεύση τινὰς ἀπ' ἐκεῖ, διὰ τοῦτο εἰς ταῖς 28 ὕστερα
15 ἀπὸ τούτην τὴν χασοῦραν, ἀκολούθησαν οἱ ἀπὸ μέσα νὰ
κάμουν μέτερήζια, καὶ κοψήματα, διὰ νὰ ἐμποδίσουν τοὺς
ἐχθροὺς νὰ μὴν κατεβαίνουν εἰς τὴν φόσαν.

Τοῦτα γινόμενα, ἐθεωρήθηκαν, καὶ ἐδιορθώθηκαν, αἱ
διαφοραῖς, ὁποῦ εἶχεν μὲ τὸν καίσαρα, ὁ ἐλετὼρ δοῦκας

back the enemy, chasing them bravely out of their trenches. But perceiving on one occasion that they were without their leaders, and that the party was ill-guided, the enemy straightway fell upon them in force and cut them in pieces.

The Turk continued his mining operations without pause up to the crown of the Castle bastion, and on the evening of the 25th sprang a powerful mine, which caused a great upheaval of earth, and opened a space for the enemy. A great part was overturned from the foundations, and they made a furious attack. Nevertheless after an hour of terrible and severe battle the Turks were thrown back by the Imperialists with the death of only two leaders and 14 soldiers, more than 300 of the enemy being killed. On the 26th they exploded another mine with worse results for those in the fortress. For this mine, in accordance with the enemy's desire, overturned from the foundations a great part of the bastion wall opposite the ravelin. After this work the Turks proceeded to a bestial and inhuman attack, and caused the Christians to flee and leave the place, being unable to withstand the onslaught and numbers of the enemy. Nevertheless on the ensuing night the Imperialists again essayed to take back the bastion, and they took it with much trouble and bloodshed, and re-erected the palisades. But they had little joy of this great toil, for the next day the Turks took it again, leaping up with such fury and maintaining themselves with such obstinacy, that afterwards it became impossible to dislodge them from there. So on the 28th after this loss those within continued to make strong posts and trenches to hinder the enemy from descending into the fosse.

While this was taking place, the differences which the Elector Duke of Saxony had with the Emperor were

20 τῆς σαξονίας, ὁ ὁποιος εἶχεν ὑποσχέθη νὰ ἐτοιμάσῃ 10,000
ἀνο̄ύς εἰς βοήθειαν, διὰ τὸ ὁποῖον ἔκαμε καουτάρε ἡ
ὑψιλότης του καὶ εὑρέθηκαν, τάγματα δραγόνων 6 κυβερ-
νημένα ἀπὸ τὸν κόντε ῥέους.

Πρῶτον τῶν τραμπάντων, τῆς φυλακῆς τῶν καβαλάρων.
25 Δεύτερον, τὸ τάγμα τῆς ὑψηλοτητός του, καὶ αὐτὸ
καβάλα.
Τρίτον, ἐκεῖνο τοῦ πρωτάρχου τοῦ κάμπου γλοτζέν,
καβαλάροι.
Τέταρτον, ἡ πεζοῦρα τῆς ὑψηλοτητός του.
30 Πέμπτον τοῦ πρωτάρχου τοῦ κάμπου, φλεμένκ πεζοῦρα. |
23 b ῞Υστερον τοῦ κολονέλου κουπφὲρ πεζοῦρα.
Καὶ ὀκτὼ τάγματα γρανατιέρων.
Τὸ τάγμα τοῦ κολονέλου, λέβενς, πεζοῦρα.
Ἐκεῖνο τοῦ δοῦκα φαλανχνοῦ τῆς σαξονίας πεζοῦρα.
5 Ἐκεῖνο τοῦ κολονέλου, γόλτζ πεζοῦρα.
Ἐκεῖνο τοῦ κόντε, τραυτμαντορφ καβαλάροι.
Ἐκεῖνο τοῦ κολονέλου, πλάτου καβαλάροι.

Ἔξω ἀπὸ τοὺς ἀνο̄ύς ὁποῦ ἦτον, διὰ τὸν ζαχερέ, καὶ τὰ
τόπια, τὰ ὁποῖ ἦτον τοῦ καμπου 18 χοντρά, καὶ 4 χαβάνια,
10 μὲ πλῆθος φαγητῶν, καὶ πολεμικῆς κατάσκευῆς, καὶ τοῦτο
ὅλον τὸ φουσάτον, ἦτον κυβερνημένον, ἀπὸ τὸν ἴδιον ἐλετῶ-
ρον, παρόντα, ὁποῦ μὲ πολὴν σπουδὴν ἐβιάζετον νὰ
προφθάσῃ, εἰς τὴν βοήθειαν τοῦ κάστρου, καὶ ἀνείμενε
μόνον πρόσταγὴν ἀπὸ μέρος τοῦ καίσαρος, διὰ νὰ κινήσῃ,
15 ἐρχόμενος τὸ λοιπὸν ἄνο̄ς ἔφθασεν τὴν ὑψηλοτητά του εἰς
τὴν ὕστερην τοῦ ιουλίου εἰς τὴν ντρέσνταν, καὶ τὴν πρώτην
τοῦ αὐγούστου ἐκίνησεν.

Εἶχεν ἀπαντήσει εἰς τοῦτο τὸ μέσον πρὸς τὴν μοραβίαν,
ὁ γενεράλες ντουνεβάλ, ἔνα μέρος τατάρων, οἱ ὁποῖοι κατὰ
20 τὴν συνήθειαν, ἀκολουθοῦσαν, ταῖς κλεψιαῖς τους, εἰς
ἐκεῖνα τὰ μέρη, ὅθεν χωρὶς νὰ βάλῃ καιρὸν εἰς τὸ μέσον,
τοὺς ἐπάτησε, καὶ ἔκοψεν ὡς 400 φεύγωντας οἱ ἄλλοι, καὶ
ἀφήνωντας τὰ κούρση, ἐλευθερόνωντας ἀκομὴ πολλοὺς
σκλάβους χ̄νο̄ύς ἀνκαλά, καὶ ὁ ἴδιος γενεράλες, νὰ ἐπλη-
25 γώθη μὲ μίαν σαίταν ὀλύγον τίποτες εἰς τὴν κεφαλήν.

reviewed and adjusted. The Elector had promised to prepare 10,000 men for assistance, and his Highness made quarters for them. There were 6 regiments of dragoons under the command of Count Reuss[1].

1. That of the Trabanten, cavalry guard.
2. The regiment of his Highness, also cavalry.
3. That of Field-marshal Goltzen, cavalry.
4. His Highness's foot.
5. Field-marshal Flemming's foot.
(6). Lastly Colonel Kuffer's foot.
And eight regiments of Grenadiers.
The regiment of Colonel Löben, foot.
That of the Duke Wachtmeister (?) of Saxony[2], foot.
That of Colonel Goltz, foot.
That of Count Trautmansdorff, cavalry.
That of Colonel Platow, cavalry.

These do not include the men who were for the commissariat and the cannon, which numbered 18 heavy field cannon and 4 mortars, together with a quantity of foodstuffs and munitions of war. The whole of this army was commanded by the same Elector in person. He hastened with much zeal to come to the aid of the fortress, and only awaited the Emperor's orders to move. A messenger reached his Highness on the last day of July at Dresden, and he moved on the first of August.

At this juncture General Dünewald had encountered a body of Tartars in Moravia[3]. These according to their custom continued their pillaging in those parts. Without waste of time the same General crushed them, and cut in pieces about 400. The rest fled and abandoned their plunder. Several Christian captives were freed, though the General was slightly wounded in the head with an arrow.

[1] For the identification of this and the following names, see the article *Churfürst Johann Georg III bei dem Entsatze von Wien*, 1683 (in Raumer's *Hist. Taschenbuch*, N.F. ix, 1848).
[2] Gen. Wachtmeister Herzog Christian von Sachsen-Weissenfels.
[3] This appears to be the action described by Klopp, p. 288.

68 SIEGE OF VIENNA

Ἐπάσχησεν ὁ τοῦρκος, ἀπὸ κάτω εἰς τὴν βιέναν, εἰς
ταῖς 29 νὰ σφαλήση μὲ φράκτην τὸ μικρὸν κλονάρι, τοῦ
24 a δοῦναβη, ὅμως δὲν ἐκατόρθωσεν τίποτες ἀπὸ τὴν ὁρ|μὴν
τοῦ ὕδατος ὁποῦ τὸν ἐμπόδιζε, καὶ τὸ τέλος του ἦτον
ἀκομή, καὶ ἀπὸ ἐκεῖνο τὸ μέρος νὰ κάμη λαγοῦμια (στοχα-
ζόμενος εἰς ἐκεῖνο τὸ μέρος νὰ κάμη μῆνες) στοχαζόμενος,
5 εἰς ἐκεῖνο τὸ μέρος τὸ κάστρο ἀχαμνότερον παρὰ εἰς ἄλλον
τόπον.

Ἔστρεψε τὸ λοιπὸν ταῖς 30 νὰ ποιράζη τὸ κάστρο μὲ
τὴν βουλὴν τῶν τόπιῶν, ῥύπτωντας μὲ ταῖς πιουλίτζαις,
πέτραις, καὶ γρανάταις, καὶ ἄλλαις φωτιαῖς κατασκευασ-
10 ταῖς καὶ οἱ γρανάταις εἰς ἐκείνην τὴν ἡμέραν εὑρέθηκαν νὰ
βαροῦσι 300 καὶ 400 λύτρες, ὅμως μὲ τὴν βοήθειαν τοῦ
θ̅υ̅, ὀλύγους ἐζημήωσαν, εἴ μητα κάποιους ἀνδριωμένους
πολεμάρχους, οἱ ὁποῖοι ἀπομένωντας βαρέα πληγωμένοι
ἀπέθαναν, καὶ διατί δὲν ἔτυχε καθὼς εἴπαμε τῶν τουρκῶν
15 νὰ κόψουν τὸ νερὸν τοῦ δοῦναβη, διὰ νὰ μὴν ἔχη καμίαν
ἔνωσιν μὲ τὸ κάστρο, ἔκαμαν ὕστερα, καὶ ἄλλην μίαν
δοκιμήν, ἡ ὁποῖα ἦτον νὰ συνάξουν μαζὴ μερικαῖς λοῦντραις,
διὰ νὰ κάμουσι γεφύρι ἀπάνω εἰς αὐτὸ τὸ νερό, μὲ τέλος
νὰ κτυπήσουν τὸ κάστρο, καὶ ἀπὸ τὴν πόρταν λεγομένην
20 ῥόσαν.

Εἰς τὴν πρώτην τοῦ αὐγούστου, ἐκατέβη τὴν πρώτην
φορὰν ὁ ἐχθρὸς εἰς τὴν φόσαν, ὁποῦ πρωτήτερα πολλὰ
τὸν εἶχαν ἐμποδίση, νὰ μὴν κατεβῆ, καὶ εὐθὺς ἐπίασε τόπον
νὰ στερεωθῆ, ἀμὴ δὲν τὸν ἄφησαν οἱ ἀπομέσα, δειοχνωντάς
25 τον μὲ πολλὴν ἀνδρείαν, ἀγκαλά, καὶ μὲ μεγάλην φθοράν,
καὶ τῶν δύο μερῶν, καὶ περισσότερον τῶν τουρκῶν διατί οἱ
ἰμπεριάλοι ἔδωσαν ἕνα λαγοῦμι, ὁποῦ ἐκατάχωσε τοὺς
περισσότερους.

Ἔφθασεν εἰς τούτην τὴν ἴδιαν ἡμέραν, ἡ γαλυνότης τοῦ
30 ῥηγὸς τῆς λεχίας, εἰς τὴν κρακόβιαν, ὁποῦ ἔκαμε τὸ
καουτάρε τοῦ φουσάτου, τὸ ὁποῖον ἦτον 30,000 πολεμισταὶ
μέσα εἰς τοὺς ὁποίους, ἐμετρίθηκαν 20,000 ὅλον ἄρχοντες
εὐγενικοί, καὶ 4000 οὔσαροι ἢ δορυφόροι μὲ σάμπλα, ἔξω
ἀπὸ τοὺς ὑπηρέτας, ὁποῦ εἰς καιρὸν ἀνάγκης πολεμοῦν
35 τόπον, ὡσὰν καὶ τοὺς αὐθεντάδες των, ἡ καβαλαρία, τῆς

The Turks attempted on the 29th to close with a dam the small branch of the Danube below Vienna. They did not however succeed owing to the strong current of the stream, which prevented them. Their aim was to make mines on that side also, aiming at that part where the fortress was weaker than elsewhere.

So on the 30th he returned to test the fortress with the will of the guns, throwing with his catapults rocks and grenades, and further artificial fire. The grenades on that day were found to weigh 300 and 400 pounds, but with the help of God they damaged few, with the exception of some brave leaders who were grievously wounded and died. Since, as we have said, the Turks did not succeed in cutting the Danube to prevent all communication with the fortress, they afterwards made another attempt, which was to collect several boats in order to make a bridge over the same stretch of water with the object of bombarding the fortress at the gate called Rossau also.

On the first of August the enemy for the first time descended into the fosse, where he had often been checked previously, and immediately took steps to strengthen his position. But those within did not suffer him, chasing him out with great bravery. The loss on both sides was great, but greater on the side of the Turks, for the Imperialists sprang a mine which buried the greater number.

On this same day His Serenity the King of Poland arrived at Cracow which he made the headquarters of his army. This numbered 30,000 warriors, among whom were counted 20,000 noble lords, and there were 4000 hussars or guardsmen with sabres, not counting the servants who in case of necessity take their place in the line of battle like their masters. The cavalry of Lithuania

24 b λιτβανίας |ἦτον ἄλογα 10,000, καὶ διὰ τὸ μάκρος τοῦ καιροῦ
καὶ τοῦ τόπου, δὲν ἦτον ἀκομὴ φθασμένη, καθὼς δὲν εἶχαν
φθάση, οὔτε αἱ 4000 τῶν καζάκων.

Ἐκατέβηκαν τὴν δεύτερην φοράν, εἰς ταῖς 2 τοῦ μηνός,
5 οἱ τοῦρκοι, εἰς τὴν φόσαν, καὶ ἀνκαλά, νὰ τοὺς ἀντιστέκον-
ταν μὲ ὅλην τως τὴν δύναμιν οἱ ἀπομέσα, ὅμως δὲν ἐδυνή-
θηκαν παντελῶς νὰ τοὺς μετασαλεύσουν ἀπ᾽ ἐκεῖ, πολλὰ
ἐπάσχησαν, καὶ πολὺ αἷμα ἔχυσαν, καὶ δὲν ἦτον τρόπος,
μ᾽ ὅλον τοῦτο διὰ νὰ μὴν τοὺς ἀφήσουν παντάπασι νὰ
10 χαροῦν, ἐπρόσταξεν ὁ γενεράλες σταρεμπέργ, κάποιους
κολυμπητάδες, καὶ ἐπῆγαν ἀπὸ κάτω εἰς ταῖς λούντραις,
μὲ ταῖς ὁποίαις εἴπαμε παράνω πῶς εὐφτίασαν τὸ γεφύρι
εἰς τὸν δοῦναβην, καὶ ἔκοψαν τὰ δεσίματα, ὁποῦ ἐβαστιοῦν-
ταν μία μὲ τὴν ἄλλην αἱ λούντραις, καὶ ἐβούλησε ὅλον
15 τὸ γεφύρι, καὶ ἐγλύττωσε τὸ κάστρο, καὶ ἀπ᾽ αὐτὸν τὸν
κίνδυνον.

Εἶχε λάβη εἰς τοῦτο τὸ μέσον εἴδησιν, ὁ δοῦκας τῆς
λορένας, πῶς νὰ ἐδιάβησαν εἰς τὰ μέρη τῆς στριγονίας
12,000 τοῦρκοι καὶ 8000 οὔγκροι ἀπόστάται μὲ τέλος νὰ
20 πλακώσουν τὸ ἄλλον μέρος τοῦ δούναβη, διὰ νὰ ἐμποδή-
σουν, τὰ σεφέρια τῶν χ͞νῶν εἰς βοήθειαν τῆς βιένας, καὶ
βλέπωντας ἀπὸ μακρὰ ταῖς φλόγαις, κάποιων χωρεῖων
ὁποῦ ἔκαιαν οἱ οὔγκροι, ἐπρόσταξεν τῆς ὥρας τοὺς γενε-
ράληδες μπαντέν, καὶ σοὺλτζ μὲ τὰ τρία τάγματα τοῦ
25 πρήντζηπε, λουμπομὶσκ πρωτάρχου, τῆς λεχίας, ὅτι μὲ
σπουδὴν νὰ ἤθελαν φθάση εἰς τὸ χιλεμπέργ, καὶ ἐκεῖ
εὕρηκαν τὸν ἐχθρὸν ἀραδισμένον εἰς καλὴν καὶ εὔμορφην
τάξιν, καὶ ἔτοιμον διὰ τὸν πόλεμον, ὅθεν ἀφόντις, καὶ
ἔβαλεν εἰς τάξιν τὰ στρατεύματα ἡ ὑψηλότης του ἔδωκε
30 τὸ σημεῖον τοῦ πολέμου, εἰς τὸν ὁποῖον καιρὸν πρῶτος
ὁ ἐχθρὸς ἐκτύπησε τὸ ζερβὸν πτερύγειον τῶν χ͞νῶν, ὁποῦ
25 a ἦτον συνθεμένον ἀπὸ δύο τάγματα δραγόνων | τοῦ στα-
ρεμπέργ, καὶ τοῦ σούλτζ, τὰ ὁποῖα ἐβαστοῦσαν 3 χοντρὰ
τόπια τοῦ κάμπου, βαλμένα εἰς ἕνα λαγκάδι, ὅθεν ἐδέχθηκαν
τὸν ἐχθρὸν μὲ πολλαῖς τοῦφεκιαῖς, καὶ τρεῖς τόπιαῖς ἀπὸ

which numbered 10,000 horse, owing to the time required for the distance, had not yet arrived, nor had the 4000 Cossacks.

The Turks on the 2nd of the month descended for the second time into the fosse, and though those within resisted them with all their might, they were unable completely to turn them out. They made great efforts and shed much blood, but they did not succeed. However, to prevent the complete triumph of the Turks, General Starhemberg ordered some swimmers to go below the boats, with which, as we have said above, they had built a bridge over the Danube, and they cut the ropes which fastened the boats to one another, and sank the whole bridge, and saved the fortress from that danger also.

At this juncture the Duke of Lorraine had received information that 12,000 Turks and 8000 Hungarian rebels had crossed into Strigonia with the object of occupying the other side of the Danube and preventing the Christian forces from coming to the aid of Vienna[1]. Seeing from afar the flames rising from certain villages which the Hungarians were burning, he at once ordered Generals Baden and Schulz, together with the three regiments of Prince Lubomirski, commander-in-chief of the Poles, to hasten with all speed to Heiligenberg (?), and there they found the enemy drawn up in fair and good order, and ready for the fight. Accordingly his Highness set his forces in order and gave the signal for the battle. The enemy first attacked the left wing of the Christians, which was composed of two regiments of dragoons belonging to Starhemberg and Schulz. These had three heavy field cannon posted in a defile[2], so that they received the enemy with three rounds of cannon and many volleys of

[1] On this action, see Camesina, p. 109 f. There would appear to be some confusion in the MS. between the present engagement near Pressburg and the later action near the Bisamberg.

[2] Cf. Count Taaffe's account in his letters to the Earl of Carlingford (London, 1684), p. 7 f. "We marcht up towards them by a Defile (i.e. *Narrow Passage*) which they had lined with *Dragoons*...."

5 ταῖς ὁποίαις χάνωντας πολλοὺς ἀπὸ τοὺς ἐδικούς του, καὶ
μὴν ὑποφέρωντας νὰ βαστάξῃ, τὴν δύναμιν, καὶ ὁρμὴν τῶν
ἐπιλοίπων ἐκτύπησε τὸ δεξιὸν πτερύγιον, τὸ ὁποῖον ἦτον
ὅλον λέχοι ὁποῦ δὲν ἐδυνήθη νὰ βαστάξῃ τὴν ὁρμιτικὴν
ἀντίστασιν τῶν τουρκῶν, ἀρχίζωντας νὰ ξεσχήζεται ἡ
10 πρώτη τάξις, τὸ ὁποῖον βλέπωντας ὁ δούκας τῆς λορένας
ἐπρόσταξεν νὰ δράμουν εἰς βοήθειαν τῶν λεχῶν, τὸ τάγμα
τῶν συδερομένων τοῦ ραμπάτα, καὶ ἐκεῖνο τῶν δραγόνων,
τοῦ κουτστέν, ἀπὸ τὰ ὁποῖα πέρνωντας δύναμιν οἱ λέχοι
καὶ βαλνόμενοι πάλιν εἰς τάξιν, ἔπαισαν μὲ τόσην ὁρμὴν
15 ἀπάνω εἰς τοὺς ἐχθροὺς ὁποῦ τοὺς ἔβαλαν εἰς μίαν με-
γάλην σύγχυσιν δυναστευωντάς τους νὰ φύγουν μὲ πολλὴν
ἀταξίαν, φεύγωντας μὲ τοὺς πρώτους, καὶ ὁ τέκελης μὲ
τοὺς ἀκολούθους του, καὶ ἐμηράσθηκαν οἱ φευγάτοι εἰς
δύο μέροι, ἕνα πρὸς τὸ γεφύρι τῆς βιένας, καὶ οἱ ἄλλοι
20 πρὸς τὴν μάρκαν, τοὺς πρώτους εὐθὺς ἐβάλθηκαν νὰ κυνη-
γοῦν, ἕνα τάγμα δορυφόρων, καὶ βέντουριέρων, τόσον ὁποῦ
λογιάζωντας οἱ ἐχθροὶ πῶς ἔφθασε ὅλον τὸ φουσάτο,
ἔπεσαν ἀπὸ τὰ ἄλογα διὰ νὰ φυλάξουν τὴν ζωὴν κολύμπου
ἀπάνω εἰς τὸν δούναβην, ἀπόμενωντας εἰς τὸ χέρι τῶν
25 ἰμπεριάλων, ὁ περισσότερος ζαχερὲς μὲ πολλὰ ἁμάξια,
καὶ 27 μαϊεράκια 22 στεντάρδους, 36 καμήλια, 600
ἄλογα, καὶ εἰς τὸν κάμπον ἐκόπησαν πλέα παρὰ 2000,
ἀνάμεσα εἰς τοὺς ὁποίους ἦτον καὶ ὁ πασᾶς τοῦ μησιριοῦ
μὲ πολλοὺς ἀποστάτας ἔξω ἀπ' ἐκείνους ὁποῦ ἐπνοί-
30 γηκαν εἰς τὸν ποταμόν, καὶ πολοὶ σκλάβοι, ἐκινήγησαν
ἀκομή, καὶ τὸν τέκελην, ὁ ὁποῖος μὲ τὸ μέσον τῆς νῆκτας
ἔφυγεν. |

25 b   Εἰσεβαίνωντας τὸ λοιπόν, εἰς τὴν ποσονίαν οἱ ἰμπε-
ριάλοι, ἄφησαν εἰς φύλαξιν τοῦ κάστρου 400 ἄλογα τοῦ
ἰδίου τέκελη, ἐμετάστρεψε ἐκεῖνο τὸ κάστρο, εἰς τὴν
ὑπακοὴν τοῦ καίσαρος, μὲ τὸν θάνατον ὀλύγων στρατιωτῶν,
5 ἀπὸ μέρος τοῦ δούκα τῆς λορένας, καὶ τοῦ κολονέλου
μπουτελὲρ λέχου, μὲ πολὺν φόβον, φθοράν, καὶ θάνατον
τῶν τουρκῶν, καὶ τῶν οὐγκρῶν, καθὼς φαίνεται ἀπὸ ἕνα
γράμμα ὁποῦ εὐθὺς μετὰ τὸν πόλεμον ἔγραψεν ὁ τέκελης,
τοῦ πρώτου βεζήρι, καὶ ἐπιάσθη τὸ γράμμα μὲ ἕναν του

musketry. As a result of this they lost many men, and being unable to withstand the fierce onslaught of the rest, proceeded to attack the right wing which consisted entirely of Poles. These were unable to withstand the fierce opposition of the Turks, and the first rank began to scatter. Seeing this, the Duke of Lorraine ordered the mailclad regiment of Rabatta and that of the dragoons of Kufstein to run to the aid of the Poles. The Poles being thus strengthened recovered their formation, and fell with such fury on the enemy that they put them into great confusion and compelled them to flee in much disorder, and Tekeli and his followers were among the first to flee. The fugitives separated into two divisions, one in the direction of the bridge of Vienna, and the other towards the March. A regiment of guardsmen and volunteers immediately went in pursuit of the first, with such ardour that the enemy, thinking that the whole army was on them, fell from their horses and tried to save their life by swimming over the Danube. Most of the commissariat and many waggons, 27 flags, 22 standards, 36 camels and 600 horses remained in the hands of the Imperialists, and more than 2000 were cut to pieces on the plain, among whom was the Pasha of Cairo with many rebels. This does not include those who were drowned in the river and many captives. They further pursued Tekeli who escaped under cover of night.

The Imperialists on entering Pozsony left 400 horses belonging to the said Tekeli to be kept in the fortress. That fortress had returned to its allegiance to the Emperor, after a few soldiers had been put to death by the Duke of Lorraine and Colonel Buttler a Pole, to the great terror, destruction and death of the Turks and Hungarians, as appears from a letter which Tekeli wrote immediately after the battle to the Grand Vezir. This letter was seized on a secret agent, who shortly afterwards

10 μυστικὸν ἄν̄ον, ὁποῦ ὀλίγον ὕστερα ἐσκλαβώθη ἀπὸ τοὺς
ἰμπεριάλους, μὲ τούτην τὴν ἀπάνω γραφήν.

> Τῷ ὑψηλοτάτῳ καθηγεμόνι, καὶ ὑπερτάτῳ κῷ᾽ τῆς
> ἐκλαμπροτάτης αὐλῆς τῶν ὀτομάνων βεζῆρι, καὶ
> χαριτωμένῳ μου αὐθέντη.

15 Καὶ μέσα εἰς τὴν ἐπιστολὴν ἡ ὁποία ἦτον λατινικὰ σχε-
διασμένη οὕτως.

Ὑψηλότατε καθηγεμόν, καὶ σπλαχνικωτατέ μου αὐθέντα.

Ἀφόντις καὶ μὲ ὅλον τὸ φουσάτο τὸ οὔγκρικο, καὶ ταῖς
συμβοηθαῖς δύναμαις τῶν τουρκῶν, εὐγῆκα ἔξω εἰς τὸν
20 κάμπον, δὲν ἔπαυσα μὲ κάθε ἐπιμέλειαν, νὰ ἐξετάσω, καὶ
νὰ μάθω ἀπὸ βέβαιους καταπατητάδες, ταῖς δύναμαις τῶν
ἐχθρῶν γερμανῶν, ταῖς ὁποίαις ὡσὰν ἔμαθα νὰ εἶναι πλή-
θειαις, καὶ ὅτι ὁ δοῦκας λοταρύγκος, καὶ λουμπομήσκης,
οἱ ἀρχηγοὶ τοῦ στρατοῦ, μὲ τρεῖς χιλιάδες λέχους συμβοη-
25 θούς, ἀπὸ τὴν μοραβίαν ἔρχονται καταπάνω μας, παρευθύς,
συμβουλευόμενος μὲ τὸν κ̄ν μου χουσαῒν πασά, τὸν ἐπαρα-
κίνουν, νὰ μὴν ἠθέλαμεν, ὄντες εἰς ταῖς δύναμαις ὀλυγό-
τεροι, καὶ εἰς πολλὰ στενοχωριμένον τόπον, νὰ δοκιμάζω-
μεν μὲ κίνδυνον τὴν τύχην κρίνωντας πῶς ἤθελεν ἦστεν
26 a ἀρμοδιώτε|ρον, ὅτι προστέλωντας τὰ ἀμάξια, καὶ τὰ σκεύη
νωρῆς νὰ τραβηχθοῦνμεν, εἰς πλατύν, καὶ εὐρύχωρον τόπον,
καὶ μὲ τοῦτον τὸν τρόπον νὰ καλέσωμεν τοὺς ἐχθροὺς εἰς
τὸν κάμπον, ἀνοικτά, καὶ φανερά, ὅμως ὁ προλεχθεῖς
5 κ̄ς μου χουσαῒν πασὰς βαστῶντας ἐναντίαν γνώμην, οὔτε
ψηφῶντας παντελῶς, τοὺς λογαριασμούς μου, ὅρμησε κατά
πάνω τῶν ἐχθρῶν μὲ τὴν καβαλαρίαν του, τὸν ὁποῖον καὶ
ἐγὼ διὰ περισσότερην δύναμιν, ἐσυντροφίασα, μὲ τὸ στρά-
τευμά μου, τῶν καβαλαρέων, ὅμως ὁ ἐχθρὸς δυνατός, καὶ
10 ἀπὸ τὴν τόποθεσίαν θαρεμένος, εὐθὺς ἦλθεν ἀγνάντια, καὶ
ἐκατασκόρπησε τοὺς ἐδικούς μας, ὅμως ὄχι μὲ πολλὴν
ζημίαν, βέβαια ὁμολογῶ πῶς τοῦτο τὸ συμβεβηκὼς δυνατὰ
μὲ ἐσύγχησε καὶ τὸ μὲν πῶς ὁ κ̄ς μου χουσαῒν πασάς, μὴν
θέλωντας νὰ μὲ ἀκούση, ἐδοκίμασε τὴν τύχην ἄστρατα τὸ
15 δὲ πῶς αἱ ἐλπισμέναις δύναμαις, τῶν συμβοηθῶν ἔλειπαν,

was captured by the Imperialists, and was addressed as follows[1]:

To the Most High Leader and Supreme Lord
Vezir of the most glorious Court of the Ottomans
And my gracious Master.

The contents of the letter which was in Latin were as follows:

My Most High Leader and Most Merciful Lord.

Ever since I went into the field with all the Hungarian army and the auxiliary Turkish forces, I did not cease to examine with all diligence and to ascertain by sure reconnaissances the forces of the German enemies. When I learned that these were numerous, and that their commanders, the Duke of Lorraine and Lubomirski, were coming down on us from Moravia with three thousand Polish allies, I immediately took counsel with my Lord Husain Pasha, and urged him that, being inferior in force, and moreover in a very difficult position, we should not put fortune to the hazard, thinking it fitter that we should send the waggons and baggage in advance, and make an early march into flat and open country, and in this way invite the enemy into the plain openly and clearly.

However my afore-mentio. d Lord Husain Pasha, maintaining an opposite opinion and paying no heed to my considerations, swept down upon the enemy with his cavalry, and to render his force more numerous, I joined him with my force of cavalry. However the enemy, who was strong and emboldened by his position, immediately came to meet us and scattered our men, though with no great loss. I confess of a surety that this event affected me deeply, on the one hand because my Lord Husain Pasha put fortune to hazard in unmilitary fashion, being unwilling to listen to me, and on the other, because the looked-for reinforcements failed. Had these

[1] Tekeli's letter is also given by Han, *Alt u. Neu Pannonia*, p. 553.

ὅπου ἀνίσως, καὶ εἰς τὸν ἀρκετὸν ἀριθμόν, καὶ μὲ τὰ
ἀναγκαῖα, ἤθελαν φθάσει, δὲν εἶχα ἀμφιβολίαν, πῶς ἤθελαν
νικήσει τοὺς ἐχθροὺς καθῶς ἀκομὴ παράκαλῶ τὴν ὑψηλο-
τητά σου, ὅτι νὰ ἤθελε κάμη τὴν χάριν νὰ μοῦ στείλη ταῖς
20 δύναμαις ὁποῦ ὑποσχέθη διὰ νὰ ἠμπορέσω νὰ ξεγδικαιωθῶ
εἰς τὸ μᾶς ἔκαμαν οἱ ἐχθροί, εἰς δόξαν τῆς ὑψηλοτητός του,
τὴν ὁποίαν διδωντάς μου ἀφορμὴν θέλω πασχήσει ἀπὸ
κάθε μέρος νὰ τὴν αὐξήσω, καὶ τούτη εἶναι ἡ ἀληθινή, καὶ
ἄδολος τῶν γενομένων διήγησις, τὴν ὁποίαν ἐν καιρῶ
25 ἐχρεώστουν νὰ δώσω τῆς ὑψηλοτητός σου, καὶ μὲ τοῦτα
ὅλα δὲν παύω νὰ παρακαλῶ, τῆς ὑψηλοτητός σου μακρο-
ζωΐαν, καὶ εὐτυχὴν ἔκβασιν τῶν ἔργων της, ἐγράφθη ἀπὸ
τὰ τζαντήρια βαλμένα εἰς τὸν πλατὺν ποταμόν, ταῖς 9
τοῦ αὐγούστου 1683. |

26 b   τῆς ὑψηλοτητός σου δοῦλος τάπεινός
       καὶ εἰς ὅλα ὑπήκοος ἐμερίκος τέκελης.

Ἔδωκεν εὐθὺς εἴδησιν διὰ τὴν νίκην, ὁ δοῦκας τῆς λορένας
τοῦ κόντε σταρεμπέργ μὲ τρία κομάτια τόπιῶν, ἡ ὁποῖα
5 ἐπροξένησεν, καὶ τῆς ἐνδοξοτητός (τ)ου, καὶ ὅλου τοῦ
κάστρου μεγάλην χαράν, καὶ ἀγαλλείασιν, ἀγκαλά, καὶ οἱ
τοῦρκοι νὰ μὴν ἔπαυαν κατὰ τὴν συνήθειαν νὰ ποιράζουν
τὸ κάστρο ξεφορτόνωντας μὲ περισσοτέραν ὁρμὴν ταῖς
λουμπάρδαις εἰς ταῖς 7 ῥύπτωντες μπόμπαις, καὶ πέτραις,
10 καὶ ἄλλαις κατάσκευασταῖς φωτιαῖς, τὰ ὁποῖα δύο φοραῖς
μοναχά, ἀμὴ μὲ ὀλύγην ὠφέλειαν, ἐδοκίμασαν μὲ τὸ κάστρο.
Ἔδραμαν ἔξω εἰς ἀρκετὸν ἀριθμόν, καὶ ἡ ἀποκλυσμένοι,
καὶ ὄχι χωρὶς καρπόν, διατί, ἔστρεψαν μέσα μὲ μεγάλην
ποσότητα βοϊδιῶν τὰ ὁποῖα ἦτον πολλὰ ἀρμόδια, ἐκεῖ
15 ὅπου τὸ κάστρο εὑρίσκετον ὑστερημένον ἀπὸ κρέας νωπόν,
ἐπάσχησαν εἰς τὴν ἴδιαν ἡμέραν οἱ ἐχθροὶ νὰ κάμουν
γιουρήσι, εἰς τὸ μπαστιόνι λέμπλε, τὸ ὁποῖον εἰς τὴν ἀρχὴν
τοὺς ἦλθε καλά, διατί ἐπερίλαβαν τὸν τόπον, ὅμως ὀλύγον
τοὺς ἀφῆκαν νὰ τὸ χαροῦν οἱ χ̄νοί, διατί μετὰ ἀνδρείας
20 τοὺς ἀποδείωξαν μὲ θάνατον 500 τουρκῶν, ἀγκαλά, καὶ
ὄχι χωρὶς χάσιμον, καὶ τῶν ἐδικῶν μας, καὶ μάλιστα στρα-
τάρχων, ἀνάμεσα εἰς τοὺς ὁποίους, ἔπεσεν καὶ ὁ τενέντες

arrived in sufficient numbers and with the necessary supplies, I had no doubt that they would have vanquished the enemy. Even so now I beg your Highness to do me the favour of sending me the forces which you promised, that I may be avenged for what our enemies have done to us, to the glory of your Highness. If you give me this opportunity, I will endeavour to augment it in every way. And this is the true and guileless narration of what happened, which I felt it my duty to give your Highness in due time. And with all this I do not cease to pray for your Highness length of days and a fortunate issue to your works. Written from the tents pitched by the broad river, August 9th 1683.

Your Highness's humble and entirely
Obedient servant, Emeric Tekeli.

The Duke of Lorraine immediately gave Count Starhemberg information of the victory by three rounds of cannon, and this caused his Excellency and all the fortress great joy and triumph, although the Turks did not cease to harry the fortress as their manner was, discharging their bombards with greater fury than ever. On the 7th they threw bombs, stones and artificial fire besides, which last they tried only twice on the fortress, though with little success.

The besieged on their part made a sally with considerable force, and not without result, for they returned with a great quantity of oxen which were very useful seeing that the fortress was without supplies of fresh meat. The enemy on the same day tried to make an assault on the Löwel bastion, which at first was successful, for they captured the position. But the Christians left them the enjoyment of it but a little while, for they chased them off courageously with the death of 500 Turks, though not without loss on the part of our own men and especially of their leaders, among whom there fell the

κολονέλος τοῦ τάγματος σταρεμπέργ, τὸ ὁποῖον δυνατὰ
ἐκακοφάνη τοῦ γενεράλε, καὶ μὲ τὸν θάνατον πλέα παρὰ 700
25 κοινῶν στρατιωτῶν.

Δὲν ἐπέρασε μ' ὅλον τοῦτο περισσό, ὁποῦ ἐξεγδικαιώ-
θηκαν οἱ χυοί ἀπὸ τόσην ζημίαν, διατί ἔστωντας, καὶ νὰ
27 a κτυπήσουν τὴν ἀπερασμένην ἡμέραν | οἱ ἐχθροί, εἰς τρεῖς
διαφόρους τόπους, τὴν λεγομένην κόντρα σκάρπα, ἀκολου-
θῶντας ὅλην τὴν νῆκτα εἰς τὸ σπαθή, ἐξοστρακίσθηκαν,
μὲ ἀνδρεῖαν μὲ θάνατον πλέα παρὰ 600 ἐχθρῶν.

5 Ἔδωσαν εἰς ταῖς 5 οἱ τοῦρκοι, ἄλο ἕνα λαγοῦμι εἰς τὴν
κορυφὴν τοῦ νέου ῥιβελίνου, φερόμενοι εὐθὺς μέσα μὲ ἕνα
πολλὰ ὁρμητικὸν γιουρῆσι, εἰς τὸ ὁποῖον δὲν ἔκαμαν οὐδέ-
μίαν πρόκοπήν, διατί τὸ λαγοῦμι δὲν ἔκαμε τὸ ἀπότέλεσμα
ὁποῦ ἐποθοῦσαν, μήτε μὲ καλειώτερην τύχην ἐξαναπά-
10 τησαν τὰ ἀπ' ἔξω σιστατικὰ τοῦ κάστρου, ἐμποδισμένοι
πάντα ἀπὸ τὴν ἀνδρείαν τοῦ γενεράλε σταρεμπέργ, ὁποῦ
εἰς ἐκείνην τὴν ἡμέραν παρὼν ἀτός του ἐκυβέρνα τὸν πόλε-
μον, ἐτοίμασαν διὰ τοῦτο ταῖς 6 ἕνα νέο λαγοῦμι ἀπὸ
κάτω εἰς τὸ ῥιβελίνον, εἰς τὴν ὁποῖαν σπουδάζοντες οἱ
15 ἀπόκλεισμένοι νὰ ἐναντιωθοῦσι, δὲν ἐδυνήθηκαν ποτὲ νὰ
τὴν εὕρουν, διὰ τὸ ὁποῖον τὴν ἀπερασμένην ἡμέραν τῆς
ἔδωσαν φωτίαν, μὲ πολλὴν ζημίαν τῶν χῦών, ἐπειδὴ καὶ
ἐγέμωσε τὴν φόσαν ὁποῦ ἀπὸ μέσα εἶχαν κάμη διὰ κατα-
φυγήν, ὕστερα ἀπὸ τὴν ὁποῖαν οἱ τοῦρκοι ἔδραμαν μὲ
20 τόσην ὁρμὴν ὁποῦ ἤθελαν βέβαια στερεωθῆ εἰς τὸν τόπον
ἀνίσως καὶ οἱ ἀπομέσα, μὲ μίαν ἀνδρειωμένην ἀντίστασιν,
καὶ ὁποῦ ἐβάσταξεν μίαν σωστὴν ὥραν, δὲν ἤθελαν τοὺς
ἐξωστρακήσει μὲ ἄμετρον καὶ πολλήν τως φθοράν.

Ἔδραμαν, ἔξω οἱ ἀπὸ μέσα ὕστερα ἀπὸ τόσον εὐτυχεῖν
25 ἔκβασιν εἰς ταῖς 8 καὶ ἐκεῖ τοὺς ἔτυχε νὰ πλακώσουν τὸν
ἐχθρόν, ὁποῦ ἔδραμε νὰ ῥύψη πολλὰ σακία μαλί, διὰ νὰ
ἔχη εὐκολώτερον τὸ πέρασμα, εἰς τὸ πάρσιμο τοῦ ῥιβε-
λίνου, καὶ ἐκεῖ ἁρπάζωντας ἐμπροστὰ εἰς τὰ ὀμματιά τους,
27 b τὰ ἄνωθεν σακία, | ἔκοψαν εἰς λεπτὰ κομάτια τοὺς περισσό-
τερους.

Εἰς τούτην τὴν ἡμέραν, ἔφθασε, καὶ ὁ γαλυνότατος
δοῦκας τῆς μπαβιέρας μὲ 10,000 διαλεκτούς, καὶ καλὰ

lieutenant-colonel of Starhemberg's regiment[1]. This greatly grieved the General, as did the death of more than 700 common soldiers.

Yet the loss was not excessive, for the Christians had been avenged for so great damage. For on the previous day the Turks in attacking in three different places the so-called counterscarp, and continuing the engagement all night, had been bravely repulsed with the death of more than 600.

On the 5th the Turks sprang another mine at the crown of the new ravelin, following it up immediately with a very furious attack, in which they made no progress, for the mine did not effect the desired result, nor had they better success in overrunning the outer works of the fortress, for they were ever hindered by the bravery of General Starhemberg, who on that day was present in person and directed the battle. Accordingly on the 6th they prepared a new mine below the ravelin, and when the besieged endeavoured to counter this, they were unable to find it. So on the next (?) day they fired it with much loss to the Christians, for it filled up the fosse which those within had made for a refuge. After this the Turks made so furious an assault that they certainly would have established themselves in the place, had not those within made a brave resistance which lasted a whole hour, and chased them out with great and infinite loss.

Those within after so fortunate an issue made a sortie on the 8th, and succeeded in taking the enemy by surprise as he was hastening to throw many bags of wool in order to make his crossing easier for the taking of the ravelin, and there they seized the sacks before his eyes and cut most of the men into small pieces.

On this day his Serenity the Duke of Bavaria arrived with 10,000 picked soldiers, well armed and equipped,

[1] Called "Il Tenente Colonello Barone Gotalmischi" in *Assedio di Vienna*...di L. A., Modona, 1684, p. 79.

5 ἀρματωμένους, καὶ ἐνδυμένους στρατιώτας, καὶ ἐνώθη εἰς
τὸν κάμπον, μὲ τὸν γαλυνώτατον τῆς λορένας, εἰς τὸν ἴδιον
καιρὸν ἀκομή, καὶ ὁ ῥῆγας τῆς λεχίας εἰς τὴν κρακόβιαν,
εἰς τὴν μρόπολιν τοῦ καστελιοῦ, ἔλαβεν τὴν εὐλογίαν ἀπὸ
τὸν ἱερώτατον παλαβιτζῆνον, ἐλτζὴν ἀπόστολικὸν ὁποῦ
10 ἦτον συντροφιασμένος μὲ ἐξ ἀρχιερεῖς δύο γενεράλιδες, καὶ
πολλοὺς γερουσιάρχας, καὶ στρατάρχας τόσον τῆς βασι-
λείας ὅσον τοῦ κάμπου, ἔξω ἀπὸ τὴν μεγάλην συνοδίαν
ὅλου τοῦ λαοῦ, ὁποῦ ἐφαίνωνταν ἀληθινά, νὰ κλαίουν,
γνωρίζοντας ἔξω ἀπὸ τὴν ἀγάπην, ὁποῦ πρεπόντως φέρ-
15 νουσι εἰς τοῦτον τὸν μέγαν ῥῆγαν, πόσον νὰ εἶναι ἀναγκαῖον
ἡ στερεωσίς του, ὅμως ὅλο(ι) ἔκαναν καρδίαν ἐνθυμούμενοι
πῶς πολλαῖς φοραῖς ἐστάθη νικητῆς τῶν ἐχθρῶν του, καὶ
ὅτι μὲ τοῦτον τὸν ὕστερον πόλεμον, διὰ τὴν χριστιανωσύ-
νην, ἤθελε μερικῶς ἀπόμεῖνη τὸ ὀνομά του ἔνδοξον, καὶ
20 ἀθάνατον, λαμπρὰ ἦτον ἡ ἡμέρα τῶν ἐννέα ἀπὸ μίαν ἀν-
δρειωμένην ἐξωδρομήν, ὁποῦ ἀπάνω εἰς τὸν ἐχθρόν, ἔκαμαν
οἱ χϋνοί, ὁ ὁποῖος ἔστεκε κονεμένος εἰς τὴν φόσαν, καὶ τὸν
ἐδυνάστευσαν στανικῶς, καὶ μετὰ πολλῆς αἰσχύνης νὰ
τραβηχθῆ ὀπίσω, καταχαλῶντας τον τὰ πολεμικά του ἐρ-
25 γαλεῖα, ἀνκαλὰ καὶ τὴν ἐρχομένην ἡμέραν, νὰ ἐξανάλαβε
τὸ στασιμόν του, καὶ νὰ ἐξανάφτιασε τὸ χαλασμένο, κάμ-
νωντας ἀκομή, ἕνα λαγοῦμι, εἰς τὸ ριβελίνο, ἀνάμεσα, εἰς
ταῖς τάμπιαις τῆς κούρτης, καὶ τοῦ λέμπλε, μὲ μίαν τραβυ-
ξιὰν 10 βαθμῶν εἰς τὴν ὁποῖαν, ἔσμυξαν ἔνα ὁρμητικὸν
30 γιουρῆσι, ἐστάθηκεν ὅμως μὲ τὴν ὅμοιαν ἀνδρείαν, καὶ
καρδίαν ἀπὸ τοὺς ἐχθροὺς ἐξωστρακησμένος. |

28 a   Φοβούμενοι ὅμως νὰ μὴν ἠμπορεῖ πολὺν καιρόν, νὰ ἀν-
τιστέκονταν εἰς ταῖς ἔξω μηχαναῖς τοῦ τούρκου, ἔβαλαν
ἀρχὴν εἰς ταῖς 11 νὰ κόπτουν, νέα μετερήζια ὀπίσω ἀπὸ
τὰ δύο ἄνω εἰρημένα μπαστούνια, καὶ ἔως τόσον εὐγένωντας
5 ἔξω ὁ κολονέλος νεουσλὲρ μὲ τόσην ἀπὸκοτίαν, ἔδραμε
μέσα εἰς τοὺς τούρκους ὁποῦ ἐγύρησεν ὀπίσω μὲ 300
καμύλια φορτωμένα ζαχερέ.
     Ἀκολούθησαν τὴν ἐρχομένην ἡμέραν ταῖς 12 μὲ πολλὴν
σκληρότητα, νὰ λουμπαρδίζουν, μὴν χάνωντας καιρὸν νὰ
10 δουλεύουν, καὶ ἀπόκατω εἰς τὴν γῆν τόσον ὁποῦ, ἀπόμεσα

and effected a junction on the plain with his Serenity the Duke of Lorraine. At the same time the King of Poland received at Cracow, in the Cathedral of the Castle, the blessing of his Holiness Pallavicini, Apostolic Envoy, who was accompanied by six bishops, two generals and many senators and commanders both of the court and of the field, to say nothing of the great concourse of all the people, who truly seemed to weep, recognizing, apart from the affection which they fittingly bear to this great King, how necessary it was that he should be strengthened. Yet they all took heart when they remembered how many times he had proved victorious over his enemies, and that from this last war on behalf of Christendom in particular his name would remain glorious and immortal. The day of the ninth was rendered brilliant by a sally which the Christians made on the enemy, who was lodged in the fosse. They forced him to retire in much disgrace, destroying his implements of war. Howbeit on the next day he recovered his position and rebuilt what had been destroyed, and he further made a mine at the ravelin between the Burg and Löwel bastions, with a breach of ten paces, on which they made in addition a furious assault, yet thanks to their enemies' equal bravery and good heart they were beaten out.

Since, however, they feared that it would be impossible to hold out long against the outer works of the Turk, they began on the 11th to cut new trenches behind the two above-mentioned bastions. Meanwhile Colonel Neusler made a sortie with such daring that he penetrated into the Turkish lines and returned with 300 camels laden with supplies.

They continued on the next day, the 12th, to bombard with bombards with much severity, losing no time in setting to work also below the ground, where those

τοὺς ἤκουσαν νὰ σκάφτουν ἀπόκάτω εἰς τὸ μπαστοῦνι
τῆς κούρτης ὁποῦ ἐτοίμασαν ἕνα λαγοῦμι τὸ ὁποῖον ἀπ᾿
ἐκεῖ ἔδωκαν φωτιὰν εἰς ταῖς 13 ἀνοίγωντας τόπον περισσόν,
εἰς τὴν κορτίναν, τὸ ὁποῖον εὐθὺς μεθ᾿ ὁρμῆς ἐπλάκωσαν
15 καὶ οἱ γενοιτζάροι, ἐπερίλαβαν τὸ νέον ῥιβελῖνον, ὁποῦ
πρὸς τὸ ἴδιον μέρος ἦτον βαλμένον ὑψώνωντας εὐθὺς
ἀπάνω εἰς αὐτὸ 13 φλάμπουρα κτυπῶντας ταῖς σούρλαις,
χορεύωνταις καὶ κάμνωντες κατὰ τὴν συνηθειάν τως μεγά-
λαις χαραῖς, καὶ ἀπόμειναν, εἰς διαφέντευσιν ἕως 500
20 ἀκολουθοῦντες οἱ ἄλλοι τὸ γιουροῦσι εἰς τὴν κορτίναν,
ἀπὸ τὴν ὁποῖαν ἕως τὸ ὕστερον, ἐξωστρακίσθησαν ὄχι
χωρὶς ὀλύγην των φθοράν, οὔτε ἀκολούθησαν περισσόν,
νὰ κτυποῦν τὰ τύμπανα, καὶ νὰ χαίρουνται ἐπάνω εἰς τὸ
ῥιβελίνον διατί κάμνωντας, οἱ ἀπόμεσα ἕνα καλὸ λαγοῦμι,
25 καὶ δεινωντάς την εὐθὺς φωτιάν, ἐπῆρεν τοὺς γιανοιτζάρους
ὅλους εἰς τὸν ἀέρα μετὰ φλαμπουρά των, καὶ μὲ ταῖς
σούρλαις των, τόσον ὁποῦ δὲν ἐγλύττωσεν οὔτε ἕνας μά-
λιστα δύο ἔπεσαν ἕως τὴν κατώτερην φόσαν τοῦ κάστρου,
ἔδραμαν ἔξω ἀπὸ τούτην τὴν εὐτυχῆν ἔκβασιν δύο τάγματα
30 στρατιωτῶν, συντροφιασμένα μὲ πολλοὺς καστρινοὺς,
28 b πλακόνωντας τῶν ἐχθρῶν | εἰς τὰ μετεριζιά των, πρὸς τὸ
δεξιὸν πλευρόν, καὶ ἐσκότωσαν πολλούς, ἂν καλὰ ὄχι, καὶ
χωρὶς ζημίαν ἐδικίν τως, ἐπειδή, καὶ νὰ ἐσκοτώθη ὁ κόντες
λέσλες, ἀρχηγὸς τοῦ στρατεύματος σόουχες, καὶ λαβωμένος
5 ἐλαφρά, ἀπὸ μίαν σαϊτείαν εἰς τὸ πρόσωπον, καὶ ὁ ἴδιος
ἀνδριομένος κόντες σταρεμπέργυ, ὁ ὁποῖος χωρὶς νὰ ψηφήση
παντελῶς τὴν ζωήν του, ἔτρεχεν πα(ν)ταχοῦ, ὁποῦ ἐγνώ-
ρηζε νὰ χρειάζεται ἡ παρουσία του, μὲ τὸ σπαθὺ ξεγυμνω-
μένον, εἰς τὰς χεῖρας ὡσὰν ἄξιος, καὶ πλέα παρὰ<ρα>
10 παιδεμένος στρατάρχος.

Ἔλαβεν τύχην εἰς τούτην τὴν ἴδιαν ἡμέραν, ὁ μάστρο
ροῦμπλερ, διατί σκάπτωντας πολλὰ βαθυά, νὰ κάμη
λαγοῦμι, ηὗρεν ἕνα σεντοῦκι στάγκινο, τὸ ὁποῖον εἰς τὴν
ἀρχὴν ἐλογίασε, νὰ εἶναι μνῆμα κανενὸς ἀπεθαμένου, ἀλλὰ
15 ἀνοίγωντάς τό ὕστερα, ηὗρεν ἕναν πλούσιον νεκρὸν ἤγουν
πλῆθος χρυσίου, καὶ ἀσημιοῦ, μὲ πολλά, καὶ ὑπέρτιμα
πετράδια, σφαλισμένα ὁμοίως εἰς ἕνα μικρὸν σεντουκάκι

within heard them digging below the Burg bastion. They
prepared a mine which they fired from there on the 13th,
opening a large breach in the curtain which the Janis-
saries immediately assaulted. They captured the new
ravelin, which had been built in the same part, immediately
raising above it 13 colours, playing their pipes, dancing,
and as usual making great demonstrations of joy, and
about 500 remained to guard it. The rest continued their
attack on the curtain, from which they were subsequently
beaten off not without a little loss, and they no longer
continued to beat their drums and to rejoice on the ravelin,
for those within made a good mine, and on their im-
mediately setting fire to it, it blew all the Janissaries and
their colours into the air, together with their pipes, so
that not one escaped; two indeed fell into the lower fosse
of the fortress. After this fortunate issue two regiments
of soldiers, accompanied by many in the fortress, made a
sally and assaulted the enemy in their trenches on the
right flank and killed many, though not without loss on
their own part. For Count Leslie, leader of Soouches'
army, was killed, and the brave Count Starhemberg him-
self was slightly wounded by an arrow in the face. With-
out caring at all for his life, he ran everywhere where he
saw that his presence was needed with his sword drawn
in his hands, like a worthy and excellently instructed
leader.

On the same day Master Rümpler had good fortune,
for while digging very deep in making a mine, he found
a tin box, which he at first took to be the sepulchre of
some dead person, but on opening it subsequently he
found a wealthy corpse, to wit a quantity of gold and
silver, with many very precious stones, enclosed likewise

6—2

ἀπὸ κασίτερο ἦτον καὶ γράμματα, ἀπάνω σκαλισμένα, τὰ
ὁποῖα ὄντας πεπαλαιωμένα, μὲ δισκολείαν τὰ εὔγαλαν εἰς
20 τὴν γλῶτταν τῶν γότθων λέγωντας ἔτζη.

'Αν μὲ εὖρις θέλεις χαρῆ, θέλεις ἰδῆ, θέλεις παρακαλέσῃ, θέλεις σιωπήσῃ,
θέ(λ)εις πολεμήσει, θέλεις οἰκοδομήσῃ, ὄχι σήμερον, οὔτε αὔριον, ἀλλ᾽
ὅταν, καὶ—

Παρακάτω, τοῦτα τὰ ἄλλα.

25 'Επαναστρέψῃ ὁ ἵππος, καὶ πύργος ὑψωμένος, καὶ ἀρματωμένος, θέλει
κατάστραφὴ, καὶ συγχησθῆ.

Καὶ εὑρέθη, πῶς τοῦτος ὁ θησαυρὸς νὰ ἐφυλάχθη ἐκεῖ,
εἰς τοὺς ἀπερασμένους καιροὺς, ἀπὸ κάποιον μρόπολίτην,
τῆς στριγονίας, μάλιστα ὅταν ὁ σουλτὰν σουλεϊμάνης ἐπο-
30 λέμη τὴν βιέναν. |

29 a Εἶχεν φθάσῃ, εἰς τὸν ἴδιον καιρόν, καὶ ὁ κόντες, ἀλβέρτος,
κάπράρας, ὁποῦ ἦτον ἐλτζῆς τοῦ καίσαρος εἰς τὴν πόρταν,
συντροφιασμένος, ἀπὸ τοὺς τούρκους, ἕως τὸ μάντερν εἰς
τὸν κάμπον, ἐκεῖ ὁποῦ τὸν ἐκράτη ὁ πρῶτος βεζῆρις, μὲ
5 ἔναν φρικτὸν θέαμα, διατί ἐπρόσταξεν, καὶ ἔκοψαν ἐμ-
προστέν του 10,000 χνούς, ὁποῦ ἦτον σκλαβωμένοι πρωτή-
τερα, ἀπὸ τοὺς τατάρους.

'Εξανάδωσαν εἰς ταῖς 14 ἔναν νέον γιουρῆσι, οἱ ἀγαρηνοί,
ἀπάνω εἰς τὸ ριβελίνον μὲ τόσην ὁρμήν, καὶ τόσον πῆσμα,
10 ὁποῦ ἐβάσταξεν ἡ πάλη δύο ὥραις αὐξάνωντας πάντα ἡ
δύναμίς των, ὅμως ἐδειώχθησαν ἀπ᾽ ἐκεῖ μὲ ἀνδρείαν χωρὶς
νὰ ἀποκτήσουν τίποτες ἀπομένωντες μετὰ βίας, εἰς τὴν
κορυφὴν τοῦ ριβελίνου, διατί ἔκαμαν οἱ ἀπομέσα ἕνα κόμα
μὲ ἕνα νέον μετερῆζι, ὅμως κονεύωντας ὁ ἐχθρὸς εἰς τὴν
15 φόσαν τόσον σιμά, ὁποῦ δὲν ἠμπορούσαν πλέα νὰ τὸν βλά-

in a little box of tin. There were also letters engraved above, which being old they with difficulty deciphered into the language of the Goths to the following effect[1]:

If thou find me, thou wilt rejoice, thou wilt behold, thou wilt pray, thou wilt be silent.
Thou wilt fight, thou wilt build, not to-day nor to-morrow, but when—

And further below, this following:

The horse shall return, and a high tower and well armed shall be overthrown and confounded.

And it was discovered that this treasure had been hidden there in past times by a certain Archbishop of Strigonia, no doubt when the Sultan Soliman waged war against Vienna.

At this time there had arrived Count Albert Caprara, who was the Emperor's ambassador at the Porte, escorted by the Turks to the *madern* (? Modern) in the plain. There the Grand Vezir forced him to view a frightful spectacle, for he gave orders and they cut to pieces before him 10,000 Christians who had previously been captured by the Tartars.

On the 14th the Hagarenes delivered a new assault on the ravelin with such fury and obstinacy that the struggle lasted two hours. Though their force was constantly being increased, they were nevertheless bravely driven back from there without gaining anything. With difficulty they remained on the top of the ravelin, for those within made a trench with a new strong-post. However the enemy being lodged in the fosse so near that the cannon

[1] Cf. Camesina, p. 34, n. 2: "Als er einmal während der Belagerung Wiens die Anlegung einer Contramine nächst des Burgthores leitete, traf man beim Minenbau einige in der Erde verborgene Mauerreste, in denen sich ein zinnerner Sarg befand, den man für einen Todtensarg hielt. Als man solchen eröffnete, fand man darin Gold, Silber, Edelgestein, etc., und eine kleine zinnerne Kapsel mit folgender Schrift: Gaudebis, | si inveneris, videbis, tacebis | sed | orabis, pugnabis, aedificabis non hodie | nec cras, sed quia | (universus equus) (Turris erecta et armata) | (Diversa ordinata arma). Subscriptio Roland. Hunn. Mog. posuit." (*Hung.-Türk. Chronik*, 1685, 8, p. 657.)

ψουν τὰ τόπια, εὐθὺς ὁ γενεράλες σταρεμπέργ, ἔκαμεν, καὶ
ἰσήσασαν τὰ τόπια, διὰ νὰ καταχαλάσῃ μὲ ἐκεῖνα τῶν
ἐχθρῶν.

Ἕως τόσον ἔκαμαν οἱ χνοί τρεῖς ἐξοδρομαῖς, ὁποῦ τοὺς
20 ἐπῆγαν πολλὰ καλά, κατὰ καίωντας τὰ λεγόμενα κλουβία
τῶν ἐχθρῶν, ἐκεῖ φυσῶντας τότες ἔνας δυνατὸς ἄνεμος,
ἐξήψεν τὴν φλόγαν, καὶ τοὺς ἔφθειρε τὸ περισσότερον
μέρος· (τ)ούτην τὴν χαριτωμένην ἡμεραν διὰ τὴν ἑορτὴν τῆς
κοιμήσεως τῆς ὑπεραγίας θκοῦ, ἐμύσευσεν ἀπὸ τὴν κρακό-
25 βιαν ὁ ῥῆγας τῆς λεχίας, μεταλαμβάνωντας πρῶτον, ἡ
γαλυνώτης του μὲ ὅλον τὸ στράτευμα, τὰ ἄχραντα μυστή-
ρια, τὴν ῥήγησαν μὲ τὰ δύο ῥηγόπουλα, καὶ τὸν ἐλτζὴν
τοῦ πάπα, ἀφῆκεν εἰς τὸ καστέλι τοῦ κάστρου μὲ 1000
στρατιῶτας διαφύλαξιν, καὶ ἔφερε μὲ λόγου του εἰς τὴν
30 στράταν τὸν πρωτοτωκόν του υἱόν, καὶ τῆς ὥρας ὁποῦ
29 b ἐδώθη τὸ σημεῖον νὰ κινήσει τὸ στράτευ|μα, ἐφλαμπούρησε
τὸ φλάμπουρο τῆς θκοῦ, εἰς τῆς ὁποίας τὴν σκέπην μετ᾽
εὐλαβείας ἐπαράδωσε, καὶ τὸ κορμή του, καὶ ὅλον τὸ
στράτευμα, ἐκυβέρνα τὸ δεξιὸν πτερύγειον, ὁ χάτμανος
5 τοῦ ῥηγάτου, καὶ τὸ ἀριστερόν, ὁ χάτμανος τοῦ κάμπου,
κυβερνῶντας τὸ μεσιακὸν ἀτός του ὁ ῥῆγας μὲ 36 λουμ-
πάρδες χοντρές, καὶ ἐτζὴ μὲ βίαν ἤρχησε τὴν στράταν
του διὰ νὰ φθάσῃ εἰς καιρὸν νὰ βοηθήσῃ τὴν βιέναν.

Εἰς τούτην, τὴν ἡμέραν ταῖς 15 ἀπέθανε καὶ ὁ ταλαί-
10 πωρος μαστρορουμπλερ μὲ πολὴν πίκραν τοῦ γενεράλε διὰ
τὴν δοκιμὴν ὁποῦ εἶχεν εἰς τὸ νὰ φτιάνῃ τὰ λαγούμια, μία
ἡμέρα ὕστερα, ἀφόντις, καὶ εὕρηκε τὸν θησαυρόν, καὶ
ἐπῆγε νὰ θησαυρήσῃ εἰς τοὺς οὖνους τὸν μισθὸν τῶν
ὑπερτίμων του ἀγόνων, ἀκολούθησαν, τὴν ἀπερασμένην
15 ἡμέραν νὰ κάμουσι μετερήζῃα μέσα εἰς τὸ κάστρο, ἀπὸ τὸ
μέρος τῶν δύο τάμπιων τῆς κούρτης, καὶ τοῦ λέμπλε, καὶ
ἀπάνω εἰς τὸ ριβελίνο, ἔκαμαν ἔνα κόμα πλευρὰ βαστῶν-
τας το μὲ (π)άλους¹, εἰς τὸν ὁποῖον καιρόν, οἱ τατάροι
ἔφθασαν μὲ ταῖς συνηθισμέναις κλεψιαῖς ἕως ἀπὸ κάτω
20 εἰς τὸ κλοστὲρ νεουμπούργ, σκλαβώνωντας, καὶ κατα-
καίωντας τὰ πάντα, καὶ μερικῶς, ἔκαμαν μεγάλην φθοράν,

¹ MS. σάλους.

could no longer harm him, General Starhemberg immediately caused them to level the cannon so as to destroy the enemy therewith.

The Christians meanwhile made three sorties which were very successful, burning the so-called cages of the enemy. A high wind blowing there fanned the flames, and destroyed the greater part of them. On this auspicious day of the Feast of the Assumption of the most Blessed Mother of God, the King of Poland set out from Cracow. His Serenity first of all with all the army partook of the holy sacraments. He left the queen, the two young princes, and the envoy of the Pope in the castle of the fortress with a thousand soldiers to protect them, and took with himself on his march his eldest son. At the hour when the signal was given for the army to move he raised the standard of the Mother of God, to whose protection he reverently gave his person and all the host. The right wing was led by the Hetman of the Kingdom, and the left by the Hetman of the Field, the centre being led by the King himself with 36 heavy bombards, and so he began his march with haste so as to arrive in time to help Vienna.

On this day, the 15th, died the unfortunate Master Rümpler, to the great grief of his General, because of the experience he had in constructing mines, on the day after he had found the treasure, and went to gain treasure in the heavens as the reward of his very precious services. They had continued the day before to make trenches within the fortress, on the side of the two bastions of the Burg and the Löwel, and on the ravelin they made a trench, supporting it on the sides with palisades. At this time the Tartars with their usual pillaging reached as far as Klosterneuburg, capturing and burning everywhere

εἰς ταῖς πίμνητζαις, τζακίζωντας, ἐκεῖ τρυγῆρου παρὰ 20,000 βουτζία κρασί.

Εἰς τούταις ταῖς ἡμέραις ἔκαμνεν μεγάλην ὠφέλειαν, διὰ
25 τὴν κατάστασιν τοῦ καιροῦ, ὁ θησαυρός, τοῦ ἰωβηλέου, ὁ ὁποῖος κηρυγμένος ταῖς 11 εἰς τὴν ῥώμην, ἀπὸ τὸν ζηλοτὴν ποιμένα, ἰνοκέντιον ἐνδέκατον, ἐπήγενε μὲ πολὺν διάφορον, ἐξαπλώνωντας, εἰς τὰ βασίλεια τῆς χῦῆς, εἰς τὰ ὁποῖα οἱ εὐσεβεῖς δὲν ἐχόρτεναν νὰ εὐλογοῦσι, καὶ νὰ μακαρίζουσι
30 a τὴν εὐσέβειαν τόσου ἀρχιερέως (μὲ τοῦ ὁποίου τὸ χρυσίον, καὶ τὰ δ(ρ)άκρια, ἐβαστοῦνταν, ἕως τότε, ἡ σωτηρία τοῦ ἰμπερίου, καὶ ὅλης τῆς χῦῆς.

Ἔδωσαν εἰς ταῖς 17 πρὸς τὸ μέρος τοῦ ῥιβελίνου, οἱ
5 ἐχθροί, ἕνα λαγούμη, ἀμὴ μὲ ὀλύγην ζημίαν, ἐπειδή, καὶ δὲν ἐσάλευσε παρὰ μερικαῖς πέτραις ἀπὸ τὸν τύχον, ἠθέλησαν νάλθουν, καὶ εἰς τὸ γιουροῦσι, ἀμὴ οὔτε μ' αὐτὸ δὲν ἔκαμαν τίποτες, ἐκεῖ ὁποῦ ἐχάθηκαν, οἱ περισσότεροι.

Ἔδραμε, ἔξω ἀπὸ τὸ κάστρο εἰς ταῖς 18 χωρὶς λόγον
10 τοῦ γενεράλε, ὁ κολονέλος ντουπήγνης ἀπὸ τὴν λορένα μὲ 300 ἐδικούς του στρατιῶτας, καὶ πηγένωντας ἀπάνω εἰς τοὺς ἐχθροὺς μὲ πολλὴν ὁρμήν, τὸν ἐπλάκωσεν ἄπειρον πλῆθος τουρκῶν, καὶ ἀνκαλὰ ὡς λέων μὲ καρδίαν νὰ ἐπολέμη, τρεῖς σωσταῖς ὥραις, μ' ὅλον τοῦτο ὕστερα ἔπεσε
15 θανατωμένος, ἀπόμένωντας, καὶ ὅλοι του οἱ στρατιῶται χωρὶς νὰ στρέψῃ ὀπίσω οὔτε ἕνας, ἀνκαλὰ καὶ νὰ μὴν ἐχάθηκαν ὀλυγώτεροι, καὶ ἀπὸ τοὺς ἐχθρούς.

Εἶχεν στείλη διαφόρους ἀπόστολάτωρας, μὲ γράμματα, ὁ γενεράλες, εἰς τὸν δοῦκα τῆς λορένας, καὶ εἶχαν πιασθῆ
20 ὅλοι ἔξω ἀπὸ ἕναν ὁποῦ τὸν καιρὸν τῆς ἐξωδρομῆς ἐπέρασε μὲ σχῆμα τούρκικο, καὶ ἔφθασε νὰ δώσῃ τὸ γράμμα, εἰς τὰ χέρια τῆς ὑψηλοτητός του, εἰς τὸ ὁποῖον ὁ γενεράλες τοῦ ἔδυνεν εἴδησιν, πῶς ἕως τὴν ὥραν μὲ μεγάλην στενοχωρίαν ἐβάσταν ὁ ἀποκλεισμός, μὲ μεγάλην φθορὰν τῶν
25 ἀνῶν, καὶ μάλιστα τῶν ταγματάρχων, πῶς ἤρχησαν, νὰ λύπουσι τὰ χρειαζόμενα τοῦ πολέμου, πῶς ἐπιάσθη ἕνας γιανήτζαρης σκλάβος ἀπάνω εἰς τὸ ῥιβελίνο, ἀπὸ τὸν ὁποῖον ἔμαθε πῶς οἱ τοῦρκοι ἕως τώρα εἶχαν χαϊμένους 11,000 ἀσκέρι, καὶ μάλιστα γιανητζάρους, ταγματάρχους, ἀνά-

and they did especial damage to the cellars, breaking there over 20,000 casks of wine.

In these days great benefit was derived for the exigencies of the time from the Jubilee treasure, which was proclaimed on the 11th at Rome by that zealous Shepherd Innocent XI. It spread with much profit to the kingdoms of Christendom, wherein the pious could not enough bless and extol the piety of the Bishop, by whose gold and tears the safety of the Empire and all Christendom had up to then been supported.

The enemy on the 17th exploded a mine on the side of the ravelin, but did little damage, and only dislodged a few stones from the wall. They also essayed an assault, but they did nothing with it, and for the most part perished.

On the 18th Colonel Dupigny of Lorraine made a sortie from the fortress with 300 of his soldiers without orders from the General, and going against the enemy with great dash, was surprised by an infinite number of Turks, and though he fought like a lion for three whole hours, he subsequently fell slain, and all his soldiers were left without the return of one, albeit that not fewer of the enemy were destroyed.

The General had sent various messengers with letters to the Duke of Lorraine, and all had been taken with the exception of one[1] who at the time of his sally passed out in Turkish disguise, and succeeded in giving the letter into the hands of his Highness. In this letter the General informed him that the siege still continued with great distress and great loss of men, particularly of officers; that the necessaries of war began to fail; that a Janissary had been taken captive on the ravelin, from whom he had learned that the Turks had so far lost 11,000 warriors, mostly Janissaries and officers, among whom were the Pashas

---

[1] Kolschitzky, or strictly speaking his servant Michailovich.

30 b μεσα εἰς τοὺς | ὁποίους, ἦτον ὁ πασὰς τῆς μεσοποταμίας,
καὶ τοῦ ἀλημπασανιοῦ, πῶς ἤρχησε νὰ τοὺς λύπη ὁ ζαχερές,
καὶ διὰ τοῦτο μὲ κόπον ἀπὸ μακριάν, ἔστελναν νὰ γυρεύ-
ουσι τροφάς, πῶς ἀνάμεναν νὰ τῶς ἔλθη ἀπὸ τὸ μπού-
5 τουμη, φοσάτο, βοήθηαν, καὶ φαγητά, καὶ ὅτι ἂν ἦτον
βολετόν, ἡ ὑψηλότης του, νὰ πάρη τὸν κόπον νὰ τοὺς
ἀπαντήση εἰς τὴν στράταν, νὰ τοὺς κτυπήση διὰ νὰ τοὺς
κόψη μὲ τοῦτο τὸ μέσον ταῖς ἐλπίδαις, καὶ ἀπάνω εἰς ὅλα
μὲ τάπείνωσιν τοῦ ἐζῆτα καὶ βοήθειαν, γνωρίζωντας ἀδύ-
10 νατον διὰ ταῖς ἄνω εἰρημέναις δισκολειαῖς, νὰ ἠμπορεῖ
πλέον νὰ κρατῆ, τὴν διαφέντευσιν τοῦ κάστρου, συμπαι-
ραίνωντας ὅμως μὲ τὴν συνηθυσμένην του γεναιότητα εἰς
τὸ τέλος, ἐγὼ δὲν θέλω παράδώση, τοῦτο τὸ κάστρο παρὰ
ὅταν δὲν θέλει ἀπόμεῖνη πλέον αἷμα μέσα εἰς ταῖς φλέβαις
15 μου.

Εἰς ταῖς 19 ἀκούσθηκαν οἱ τοῦρκοι ἀπόμεσα, νὰ σκάπ-
τουν δυνατὰ εἰς διαφόρους τόπους διὰ τὸ ὁποῖον ἔδωκεν
προσταγήν, ὁ γενεράλες, ὅτι νὰ προσέχουσι μέσα εἰς τὰ
σπήτια, καὶ εἰς ταῖς πίμνητζαις, ὅσαις ἦτον σιμὰ εἰς τὰ
20 τυχία, καὶ πολλὰ βαθναῖς, διὰ νὰ μὴν ἤθελε ἀνέλπιστα,
ξεφυτρώση μέσα ὁ ἐχρός, ἔκαμαν εἰς τοῦτον τὸν καιρὸν
ἐναντεία λαγοῦμια, ἀπάνω εἰς τὸ ριβελίνο οἱ χνοί, δίνων-
τας φωτιαῖς εἰς ὅλαις, καὶ οἱ τοῦρκοι ἔκαμαν ἕνα δυνατὸν
γιουρῆσι, ἀπὸ τὸν ὁποῖον, ἐτραβήχθηκαν ὀπίσω, κακῶς
25 ἔχοντες, ὅμως ξαναστρεφόμενοι, τὴν νῆκτα, ἐπερίλαβαν
τὴν κορυφήν.

Εὑρίσκετον εἰς τοιαύτην στενοχωρεμένην κατάστασιν,
τὸ καστρο, τοῦ ὁποίου, τὰ λαγοῦμια ἐσύκωσαν εἰς ἕνα
λόγον ταῖς διαφέντευσαις, καὶ τὰ γιουρήσια, τοὺς ἀνούς,
30 ὅταν διὰ νὰ δειχθῆ περισσότερον, ἡ ἡρωϊκὴ ὑπομονὴ τῶν
ἀποκλεισμένων, μὲ τὴν βάσανον ὁπού ἀκαταπαύστως
31 a ἐλάβεναν, ἀπὸ τοὺς ἐχρούς, ἐ|σμύχθη, καὶ τὸ φραγγέλειον
μιᾶς θανητοφόρου δισεντερίας, ἡ ὁποία, μὲτάδιδομένη
κοινῶς, εἰς τὰ κορμία, ἐπήγενε μαζὴ μὲ τὸν σύδηρον, καὶ μὲ
τὴν φωτιάν, νὰ θερίζη τὴν ζωὴν τῶν παραπικραμένων
5 καστρινῶν, ἀποθαίνοντας πλέα παρὰ 50 τὴν ἡμέραν, οὔτε
ἐστάθη παντελῶς, ἄγκυκτος, ἀπὸ τὴν τοῦτην νόσον, ὁ

of Mesopotamia and Albania; that supplies were begin-
ning to fail them, and that for this reason they were with
labour sending to fetch food from afar, and were expect-
ing reinforcements and foodstuffs from Buda, and that if
it were possible, his Highness should take pains to meet
them on the march and attack them, thus cutting away
their hopes. Above all, he humbly asked for help, know-
ing that it was impossible owing to the above-mentioned
difficulties that he should longer maintain the defence
of the fortress. He added, however, at the end with his
customary courage, "I will not surrender this fortress
until no more blood is left in my veins."

On the 19th the Turks were heard within, digging
strongly in various places. Accordingly the General gave
orders that they should be on the watch within the houses
and the cellars which were near the walls and very
deep, that the enemy might not burst in unawares. The
Christians at the same time made counter-mines on the
ravelin, setting fire to them all, and the Turks made a
powerful assault, from which they were repulsed in evil
case, though they returned in the night and took the
crown.

The fortress was thus in a distressed condition, since
in a word the mines removed the defences, and the
assaults the defenders, when in order that the heroic
patience of the besieged might be still further shown
under the trials they incessantly bore at the hands of
the enemy, there was added the scourge of a deadly
dysentery, which being communicated generally to their
bodies combined with the sword and fire to mow down
the life of the distressed defenders of the fortress. More
than 50 died each day, nor was General Starhemberg

ἴδιος γενεράλης σταρεμπὲργ διὰ τὸ ὁποῖον ὑποφέρωντας
μὲ μεγαλοψυχίαν, τὴν σκληρότητα τῆς νόσου, ὁποῦ ὀκτὼ
σωσταῖς ἡμέραις τὸν ἐβασάνιζεν, μὴν ἠμπορῶντας μὲ τὰ
10 ἐδικά του ἐπεριπάτει μὲ ξένα ποδάρια, κάμνωντας νὰ τὸν
φέρουσι βαστακτὸν παντοῦ ὅπου, καὶ ἂν ἔκαμνε χρεία παρ-
ηγορῶντας τοὺς ἀσθενεῖς, καὶ κάμνωντας καρδίαν τῶν
ἀποσταμένων, καὶ ἀχαμνῶν, καὶ ἀρμοδίως, ἐνθυμηζωντάς
τους, πῶς δὲν ἦτον μοναχὰ ἀπὸ τὴν γερμανίαν παρα-
15 καλεμένοι, ὅτι μὲ καρδίαν νὰ βαστοῦν ἐκεῖνο τὸ κάστρο,
μὰ πῶς, ὅλος ὁ κόσμος τῶν χ̅ν̅ῶ̅ν, ἐπρόσεχε εἰς ταῖς
ἐργασίαις των, πῶς ὁ ἴδιος θ̅ς̅ ἀπὸ τὸ ὑψηλότερον μέρος
τοῦ ο̅ὐ̅νό̅υ, ἔβλεπε μὲ πόσον πόθον ἔχυναν τὰ αἵματα τῶν
ἐχθρῶν του, μὲ ποῖαν δόξαν ἐφύλαγαν ἀμίαντον τὴν τιμὴν
20 τῶν ἐκκλησιῶν του, ἐβαστοῦσαν στερεοὺς τοὺς σταυροὺς
ἀπάνω εἰς τὰ θυσιαστήρια, πῶς δὲν ἦτον τούτη καθὼς
ἐκεῖνοι ἐλογίαζαν παίδευσις, ἀλλὰ δοκυμή, καὶ πῶς δια-
μέσον ταύτης τῆς στράτας, ἐπεριπάτει ἡ δύναμις τῶν
ὀτομάνων, χωρὶς νὰ τὸ γνωρίζη εἰς τὸ κακόν της τέλος, μὲ
25 τὸν τρόπον ὁποῦ οἱ ἴδιοι φαραωνίται, καθόμενοι ἀπάνω εἰς
τὰ ἀμάξια τῆς εὐτυχείας των, ἐκαταποντήσθησαν εἰς τὴν
θάλασσαν, νὰ ἐνθυμηθοῦν, πόσον ὁ θ̅ς̅ εἰς κάθε καιρόν,
ἠγάπησε τὴν τιμὴν τοῦ καίσαρος, ὁποῦ πάντα μὲ μεγαλω-
τέραν δόξαν καὶ τιμήν, τὸν εὔγαλεν ἀπὸ ταῖς θλίψαις, καὶ
30 στε(ρ)νωχωρίαις.|

31 b   Ἕως τῶρα μόνον εἴχασιν ὑπομείνη, τὰ δρυμήτερα
βάσανα, καὶ ἰδοὺ ὁποῦ ἔφθανεν, καὶ ἡ βοήθεια μαζῆ μὲ
τὸν μισθὸν τῶν κόπων τους, καὶ ὅταν μερικοὶ ἀπὸ αὐτοὺς
ἦτον διὰ νὰ ἀποθάνουσιν, δὲν ἠμποροῦσαν νὰ λογιάσουν
5 πλέα δοξασμένην ἀφορμήν, νὰ ξανακαινουριώσουν, καὶ
ὄχι νὰ χάσουν τὴν ἐδικήν τως ζωήν, νὰ εἶναι βέβαιοι, πῶς
ἀτός του δὲν θέλει ἀφήσι νὰ πολεμᾷ παρὰ ὅταν πλέα, δὲν
ἠμπορεῖ νὰ ζῇ, ὄντας σύντροφος τῆς τύχης των, καὶ τῆς
θλιψεώς των, καὶ ὅτι τὰ βάσανα ἐπειδὴ ἀπὸ πολλῆς
10 ἄρχησαν, ἦτον σιμὰ νὰ τελειώσουσι, καὶ ἡ χαραῖς ἦτον
σιμὰ νὰ προβάλουσι, διὰ τὸ ὁποῖον τυχένει νὰ ἐλπίζουσι,
καὶ νὰ πολεμοῦσι.

himself entirely untouched by this disease. So while
enduring with great fortitude the severity of the disease
which tormented him eight days, being unable to walk
on his own feet he walked with those of others. He
caused them to carry him everywhere where need was,
comforting the sick, giving heart to the faint and weak,
reminding them opportunely that it was not merely
Germany which called them to maintain that fortress
with good heart, but that all the world of Christians had
an eye to their efforts, and that God Himself from the
highest part of heaven beheld the devotion with which
they shed the blood of His enemies, and with what glory
they kept unsullied the honour of His churches and main-
tained the crosses unshaken on the altars. This was not
as they thought a chastisement, but a trying, for on this
road the power of the Ottomans proceeded to its evil end
without knowing it, even as the followers of Pharaoh
seated in the chariots of their fortune were drowned in
the sea. They should remember that God at all times
loved the honour of the Emperor, and rescued him always
from his troubles and difficulties with greater glory and
honour.

Hitherto they had suffered only the sharpest torments,
and lo! there was now coming help with the reward of their
toils; and at a time when some of them were ready to
die, they could not imagine a more glorious incentive to
renew their life and not to lose it than the assurance that
he himself would not cease to fight until he could no
longer live, being sharer of their fortune and their afflic-
tion, and though their pains had begun long ago, they
were near to finish, and their joys were near appearing.
Therefore they should hope and fight.

Εἶχαν κινήσει τὰ συνδρομητικὰ τάγματα, τοῦ ἐλετῶρου
πραντεμπούργ ἕως 15,000 ἀνοῖ ἀρματωμένοι, εἰς τὴν ἐξου-
15 σίαν τοῦ γενεράλη ντεφνιγκέρ, διὰ νὰ σμυχθοῦσι εἰς τὸν
κάμπον, μὲ τὸν δοῦκα τῆς λορένας, ὅταν ὑποπτευόμενος
ὁ ἐλετῶρος τὰ ἄρματα ὁποῦ εἶχαν κινήσῃ, οἱ φραντζέζοι
νὰ μὴν εἶχαν νὰ τοῦ πειράξουν τὸν τόπον του, ἐπρόσταξεν
μὲ γλυγοράδα, νὰ στρέψουν ὀπίσω.

20 Ἕως τόσον οἱ τοῦρκοι, ὁποῦ ἀπὸ ταῖς 12 ἕως εἰς τὴν
παροῦσαν ἡμέραν τῶν 20/9 γιουρῆσια εἶχαν κάμη εἰς δια-
φόρους τόπους, ἦλθαν σήμερον εἰς τὸ 10 γιουρῆσι, διὰ νὰ
λάβουν παντελῶς τὸ ριβελίνο, τὸ ὁποῖον ὄχι μόνον ἀφόβως,
καὶ μὲ καρδίαν ἐδιαφέντευσαν οἱ ἰμπεριάλοι, ἀλλὰκομὴ
25 ἀνάπτωντας ὁ πόθος, καὶ θερμενόμενον τὸ αἷμα ἐδειώχθηκαν
οἱ γιανιτζάροι, ἀπὸ τὸ ριβελίνο, καὶ ἀπὸ τὴν φόσαν ἕως
τὸ ἀντίπερα τῆς τάμπιας, μὲ θάνατον ὁλονῶν τῶν τουρκῶν,
ὅσοι εὑρέθηκαν ἐκεῖ καὶ ἕως 60 ἀπὸ τῶν ἐδικόν μας, τοὺς
ὁποίους διὰ νὰ φοβήσῃ περισσότερον, ὁ ἐχθρὸς ἔστρεψεν
30 εἰς ταῖς 12 μὲ τὴν συνηθισμένην βαρβαρότητα, καὶ ἀπανιάν,
32 a ψήνωντας | μὲ ἀνήκουστον σκληρότητα τῶν χνῶν τὰ παιδία,
τὰ ὁποῖ εἶχαν πρωτήτερα ἁρπάξῃ, ἀπὸ ταῖς ἀγκάλαις τῶν
μητέρων τως, καὶ ἔτζη ψημένα τὰ ἔμπηγαν εἰς ταῖς κορυ-
φαῖς τῶν κονταριῶν, ὤ ἐλεηνὸν θέαμα, καὶ τὰ ἔδειχναν
5 τῶν καστρινῶν φοβερίζωντάς τους, πῶς ἔτζη θέλη κάμουσι,
καὶ τὰ παιδία των, ἀνίσως καὶ πλέον ἀπόκοτοῦσαν, νὰ τοὺς
ἐναντιοῦνται, ἐκεῖνο ὁποῦ πολλὰ γλύγορα ἦτον διὰ νὰ πέσῃ
εἰς τὰ χεριά των, τὸ ὁποῖον δὲν ἐδιλείασεν, ἀλλὰ μᾶλλον
ἀνδρίευσε τὴν ψυχὴν τῶν ἀπεκλεισμένων.

10 Ἐπέρασεν ἡ ἡμέρα τῶν 22 μὲ μίαν ἐξοδρομὴν τῶν καστρι-
νῶν τὴν ὁποῖαν ἐμυχανεύθηκαν διὰ νὰ ξεκονεῦσουν τὸν
ἐχθρόν, καὶ ἀπὸ τὸ πλευρὸν τῆς τάμπιας, ἀμὴ προφθάνων-
τας μὲ δύναμιν, καὶ εἰς πλῆθος οἱ ἐχθροὶ τοὺς ἐβίασαν νὰ
στρέψουν ὀπίσω μὲ ἱκανὴν ζημίαν ὅθεν κατευβαίνωντας
15 εἰς τὴν φόσαν, ἔλαβαν τόπον εἰς τὴν κορυφὴν τῆς τάμπιας
τοῦ λέμπλε, ὅμως ἔκαμε μεγάλην ὠφέλειαν τὸ λαγοῦμι
ὁποῦ ἐκτύπησαν οἱ ἀπὸ μέσα τὴν ἐρχομένην ἡμέραν, εἰς τὸ

Some 15,000 armed men of the Elector of Branden-
burg under the command of General Dörffling (?) had set in
motion their supporting forces, with the object of joining
the Duke of Lorraine in the field, when the Elector being
suspicious that the forces which the French had set in
motion would make an attempt on his country, ordered
their speedy return.

Meanwhile the Turks, who from the 12th up to the
present 20th day had made nine assaults in different places,
to-day entered on their tenth, with the object of capturing
the ravelin completely, which place the Imperialists de-
fended not merely with fearless courage, but with passion
rising higher and blood getting hotter. The Janissaries
were chased from the ravelin and the fosse to the other
side of the bastion, with the death of all the Turks who
were found there and some 60 of our own men. In order
to frighten these the more, the enemy returned on the
12th with his accustomed barbarity and inhumanity,
roasting with unheard-of cruelty the Christian children
whom they had before seized from their mothers' arms,
and thus roasted they fixed them on the point of their
spears, O piteous sight! and showed them to the men of
the fortress to terrify them with the thought that thus
they would do to their children also, if they persisted in
opposing them, since it was soon to fall into their hands.
Which thing did not impair, but rather increased the
courage of the besieged[1].

The 22nd passed with a sortie of those in the fortress
which they devised with the object of dislodging the
enemy from the side of the bastion, but the enemy ar-
rived in force and numbers, and compelled them to
retreat with considerable loss. They descended into the
fosse and took up a position on the crown of the Löwel
bastion; but the mine which the defenders exploded the

---

[1] This seems to be connected with the Turkish barbarities in the Favorita
described by the Venetian ambassador D. Contarini in his note of Aug. 26
(quoted by Klopp, p. 543, Anl. III.)

ριβελίνο, διατί ἐστάθη θάνατος, καὶ ταφὴ πολλῶν ἀγαρη-
νῶν, διὰ τὸ ὁποῖον μὲ μανοίαν καὶ αὐτοὶ ἐκτύπησαν μὲ
20 ταῖς λουμπάρδες τὸ καστέλι τῆς τάμπιας, βάνωντας τὰ
τόπια εἰς ταῖς παλοσιαῖς, ἀγνάντια τοῦ αὐτοῦ καστελιοῦ.

Εἰς τοῦτον τὸν καιρὸν ἔλαβεν μίαν μεγάλην νίκην, ὁ
κόντες σεράφ διατί ἀπαντέχνωντας 400 ἀρματωμένους
ἀπόστάτας, τοὺς ἐκτύπησε μὲ ἀνδρεῖαν καὶ τοὺς ἐκατά-
25 σφαξε, γλυττώνοντας ὁλόγοι ὁποῦ μὲ αἰσχύνην ἔφυγαν,
φέρεν εἰς τούταις ταῖς ἡμέραις μεγάλην ἀναψυχὴν εἰς
τοὺς καστρινούς, ἡ εἴδησις τῶν στρατευμάτων ὁποῦ ἤρχον-
ταν νὰ βοηθήσουν τὸ κάστρο, τὸ ὁποῖον σχεδὸν εἰς τὰ
ἔσχατα ἠμπορῶ νὰ εἰπῶ, ἐψυχομάχει, διατί εἶχαν λύψη,
32 b καὶ οἱ|στρατιῶται, καὶ ὅλα τὰ ἀναγκαῖα τῆς διαφεντεύσεως,

Ἀκολούθησαν νὰ κάμουν δύο μεγάλα λαγούμια οἱ τοῦρ-
κοι, τὰ ὁποῖα ἐκτύπησαν εἰς ταῖς (2)4 ἕνα ἀπὸ τὰ ὁποῖα, δὲν
ἔβλαψε τίποτες, ἡ δὲ ἄλλοι ἐκατάχωσε πολλοὺς καστρι-
5 νοῦς, οἱ ὁποῖοι εἰς τὴν ἰδίαν ἡμέραν ἀπάντυξαν ἄλο ἕναν
λαγοῦμι τὸ ὁποῖον δύνωντας φωτιάν, ἐζημίωσαν πολλὰ
τὸν ἐχθρόν, καὶ εἰς τὸν ἴδιον καιρὸν τρέχοντες ἔξω μὲ
ὁρμὴν τὸν ἐδείωξαν ἀπὸ τὴν φόσαν, μὲ πολλήν του
φθορὰν ἀνκαλὰ καὶ τὴν νῆκτα νὰ ἐξανάστρεψεν.

10 Ἔσμυξαν εἰς ἕνα νέον λαγοῦμι, ὁποῦ εἰς ταῖς 25 ἐκτύ-
πησαν εἰς τὸ ριβελίνον τῆς κούρτης, μένα τρομακτικὸν
γιουροῦσι 1000 γιανητζάρων, ὅμως ὕστερα ἀπὸ ἕνα μακ-
ρὸν πάλαισμα, καὶ μεγάλην αἱματοχυσίαν ἀπόδειώχθηκαν,
διὰ τὸ ὁποῖον ἐφάνηκαν οἱ ἐχθροὶ εἰς ταῖς 26 νὰ ἐτοιμά-
15 ζονταν, εἰς ἕνα πολλὰ δυνατὸν γιουροῦσι, καὶ διὰ τοῦτο
ἐβάλθηκαν διπλαῖς δύναμαις εἰς κάθε τόπον μάλιστα εἰς
τὴν τάμπια τῆς κούρτης προστάζωντας ὁ γενεράλης στα-
ρεμπέργ, νὰ βαλθοῦσι 30 χοντραῖς λουμπάρδες, διὰ νὰ
φυλάγουσι εἰς τὸ πλευρό, ὅθεν εἰς ταῖς 27 ἔδραμεν ὁ
20 ἐχθρὸς εἰς τὸ κάστρο, ἀπὸ τρεῖς διαφόρους τόπους, εἰς τὸν
ἴδιον καιρόν, μὲ σκοπὸν νὰ ξεκόψη ταῖς δύναμαις ἀπὸ τὴν
τάμπιαν, χωριζωντάς ταις ἐδὼ καὶ ἐκεῖ, λογιάζωντας μὲ
τέτοιαν μυχανὴν νὰ τὴν περιλάβη, ὅμως εὑρίσκωντας
ἀντίστασιν μεγαλήτερην, παρὰ ὁποῦ ἐλογίαζε, καὶ βλέ-
25 πωντας νὰ παίζη τὸ τόπι φορτομένο, μὲ σακόπουλα γε-

next day on the ravelin proved of great service, for it resulted in the death and burying of many Hagarenes. As a result, these in their turn bombarded the castle of the bastion madly with their bombards, setting their cannon on the palisades over against the same castle.

At this time Count Serau won a great victory, for he met 400 armed rebels and courageously attacked and slew them. The few that escaped fled in shame. In these days great relief was brought to the men of the fortress by the news of the armies which were coming to its aid, for, I may say, it was almost at its last gasp, since the soldiers and all the necessaries of defence were spent.

The Turks continued to make two large mines which they exploded on the (2)4th. One of these did no damage, but the other buried many of the defenders, who on the same day discovered (?) another mine, which they fired and did great damage to the enemy. At the same time they made a fierce sally, and chased the enemy from the fosse, with much loss to him, though he returned at night.

They combined with a new mine which they exploded on the Burg ravelin on the 25th a fearful assault of 1000 Janissaries, but after a protracted struggle and great bloodshed they were repulsed. On the 26th the enemy appeared to be preparing for a very powerful assault, and to meet this double forces were posted at each point, especially at the Burg bastion, General Starhemberg giving orders that 30 heavy bombards should be placed for defence on this side. On the 27th the enemy advanced against the fortress from three different points at the same time, with the object of cutting off the forces at the bastion, and separating them on this side and that, calculating by this means to capture it. However he found a greater resistance than he reckoned on, and seeing that the cannon played on him, charged with bags full of bullets,

μάτα βόλια, πέτραις, καὶ κομάτια σίδερο, ἐτραβήχθηκεν
ὀπίσω μὲ μεγάλην του ζημίαν, καὶ ἐγύρευσεν κατάπαυσιν
τοῦ πολέμου, διὰ νὰ θάψῃ τοὺς νεκρούς, τὴν ὁποῖαν τοῦ
τὴν ἐσυγχώρησαν οἱ καστρινοί, ἀμὴ αὐτὸς τὴν ἐμετα-
30 χειρήσθη μὲ ἀχαμνὸν λογαριασμόν, διατί λογιάζωντας
33 a πῶς | εἰς τὸν καιρὸν τῆς εἰρήνης, νὰ μὴν φυλάγουν μὲ
τόσην ἔγνοιαν, τοὺς τόπους οἱ χνοί, καὶ νὰ μὴν εἶναι
τόσον ἔτοιμοι εἰς διαφέντευσιν, ἐρχόμενος ἐμπρός, μὲ
νοπὸν στράτευμα, ἔδωσεν ἔνα γιουρῆσι σκληρότερον ἀπὸ
5 τὸ πρῶτον, εἰς τὸ ὁποῖον δεχωντάς τους, ἡ ἀπὸ μέσα μὲ
τὰ συνηθησμένα τόπια, καὶ τουφέκια, ἀπόμειναν ὅλοι
θανατωμένοι ἕως 3,000.

Τὰ δύο λαγούμια, ὁποῦ εἰς ταῖς 28 ἐκτύπησαν, εἰς τὴν
τάμπιαν τῆς κούρτης δὲν ἔκαμαν τίποτες, ἀνκαλά, καὶ νὰ
10 εὑρίσκετον, εἰς μεγάλον φόβον τὸ κάστρο, διατί ἀκούωντας
σιμὰ ταῖς μηχαναῖς τοῦ τούρκου, δὲν ἐδύνονταν πλέον, νὰ
σκάπτουσι, διατί εἶχα(ν) σωθοὶ οἱ λαγουμτζῆδαις ὅλοι,
καὶ ὅλοι οἱ ἄλλοι ἦτον δοσμένοι, νὰ κάμνουν κόματα, καὶ
μετερήζια, ἀπάνω εἰς ταῖς τάμπιαις, καὶ εἰς τὸ ριβελίνο.
15 Ἔφθασαν τὴν σήμερον, τὰ φουσάτα, ἀπὸ τὴν φρανκο-
νίαν, τὰ ὁποῖ ἦτον 4 τάγματα πεζοί, 1 τάγμα δραγόνων
2 μὲ συδεροποκάμισα, ἦτον ἀρχηγὸς τοῦ φουσάτου, ὁ γαλυ-
νότατος στρατοπεδάρχης μπαρρέκτ, εἰς καιρὸν ὁποῦ ὁ
ὑψηλότατος δούκας τῆς λορένας ἔκαμεν καουτάρε, ὀλονοῦ
20 τοῦ φουσάτου, τὸ ὁποῖον ἦτον 23,000 τοῦ αὐτοῦ δούκα,
3,000 τοῦ πρένζηπε λουμπομήσκ, 10,000 τοῦ ἐλετῶρου τῆς
μπαβιέρας, καὶ 10,000 τοῦ σαξονίας, καὶ 8,000 τῆς φραν-
κονίας.

Ἦλθαν ἀκομὴ δύο πρηντζηπόπουλα υἱοὶ τοῦ ἐνδοξοτά-
25 του δούκα ἐρνέστου μπρασουήκ, καὶ λουνεμπούργ, μὲ με-
ρικαῖς ἑκατοσταῖς, ἐλευθέρων στρατιωτῶν, μὲ προθυμίαν,
νὰ δουλεύσουν τὸν καίσαρα, εἰς καιρὸν τόσον ἀναγκαῖον,
33 b παρακαλῶντας εἰς τὸν ἴδιον καιρὸν νὰ εἶναι συμπα|θισ-
μένοι πῶς δὲν ἦλθαν μὲ περισσότερους, διατί εἶχαν ἀφήσῃ
30,000 φοσάτο εἰς τὰ σύνορα τοῦ τόπου των, διατί ὁ
ρήγας τῆς τανιμάρκας, μαζῆ μὲ τὸν ρήγαν τῆς φράντζας,
5 διὰ θαλάσσης καὶ ξηράς, ἐφοβέρηζαν νὰ τοὺς κτυπήσουν.

stones and pieces of iron, he turned back with great loss, and requested an armistice that he might bury his dead. This they of the fortress granted, but the enemy used it for a sorry purpose. For reckoning that in time of peace the Christians would not guard their positions with the same attention, and that they were not so ready for defence, he advanced with a fresh army, and delivered a harder assault than the first, but those within received them with their usual cannon and muskets, and in all some 3,000 were killed.

The two mines which they exploded on the 28th at the Burg bastion did no damage, although the fortress was in great terror. For hearing the engines of the Turk close at hand they were no longer able to dig, for all their miners had been used up, and all the rest were occupied in making trenches and strong-posts on the bastions and the ravelin.

To-day arrived the armies from Franconia, consisting of 4 regiments of foot, 1 regiment of dragoons, 2 clad in mail shirts. The leader of the army was his Serenity Marshal Bayreuth[1]. At the time his Highness the Duke of Lorraine was making quarters for all the army, which consisted of 23,000, belonging to the same Duke, 3,000 of Prince Lubomirski, 10,000 of the Elector of Bavaria, 10,000 of the Elector of Saxony and 8,000 of Franconia.

There came also two young princes[2], sons of the most distinguished Duke Ernest of Brunswick and Lüneburg, with some hundreds of free soldiers desirous of serving the Emperor at a time of such need, asking on the same occasion that they should be excused for not coming with more, because they had left an army of 30,000 on the borders of their land, since the King of Denmark and the King of France threatened to attack them both by sea and land.

---

[1] Contarini calls him "Marchese di Barek." Feigius (*Adlers-Schwung* p. 80) has "Marggraff von Bareit."

[2] One of these afterwards became King George the First of England. See Klopp, p. 280, n. 2.

Εἶχαν ἕως τόσον, ἑτοιμασμένα, οἱ ἐχθροὶ πέντε μέγαλα
λαγοῦμια, ταῖς 29 μὲ σκοπὸν νὰ τῆς κτυπήσουν, καὶ ταῖς
5 ὅλαις εἰς ἕναν καιρόν, καὶ ὕστερα νὰ κάμουν ἕνα κοινὸν
γιουρῆσι, διὰ νὰ ἑορτάσουν μὲ ἕνα ἡρωϊκὸν ἔργον, καὶ ἦταν
10 ἡ ἑωρτὴ τῆς ἀποτομῆς τοῦ τιμίου προδρόμου, πιστεύωντας,
βέβαια μὲ αὐταῖς νὰ κινήσουν, καὶ νὰ πάρουν τὸ κάστρο
παντελῶς, μὴν ἰξεύρωντας, οἱ βάρβαροι, πῶς ἀπὸ πίσω
τῶν φαινομένων δυνάμεων, καὶ μετερηζιῶν, ἦτον καὶ ἄλλαις
παρὰ μέσα νεωστὶ ἑτοιμασμέναις ἀπὸ τὴν μεγάλην φρό-
15 νεψιν, τοῦ εἰς ὅλους τοὺς αἰῶνας ἐπαινεμένου κόντε στα-
ρεμπέργ, ὁ ὁποῖος εἶχε κάμη προφυλακαῖς, καὶ μετερήζια,
ἀπὸ μέσα ἕως τὸ παλάτι, τοῦ ἐλτζὴ τῆς ἰσπανίας, διὰ νὰ
ἔχη ἀκομὴ καιρὸν νὰ διαφεντευθῆ, ἕως νὰ φθάση ἡ πεθυ-
μισμένη βοήθεια, ὅμως εὑρέθη πλέα παρὰ μία ἀπὸ ταῖς
20 ἄνωθεν μῆνες, καὶ ταῖς ἀδίασαν οἱ χνοί πέρνωντας ὡς 70
βαρέλια μπαροῦτι.

Τούτην τὴν νήκταν ἐφάνηκαν τὴν πρώτην φορὰν ὑψω-
μέναις, εἰς τὸν ἀέρα αἱ λεγόμεναις ροκέταις, ἤγουν φωτιαῖς
κατασκευασταῖς συντροφιασμέναις μὲ ἐκείναις τοῦ κάμπου,
25 ὁποῦ ἐσημείωναν τὴν ἀνάγκην τοῦ κάστρου, καὶ τὴν χρείαν
τῆς βοηθείας, καὶ εἰς τοῦτο τὸ μέσον, οἱ ἐχθροὶ εἶχαν ρύψη
εἰς τὴν φόσαν πολλὰ δεμάτια, κλαρία, καὶ σακιὰ μὲ μαλί,
μὲ τέλος νὰ ἰσάσουν τὸν τόπον διὰ νὰ κάμουν μὲ εὐκο-
λίαν τὸ γιουρῆσι, τὸ ὁποῖον ἔκαμαν ταῖς 30 ὅμως μὲ ἀν-
30 δρεῖαν τοὺς ἄμποσαν ὀπίσω. |

34 a Ὅθεν εἰς ταῖς ὕστεραις τοῦ μηνός, ἐκτύπησαν, ἕνα μὲ-
γάλο λαγοῦμι, κατὰ τοῦ κόματος τῆς λεγομένης κόντρα-
σκάρπας, τὴν ὁποῖαν ἐβαστοῦσαν οἱ ἀπὸ μέσα, διὰ νὰ
τοὺς σκεπάσουν τὰ κλουβία, ὁποῦ εἶχαν εἰς τὴν φόσαν
5 καὶ νὰ ρύψουν εἰς τὴν γῆν κάποιαις παλουκοσιαῖς, αἱ
ὁποῖαις ἂν καὶ ἔπεσαν, μὲ πολλὴν γληγοράδα ἐβάλθηκαν
εἰς τὸν τόπον, βαστῶντας ἕως τόσον, καὶ φυλάγωντας μὲ
τὸ σπαθὺ εἰς τὰ χέρια τὸν ἀνοικτὸν τόπον.

Τὴν πρώτην τοῦ σεπτεμβρίου, ἔρυψαν ἄλλον ἕνα μὲ-
10 γάλο λαγοῦμι οἱ τοῦρκοι, καὶ αὐτὴ ἦτον, ὁποῦ μὲ ὕστερα
ἀπὸ μεγάλην ἀντίστασιν, καὶ περισσὸν αἷμα ἐτελείωσε
ταῖς διαφοραῖς τοῦ ριβελίνου, ἐπειδὴ καὶ ἐσύκωσε ὅλον

The enemy had meanwhile on the 29th prepared five large mines, with the object of exploding all five together at one time, and afterwards making a general assault, in order that they might celebrate the day by a heroic deed. It was the Festival of the beheading of the honoured Forerunner, and they confidently believed that by means of these mines they would upheave and take the fortress completely. The barbarians did not know that behind the apparent forces and trenches there were others also within, recently prepared by the great wisdom of the for all time glorious Count Starhemberg. He had made outposts and trenches within up to the palace of the ambassador of Spain, in order that he might still have opportunity for defence until the arrival of the longed-for aid. More than one however of the above mines were discovered and emptied by the Christians, who took out about 70 barrels of powder.

On this night the so-called rockets were for the first time seen in the air, to wit artificial fires combining with those of the plain to signify the necessity of the fortress and the need for help. At this point the enemy had thrown into the fosse many bundles of branches and sacks of wool in order to level the place and to make their assault easy. This they delivered on the 30th, but they drove them back bravely.

So on the last day of the month they fired a large mine over against the trench of the so-called counterscarp which those within held ; their object was to protect their cages which they had in the fosse and to throw to the ground certain palisades. Although these were overthrown, they were very quickly restored to their place, the defenders meanwhile maintaining and protecting the open breach with their swords in their hands.

On the first of September the Turks exploded another large mine, and this, after a stout resistance and much bloodshed, put an end to the vicissitudes of the ravelin, for it took away one whole side of the wall. They after-

ἕνα πλευρὸν τοῦ τύχου, καὶ ὕστερα ἐρχόμενοι, εἰς ἕνα τρο-
μακτικὸν καὶ σκύλινον γιουρῆσι, ὁποῦ ἐβάσταξε πολλαῖς
15 ὥραις, τὸ ἐπερίλαβαν, καὶ ἀπόμειναν οἰκοκυροί, καὶ τοῦτο
ὕστερα ἀπὸ 12 γιουρῆσια, καὶ ἀνδρειωμένην ἀντίστασιν
τῶν καστρινῶν, εἰς 22 ἡμέραις ἀπόκτῶντας οἱ ἐχθροὶ τὸν
τόπον μὲ τὴν πυθαμήν, καὶ αὐτοῦ κάμνωντας οἱ ἀπομέσα,
ὀκτὼ κομάτα, καὶ περιφράγματα, καὶ ἐμποδίζωντας μὲ τὸ
20 τοῦφέκι τὸν ἐχθρὸν νὰ κονέψῃ, καὶ νὰ στερεωθῇ εἰς τὴν
κορυφὴν τῆς τάμπιας δὲν ἡμπόρεσαν νὰ κάμουν τίποτες,
ἀμὴ στανικῶς τοὺς ἄφησαν νὰ σκεπαστοῦν εἰς τὴν κορυ-
φὴν τῆς τάμπιας τῆς κούρτης, καὶ μὲ ὅσαις ἐξωδρομαῖς
ὕστερον ἐπάσχησαν, δὲν ἐστάθη ποτὲ βολετὸν νὰ τοὺς
25 δειώξουν ἀπ᾿ ἐκεῖ.

Ἔφθασεν ἕως τόσον ὕστερον, ὁ πολλὰ πεθυμισμένος
ρῆγας τῆς λεχίας μὲ ὅλον τὸ φουσάτο εἰς τὸ κρέμ, καὶ
σταματένωντας εἰς τὰ περιγιάλια τοῦ δοῦναβη ἐπεθύμη-
σεν εὐθὺς χωρὶς νὰ χάνῃ καιρὸν νὰ ἀνταμωθῇ μὲ τὸν γενε-
34 b ράλε κόντε | ἐννέα καπράρα, διὰ νὰ τοῦ ἀναφέρῃ τοὺς
λογαριασμούς, ὁποῦ εἶχε τρυγύρου εἰς τὸ κτύπημα τῶν
ἐχθρῶν, καὶ αὐτὸς ἔπειτα νὰ ταῖς φανερώσῃ τοῦ ὑψη-
λοτάτου δουκὸς τῆς λορένας, διὰ τὸ ὁποῖον τὸν ἐπροσκά-
5 λεσεν μὲ ἕναν του ἄῶν, ἀμὴ μὴν ἡμπορῶντας νὰ ἀφήσῃ
τὸν τόπον ὁποῦ τότε ἐβάστα ἔστειλεν ἕναν του κάπετάνον
τοῦ ὁποίου ὁ ρῆγας ἔδωσε διαγράφον ταῖς γεναίαις του
συμβουλαῖς, διὰ τὴν βοήθειαν τοῦ κάστρου, ταῖς ὁποίαις
ὕστερα τὸ συμβούλειον τοῦ πολέμου, ὅλαις ταῖς ἐβε-
10 βαίωσε, ἔφθασε εἰς ταῖς δύο τοῦ μηνὸς εἰς τὸν ἴδιον τόπον,
καὶ ὁ δοῦκας τῆς λορένας, εἰς προϋπάντησιν τοῦ ρηγός,
εἰς τὴν ὁποῖαν θέλωντας ὁ δοῦκας μὲ τὴν πρεπούμενην
τάπείνωσιν νὰ πρόσκυνήσῃ καὶ νὰ δεχθῇ τὸ κράτος τοῦ
ρηγός, ἐπρόλαβεν ὁ ρῆγας λέγωντας πῶς ὁ ρῆγας, ἀπό-
15 μεινεν εἰς τὴν λεχίαν, καὶ ὅτι μὲ τὴν αὐθεντήα του, ἤθελε
νὰ περνά, ὡσὰν ἀδελφὸς καὶ φίλος, εἰς τὸν ὁποῖον καιρὸν
ἔδειξεν ἡ γαλυνότης του ἕνα σημεῖον ἄξιον τῆς μεγαλο-
σύνης του, ἤγουν ἐπίασε ἀπὸ τὸ χέρι τὸν πρωτοτοκόν
του υἱὸν καὶ τὸν ἐπαράδωσε τοῦ δοῦκα τῆς λορένας,
20 λεγωντάς του, τέκνον, ἀπὸ τὴν δασκάλευσιν, τοιοῦτου μὲγά-

wards delivered a terrible and brutal attack, which lasted many hours, and captured it and remained masters of it. So the enemy took the place after 12 assaults in 22 days by a hairbreadth, despite a brave resistance on the part of the defenders of the fortress. Though those within made there eight trenches and breastworks, and with their muskets tried to prevent the enemy from lodging and establishing himself on the crown of the bastion, they could do nothing, but were forced to allow them to maintain themselves on the crown of the Burg bastion, and no matter how many sallies they afterwards attempted, it was not possible to chase them from thence.

Just afterwards the much longed for King of Poland reached Krems with all his forces, and taking up his station on the shore of the Danube he desired forthwith without loss of time to meet General Count Aeneas Caprara, in order to communicate to him the plans which he had for attacking the enemy, and that the other might declare them to his Highness the Duke of Lorraine. For which purpose he invited him with a single companion, but since he could not leave the position he was then holding, he sent one of his captains, to whom the King gave in writing his brave plans for helping the fortress, all of which the Council of War subsequently confirmed. On the 2nd of the month the Duke of Lorraine reached the same spot for a meeting with the King. At this interview the Duke wished to pay homage to and to receive the King's power with fitting humility, but the King stopped him saying that the King was left behind in Poland, and that he wished to deal with his Grace as with a brother and a friend. On this occasion his Serenity gave a worthy mark of his greatness, for he took by his hand his firstborn son and presented him to the Duke of

λου στρατάρχου, μάθε τὰ πλέα οὐσιώδη στιχεῖα τοῦ
πολέμου.

Τὸ βράδυ πάλιν ἐκάθησαν μαζὺ εἰς τὸν δεῖπνον, εἰς τὸν
ὁποῖον ἀγκαλειαζόμενοι καὶ οἱ δύο, ὅμωσαν κατὰ τὴν συνή-
25 θειαν τῶν λεχῶν τὴν ἀδελφότητα, ὑποσχόμενοι ἕνας τοῦ
ἄλλου νὰ εἶναι πιστοὶ εἰς διαφέντευσιν τοῦ καίσαρος, καὶ
ὅλης τῆς χριστιανωσύνης.

Εἰς ταῖς 3 ἕως τόσον ἔδραμαν ἔξω ἀπὸ τὸ κάστρο μὲ
εὐτυχεῖαν, πρὸς τὴν τάμπιαν τοῦ λέμπλε, ἐπειδὴ καὶ ἐχά-
35 a λασαν ἕνα μεγάλο μέρος, ἀπὸ τὰ ἔργα τῶν ἐχθρῶν | καὶ
τὸ βραδὺ εὐγῆκεν ἔξω καὶ ὁ κολονέλος σόουχες, ὁ ὁποῖος
ἀκομὴ ἔκαμε νὰ βάλουν φωτίαν εἰς τὰ κλουβιὰ τῶν τουρ-
κῶν, ἡ ὁποῖα μὲ τὸ φύσημα ἑνὸς δυνατοῦ ἀνέμου τὰ ἐκα-
5 τάκαυσεν ὅλα τόσον ὁποῦ ἐβίασεν τοὺς ἐχθροὺς νὰ
ἀφήσουν τὸ στάσιμο, καὶ οἱ ἀπὸ μέσα ἔλαβαν καιρὸν
τριῶν ὡρῶν ἕως ὁποῦ νὰ χαλάσουν χωρὶς κανένα κύνδυνον
τὰ κονακιά των, τοῦτο τὸ ἔργον ἐστάθηκε μὲ τόσην γνῶσιν,
καὶ ἔδωσε τόσον φόβον τοῦ ἐχθροῦ ὁποῦ διὰ δύο ἡμέρας
10 δὲν ἀπόκοτησε νὰ σημώση πρὸς ἐκεῖνο τὸ μέρος.

Ἦλθεν εἰς τοῦτο τὸ μέσον, καὶ ὁ πρέντζηπες, τοῦ μπαν-
τάν, διὰ νὰ χαιρετήση τὸν ῥῆγα ἀπὸ μέρος τοῦ καίσαρος
ἐξ ὀνόματος τοῦ ὁποίου τοῦ ἐχάρησε, ἕνα ῥαβδὺ ἐξουσίας
ὁλόχρυσον, καὶ ὅλον μὲ πολύτιμητα λιθάρια τεχνευμένον,
15 καὶ τότε ἔκαμαν καὶ τὸ συμβούλιον τοῦ πολέμου, εἰς τὸ
ὁποῖον ἀποφασίσθη ὅλον ἐκεῖνο ὁποῦ ἐπρόβαλεν, ὁ ῥῆγας
τῆς λεχίας.

Ἔδωσαν εἰς ταῖς 4 δύο μεγάλαις λαγούμια εἰς τὴν τάμ-
πιαν τῆς κούρτης οἱ ἐχθροὶ αἱ ὁποῖαις ἄνοιξαν ὅλον ἕνα
20 μέρος τῆς αὐτῆς διὰ τὸ ὁποῖον εὐθὺς ἔδραμαν, εἰς ἕνα
ἀκαταμάχητον γιουρῆσι τὸ ὁποῖον ἐβάσταξε τρεῖς ὥραις
σωσταῖς μὲ πολὺ αἷμα, καὶ τῶν δύο μερόν, καὶ εἶχαν
φλαμπουρησμένα, ἀπάνω 4 φλάμπουρα, ὅμως ἐδειώχθηκαν
ὀπίσω, μὲ τὸν χαϊμὸν 2,000 γιανιτζάρων.

25 Δοσμένοι εἰς τὴν ἐρχομένην ἡμέραν οἱ ἀπομέσα νὰ
κάμουσι, ἕνα κόμα, διὰ νὰ στερεώσουν ἕνα νέον μετερῆζη,
ἀπάνω εἰς τὴν ἄνω εἰρημένην τάμπιαν, εἰς ἐκεῖνο τὸ μέρος,
ὁποῦ τὴν 9 ἀνοίξη τὸ λαγούμι, διὰ νὰ πασχήσουν νὰ

Lorraine, saying to him, 'My son, from the teaching of so great a general learn the most essential elements of war.'

In the evening again they sat together at the banquet, and embracing one another swore brotherhood after the fashion of the Poles, promising each other that they would be faithful to the defence of the Emperor and all Christendom.

Meanwhile on the 3rd they made a successful sortie from the fortress at the Löwel bastion, for they destroyed a large part of the enemies' works. In the evening Colonel Soouches also made a sortie; he caused fire to be thrown into the cages of the Turks, and this, fanned by the breath of a powerful wind, consumed them all, so that he forced the enemy to abandon their position. Those within had three hours' opportunity of destroying their lodgments without any danger. This exploit was carried out with such skill and caused the enemy such fear that for two days he did not venture to approach that quarter.

At this juncture the Prince of Baden also came to greet the King on behalf of the Emperor and in his name offered him a staff of authority made all of gold and worked all over with precious stones, and then they formed the Council of War, at which all that the King of Poland proposed was decided on.

The enemy on the 4th exploded two large mines at the Burg bastion, which laid open a whole side of it; through this they immediately hastened to make an irresistible assault which lasted three whole hours and was accompanied by much bloodshed on both sides, and they succeeded in planting 4 colours on it; nevertheless they were driven back with the loss of 2,000 Janissaries.

The defenders on the next day devoted themselves to making a new trench to strengthen a fresh strong-post on the aforementioned bastion, at the point where the mine had on the 9th laid it open[1], with the object of

---

[1] Cf. F. 27 *b*, l. 20 ff.

δισκολεῦσουν, τὴν παντελῆ κυρίευσιν τῶν βαρβάρων,
30 μάλιστα ὁποῦ τὸ πλάτος τοῦ τόπου, ἔδινε νὰ γενοῦν
35 b περισσὰ κόματα, καὶ μετερήζια, ἐκεῖ | ὁποῦ ἡ ἄλη τάμπια
τοῦ λέμπλε διὰ τὴν στενοχωρίαν τοῦ τόπου εὑρίσκετον
εἰς μεγάλον κίνδυνον.

Κατὰ τοῦ ὁποίου ἔστρεψαν οἱ ἐχθροὶ νὰ κάμουν ἄλλα
5 δύο λαγούμια, τὰ ὁποῖα ἂν καὶ δὲν ἔκαμαν τὸ ἀπότέλεσμα,
ὁποῦ αὐτοὶ ἐπιθυμοῦσαν, μ' ὅλον τοῦτο λαμβάνωντας,
εἴδησιν, ὅτι εἶναι σιμὰ τὰ φουσάτα τῶν χ̄υῶν διὰ νὰ
δώσουν βοήθειαν, τὸ ἐκτύπησαν μὲ τόσην ἀγριότητα, ὁποῦ
ἐλογίαζαν βέβαια νὰ τὸ περιλάβουν, καὶ ἐβάσταξε πολ-
10 λαῖς ὥραις ὁ πόλεμος, μὲ μεγάλην τως φθοράν, καὶ ὄχι μὲ
ὀλυγώτερην ζημίαν τῶν ἀπομέσα, θέλωντας νὰ εἰποῦσι
πῶς εἰς τὴν κατάστασιν ὁποῦ εὑρίσκονταν, ἄξηζε πλέον
ἕνας ἀπὸ λόγου τους παρὰ δέκα ἀπὸ τοὺς ἀπ' ἔξω, ὅθεν
εἰς ταῖς 9 ὥραις τῆς νηκτός, ἔρυψαν καὶ ἄλλαις φωτιαῖς,
15 εἰς τὸν ἀέρα ἀπὸ τὸ καμπανέλη τοῦ ἁγίου στεφάνου, φωνά-
ζωντας, βοήθεια, βοήθεια.

Εἶχαν ἕως τόσον ἐτοιμασμένον τὸ γεφήρι, εἰς τὸν δοῦ-
ναβη, σιμὰ εἰς τὸ τούλμ, διὰ νὰ διαβοῦν τὰ φουσάτα, καὶ
περνῶντας ὁ ρήγας μὲ τὸν δοῦκα τῆς λορένας, δὲν ἐφάνη
20 ἐμπρὸς οὔτε ἕνας τοῦρκος, ὁποῦ ναθέλη νὰ τοὺς ἐναντιηθῆ
τὸ πέρασμα, ὅθεν εὐθὺς ἔκαμαν συμβούλειον, διὰ νὰ διορί-
σουν τὴν ἡμέραν, ὁποῦ εἶχαν νὰ βάλουσι βοήθειαν εἰς τὸ
κάστρο, καὶ ἀποφασίσθη ὅτι ταῖς 8, ἀμὴ τὸ πλῆθος τῆς
βροχῆς, ὁποῦ ὕστερον, ἔπεσε ὡσὰν κατακλεισμός, ἀπὸ τὸν
25 οὐῦόν, καὶ ἔπνοιξε τοὺς κάμπους, τοὺς ἔκαμεν, νὰ πρὸς
διορίσουν ἄλλην ἡμέραν, ἡ ὁποία ἦτον ἡ ἐνδεκάτη.

Πρὴν τῆς συμβουλῆς ἠθέλησαν οἱ πρέντζηποι, γενε-
ράληδες στρατάρχοι, καὶ ὅλοι οἱ μεγάλοι, νὰ ἔλθουν κατὰ
36 a τὴν συνήθειαν, ἕνας πρὸς ἔναν, νὰ δε|χθοῦν, καὶ νὰ χαιρε-
τήσουν τὸν ρῆγα, μὲ ταῖς συνηθισμέναις φήμαις, ὅμως
γνωρίζωντας ἡ γαλυνότης του, πῶς τοῦτα ἦτον ὑπερι-
φανίας ματαιότηταις, καὶ ἐμπόδιζαν τὴν ταχίαν βοήθειαν
5 τοῦ κάστρου, φανερὰ τὰ ἀποστράφηκε, λέγωντας, πῶς
εἶχεν ἔλθη εἰς ἐκεῖνον τὸν τόπον, ὄχι διὰ νὰ φημήζεται,
ἀλλὰ διὰ νὰ πολεμήση, καὶ πῶς τὸ πρόσωπον τοῦ ρηγός,

hindering the barbarians from gaining the complete mastery, especially since the breadth of the position gave an opportunity for numerous trenches and strong-posts, whereas the other bastion of the Löwel was in great danger owing to the narrowness of the place.

Against this position the barbarians proceeded to make two more mines; although these did not attain the result they desired, they nevertheless, on receipt of information that the relieving forces of the Christians were near at hand, attacked with such violence that they calculated with certainty on taking it, and the battle lasted many hours with great destruction of the attackers and no less of the defenders, since they might say that in their situation one of themselves was worth more than ten of those without. So at 9 o'clock at night they discharged more lights into the air from the belfry of St Stephen's, calling Help, Help!

Meanwhile they had made ready the bridge over the Danube near Tulln for the crossing of the armies, and when the King and the Duke of Lorraine passed over it, not a single Turk appeared to dispute their passage. Accordingly they at once held a council to determine the day on which they should bring help to the fortress, and the 8th was decided on. But the quantity of rain which afterwards fell from the heavens like a flood and deluged the plains, caused them to fix on another day which was the eleventh.

Before the council the princes, generals in command and all the notables wished to come according to custom one by one to receive and greet the King with the usual courtesies. But his Serenity, knowing that these were but pride and vanity, and a hindrance to the speedy relief of the fortress, openly rejected them, saying that he had come to that place, not for praise, but for war, and as for

τὸ ἄφηκεν εἰς τὴν βαρσάβιαν, καὶ ἐβάστα μόνον μὲ
αὐτούς, ἐκεῖνο τοῦ ἀδελφοῦ, καὶ νὰ ἤθελαν κυτάξη ἀφή-
10 νωντας κάθε ἄλλον πρᾶγμα εἰς ἕνα μέρος, νὰ κιτάξουν
τὴν βοήθειαν τοῦ κάστρου, ὅθεν ὁ δοῦκας τῆς λορένας, οἱ
αὐθένται ἐλετῶροι, καὶ ὅλοι οἱ ἄλλοι ἐθαύμασαν, καὶ
εὐχαρίσθησαν, τὴν μέγαλωψυχίαν τῆς γαλυνοτη⟨σ⟩τός του.
Συλογιζόμενοι τὸν τρόπον, μὲ τὸν ὁποῖον εἶχαν νὰ
15 φέρουσι τὴν βοήθειαν εἰς τὸ κάστρο, ἐλογίασαν πῶς ἦτον
δύο στράταις, τοῦ βουνοῦ καὶ ἐκείνη τοῦ κάμπου, ἐκείνη
τοῦ κάμπου ἐφαίνετον εὐκολότερη, διὰ νὰ περιπατῆ, τὸ
φουσάτο, ἀλλὰ πάλιν τοὺς ἐδειλείαζε ὁ πόλεμος, μὲ ἕναν
ἐχθρὸν καλὰ σφαλισμένον εἰς τὰ μετερηζιά του, καὶ εἰς
20 τὴν τάξιν του, ἐκείνη τοῦ βουνοῦ ἂν καὶ ἐφαίνετον νὰ τὴν
ἀφήσουν, διὰ τὸ πετρόδες, καὶ δίσβατον, ὅμως τὴν ἐδιά-
λεξαν, ὡσὰν καλήτερην, ἕνα μὲν πῶς ἐκεῖ, δὲν ἦτον εὐθὺς
νὰ πιασθοῦν μὲ τὸν ἐχθρόν, καὶ ἄλλο πῶς οἱ καταπατη-
τάδαις, ἐβεβαίωναν τὴν γαλυνοτητά του πῶς τὸ βουνὸν
25 ἦταν χωρὶς φύλαξιν, ἔξω ἀπὸ ὀλύγους τούρκους, μὲ ὀλύγα
τόπια ὁποῦ εἶχαν βαλμένα εἰς τὸ μοναστήρι τῶν πατέρων,
τῶν καμαλδολένσων.

Ἔδιναν ἕως τόσον οἱ ἀπομέσα σημεῖον μὲ ταῖς συνη-
36 b θισμέναις φωτιαῖς | νὰ ταχύνη ἡ βοήθεια, καὶ οἱ ἐχθροὶ
εἰς ταῖς 7 εἶχαν σημώση μὲ πέντε μετερήζια, πρὸς τὴν
κουρτίναν, ἔχωντας ἀκομὴ σκαμέναις, ἐπτὰ λαγούμια, καὶ
τούταις ἀφόντις καὶ εἶχαν περιλάβη, μίαν μικρὴν φαλ-
5 σαμπράγαν, τὴν ὁποῖαν εἶχαν κάμη οἱ ἀπομέσα διὰ νὰ
ἐμποδίσουν τὸν ἐχθρόν, νὰ μὴν κατεβαίνει εἰς τὴν φόσαν,
ἐτοίμαζεν ἀκομὴ ἄλλαις δύο μεγάλα λαγούμια, διὰ ταῖς
δύο τάμπιαις τῆς κούρτης, καὶ τοῦ λέμπλε.

Ἐτέντωσαν ἕως τόσον τὰ φουσάτα τοῦ καίσαρος, καὶ
10 τοῦ ρηγὸς εἰς τὸν κάμπον τοῦ τοῦλμ, καὶ ἔκαμναν κατὰ
ἀλήθειαν μίαν εὔμορφην, καὶ βασιλεικὴν θεωρίαν, τῶν
λεχῶν 25,000 ἀρματωμένοι ἔξω ἀπὸ τοὺς ὑπηρέτας, καὶ
4,000 καβαλάρους μετὰ κοντάρια, οὔσαροι καὶ καζάκοι μὲ
κάποια μικρὰ μπαϊεράκια σχυσμένα διαφόρων χρωμάτων
15 εἰς τὴν κορυφὴν τῶν κονταριῶν, ὁποῦ ἐμπηγμένα εἰς τὴν
γῆν, ἔκαμναν μίαν χαριεστάτην θεωρίαν, ἐφαίνονταν εἰς τὸ

the person of the King, he had left that behind at Warsaw, and with them he wore only that of brother, and that they should leave everything else aside and look only in one direction—to the relief of the fortress. Whereat the Duke of Lorraine, the Elector princes and all the rest marvelled and gave thanks for the magnanimity of his Serenity.

On debating the manner of bringing relief to the fortress, they reckoned that there were two roads, that of the mountain and that of the plain. That of the plain appeared easier for the army to traverse, but on the other hand they feared a battle with an enemy well enclosed in his trenches and in order. Though it appeared that they should reject that of the mountain on account of its rocky and difficult character, they nevertheless chose it as the better; one reason was that there they would not be immediately engaged with the enemy, and another that their scouts assured his Serenity that the mountain was unguarded apart from a few Turks and a few guns which they had placed in the monastery of the Camaldolensian fathers.

Meanwhile the defenders gave sign by the usual lights that aid should be hastened, and that the enemy had on the seventh approached with five trenches to the curtain, having further dug seven mines, and that after they had captured a small breastwork which the defenders had made to hinder the enemy from descending into the fosse. He was further preparing two large mines for the two bastions of the Burg and the Löwel.

Meanwhile the armies of the Emperor and the King encamped on the plain of Tulln, and presented in truth a fair and royal sight. Of the Poles there were 25,000 armed men, not counting the servants and 4,000 horsemen with lances, hussars and cossacks with some small parti-coloured pennants at the head of the lances. The lances when planted on the ground made a most graceful sight.

μέσον τῆς πεζούρας, καὶ τῶν δραγόνων, ἀνάμεσα εἰς τὰ
δύο πτερύγεια τῶν οὐσάρων, καὶ καζάκων, δύο περιφανέ-
στάταις τέντες τοῦ ῥηγὸς ἀφήνωντας τρυγύρου τόπον
20 περισσόν, τοῦ ὁποίου δεξιὰν κατ᾿ εὐθείαν γραμμήν, ἦτον ἡ
τέντα τοῦ χάτμανου τῆς βασιλείας, καὶ ζερβὰ τοῦ γενε-
ράλη τοῦ κάμπου <τοῦ κάμπου> τοῦ μεγάλου φλαμπου-
ράρη, καὶ τῶν ἔνδεκα παλατίνων τοῦ ῥηγάτου.
Ἕως τόσον τὸ τρίτον ἑνὸς μιλιοῦ μακρά, ἐφαίνετον, ἡ
25 προφυλακὴ τοῦ φουσάτου τῶν ἀλαμάνων, μὲ τοῦ λουμπο-
μήσκη τῶν λεχῶν, καὶ τῶν δραγόνων, καὶ πλευρὰ πρὸς τὸ
ὄρος τὰ στρατεύματα, τοῦ σαξονίας, τοῦ μπαβιέρας, καὶ
τῶν ἄλλων συμβοηθῶν ἀπὸ τὴν περιοχὴν τοῦ ἰμπερίου τὰ
ὁποῖα ὅλα ἀντάμα ἔκαμναν ἕνα σῶμα 70,000 ἁρματω-
30 μένων, ὅλοι ἄξιοι, καὶ ἀνδρειωμένοι, οἱ ὁποῖοι σμυγμένοι
37 a μὲ τὸ σεφέρι | τὸ λέχικο ἐγύνονταν 90,000 διαλεκτὸν
στράτευμα.
Ἐφάνηκαν πρὸς τὰ βραδιά, νὰ ξεχωρίζονται ἀπὸ τὰ
μετερήζια, μερικὰ μπουλούκια τουρκῶν, τρέχοντες μὲ ταχύ-
5 τητα πρὸς τὸν δούναβιν, λογιάζωντας πῶς ἀπ᾿ ἐκεῖ βέβαια
νὰ ἔρχονται οἱ χνοῖ, ἀμὴ βλέπωντας ὕστερον πῶς δὲν
ἦτον ἔτζη, ἐγύρησαν ὀπίσω εἰς τὰ κονακιά τως.
Ὁ παπὰ μάρκος δαβιάνος (νέος πέτρος εἰς τὴν νεωστὴ
ἐλευθερίαν τῆς βιένας) τὸν ὁποῖον εἶχε ζητήση ἀπὸ τὸν
10 πάπα, ὁ καῖσαρ διὰ τὸ φουσάτο, ἐδιάβη ταῖς 8, εἰς ταῖς
τέντες τοῦ ῥηγός, καὶ ἐλειτούργησε, καὶ ἐκοινώνησε τὸν
ῥῆγα, μὲ τὸν υἱόν του, καὶ ὕστερα εὐλόγησεν ὅλον τὸ στρά-
τευμα, τοῦ ὁποίου, ἐπαραστάθη, καὶ τὴν ἡμέραν τοῦ πολέ-
μου, πηγένωντας ἐμπρός, μὲ ἕναν σταυρωμένον εἰς τὰς
15 χεῖρας, μετάφεραν συμβουλήν, καὶ λογαριασμοὺς διὰ τὸν
πόλεμον, ἀναμεσόν τους οἱ γενεράληδες διατί ἡ στράτα
τοῦ βουνοῦ, ἀπὸ τὴν βροχὴν εἶχε χαλάση, καὶ δὲν ἐμπόριε
νὰ κινήση τὸ ἀσκέρι, τότε ἄρχησαν οἱ τοῦρκοι νὰ συκό-
νουν μερικαῖς χοντραῖς λουμπάρδαις ἀπὸ κάτω ἀπὸ τὸ
20 κάστρο, πρόβλέπωντες κάποιον τρόπον τί ἤθελαν νὰ
πάθουν ὕστερα.
Εἰς ταῖς 9 οἱ ἐλετῶροι τῆς σαξονίας, καὶ μπαβιέρας, ὁ
δούκας τῆς λορένας, ὁ χανοβέρ, ὁ ἀνχάλτ, ὁ πρέντζηπες τῆς

In the midst of the foot and the dragoons, in between
the two wings of the hussars and cossacks, were two very
conspicuous tents of the King, with a space left clear
around. In a straight line to the right was the tent of
the Hetman of the Kingdom, and to the left that of the
General of the field, the great Standard-bearer and of the
eleven Palatines of the Kingdom.

Further at a third of a mile distant was seen the ad-
vanced guard of the German army, with that of the Poles
under Lubomirski and of the dragoons, and on the side
towards the mountain the armies of the Electors of
Saxony and Bavaria and of the other allies from the
circuit of the Empire, all of whom together formed a body
of 70,000 armed men, all worthy and brave, who, joined to
the army of the Poles, amounted to 90,000 picked troops.

Towards evening several divisions of Turks were seen
to leave the trenches and to hasten towards the Danube,
reckoning that it was certainly from that direction that
the Christians would come, but on seeing later that it was
not so, they returned back to their lines.

The priest Marco d'Aviano[1] (a new Rock come for the
new liberty of Vienna) whom the Emperor had begged
from the Pope for the army, crossed on the 8th to the
tents of the King, and said mass and gave communion to
the King and his son, and afterwards blessed the whole
army, which he accompanied also on the day of the battle,
going before it with a crucifix in his hands. The generals
conferred among themselves about their war plans, because
the mountain road had been ruined by the rain, and the
army could not move. Thereupon the Turks began to
withdraw some of their heavy bombards from below the
fortress, foreseeing in a way what they would have to
suffer later.

On the 9th the Electors of Saxony and Bavaria, the
Dukes of Lorraine, Hanover and Anhalt, the Prince of

---

[1] On Marco d'Aviano, see Klopp, p. 254 ff.

σαβοῖας, καὶ ἄλλοι αὐθεντάδες τοῦ ἰμπερίου ἕως 14 ἐπῆγαν,
25 καὶ εὕρηκαν τὸν ῥῆγα, μαζῆ μὲ τὸν ὁποῖον ἤκουσαν, κά-
ποιους χωριάταις κινηγοὺς ὁποῦ ὑπόσχονταν νὰ εἶναι
ὁδηγοὶ ἄσφαλτοι εἰς τὸ βουνὸν ὅθεν ἐπρόσταξεν ὁ ῥῆγας
ὅτι πρὸς τὸ ξημέρωμα νὰ ἤθελαν κινήσουν ὅλοι, λέγωντας
ἄρχοντες δὲν ἔχομεν, καιρὸν νὰ χάνομεν ἀπὸ ταχὺ στὴν
30 θεραπείαν, καὶ ἔτζη ὅλην τὴν ἡμέραν, ἀκολούθησαν τὴν
37 b στρά|ταν τους, μὲ ὀλύγον ζαχερὲ διὰ νὰ εὑρεθοῦν γλύγορα
εἰς τὸν τόπον.

Ἐγνώρησαν ἀπὸ μέσα ἀπὸ τὸ κάστρο, πῶς οἱ τοῦρκοι,
πρὸβλέπωντες, ἀμὴ πολλὰ ἀργὰ τὴν πληγήν, ἔτρεχαν
5 πολλοὶ πρὸς τὸ βουνό, βάνωντες καὶ τόπια πρὸς τὸ κατέ-
βασμα, τότε ἀπεστάλθη ἀπὸ τὸν κάμπον μὲ 2,000 στρα-
τιῶτας, ὁ γενεράλες μέρσηκς, διὰ νὰ πηγένη εἰς τὴν πλα-
τείαν στράταν, τοῦ λόγκου τῆς βιένας, ἡ ὁποία εὔγενε, εἰς
τὸ μαουρμπάν, μὲ προσταγὴν νὰ προκαλέση τάχα μὲ
10 τύμπανα, σάλπηγκαις, καὶ ἄλλαις φωτιαῖς, καὶ σύγχησες,
τὸν ἐχθρὸν εἰς τὸν πόλεμον, ὁ ὁποῖος ἔδραμε μὲ τέσσαρες
χιλιάδες καβαλάρους, καὶ ἡ ἀπάντησις ἦτον κακὴ διὰ τοὺς
τοῦρκους, διατί ἐτραβήχθηκαν, ὀπίσω νικημένοι, ἀφήνων-
τας εἰς τὸν κάμπον 300 θανατωμένους.

15 Ἐπεριπατοῦσαν ἕως τόσον μὲ θαυμαστὴν τάξιν τὰ
στρατεύματα τῶν χ̅ν̅ω̅'ν συμόνωντας εἰς τὸν κάμπον ὁποῦ
ἦτον οἱ τοῦρκοι, καὶ εἰς ταῖς 22 ὥραις τῆς ἡμέρας εἰς ταῖς
11 τὸ ζερβὸν μέρος, ὁποῦ ἦτον εἰς τὴν κυβέρνησιν τοῦ
δοῦκα τῆς λορένας, μαζῆ μὲ τοὺς γενεράληδες, ντουνεβὰλδ,
20 λέσλες, καὶ χαϊσλέρ, ἐδιάβη ἐμπρὸς διὰ νὰ περιλάβη
(κατὰ τὴν συμφωνήν) τὸ βουνὸ τοῦ καλεμπέργ, τὸ ὁποίον
διὰ τὸ δίσβατον τοῦ ἀνεβάσματος, καὶ διὰ τὰ τόπια, καὶ
ἀντίστασιν τῶν τουρκῶν, ὁποῦ εὐθὺς ἐκτύπησαν ταῖς πρώ-
ταις ἀράδες τῶν χ̅ν̅ω̅'ν τῶς ἐστάθη πολλὰ δίσκολον, ὅμως
25 ὕστερα ἀπὸ ἕνα δυνατὸν πόλεμον, ἐπερίλαβαν τὸ καστέλι,
τοῦ ἀγίου λεοπόλδου, καὶ τὴν ἔρημον τῶν καμαλδολένσων,
ἀπάνω εἰς τὸ αὐτὸ βουνό, ἐστάθη ἡ πάλη σκληρή, καὶ μὲ
πολὺ αἷμα, καὶ συχνὰ χωρὶς νὰ κλίνη, οὔτε εἰς τὸ ἕνα,
οὔτε εἰς τὸ ἄλλον μέρος, ἀλλὰ ἐστάθη ἀσύγκριτος, ἡ ἀν-
30 δρεία, καὶ ἡ μεγαλοψυχία ὁποῦ εἰς ὅλον τοῦτον τὸν πόλε-

Savoy and other Imperial commanders numbering 14, went and visited the King, in company with whom they listened to some local huntsmen, who promised to be sure guides over the mountain. As a result the King gave orders that at daybreak all should move, saying, "Gentlemen, we have no time to waste from the early morning in tending ourselves," and so all day long they continued their march, carrying but few supplies, in order that they might reach the place quickly.

The defenders perceived that the Turks foreseeing, but all too late, the blow which threatened them, were hastening in numbers towards the mountain, placing cannon on the slopes. At that time General Mercy was sent from the plain with 2,000 soldiers to go to the broad road of the Wiener Wald leading to Mauer bei Wien(?), with orders to challenge the enemy to combat with all speed, by dint of drums, trumpets, fires and other commotions. The enemy hastened out with four thousand horsemen, but the encounter was disastrous to the Turks, for they retreated in defeat, leaving 300 dead on the field.

Meanwhile the armies of the Christians marched in wondrous order, drawing near the plain where the Turks were, and at 10 p.m. (?) on the 11th the left portion, which was under the command of the Duke of Lorraine, together with Generals Dünewald, Leslie, and Haisler, passed forward to occupy (according to arrangement) Mount Kahlenberg. This owing to the difficulty of the ascent, the cannon, and the resistance of the Turks who immediately attacked the front ranks of the Christians, proved very hard. Yet after a violent battle they captured the castle of St Leopold and the monastery of the Camaldolenses. The contest on this same mountain proved severe and was attended with much bloodshed, often without inclining either to one side or the other,

38 a μον ἔδειξεν, ὁ δούκας τῆς λορέ|νας, τὸν ὁποῖον ἔβλεπες
χωρὶς νὰ ψηφήσῃ παντελῶς τὴν ζωὴν του, νὰ τρέχῃ μὲ τὸ
σπαθὺ εἰς τὰ χέρια τῶρα ἐδώ, καὶ τῶρα ἐκεῖ, ἐνθυμήζων-
τας τῶν ἐδικῶν του τὴν ἀνάγκην τοῦ κάστρου, τὴν φύλαξιν
5 τῆς χ̄ν̄ῆ̄'ς, τὴν τιμὴν τοῦ καίσαρος καὶ τὴν ἐδικήν του,
συντροφιασμένος μὲ πολλοὺς ἄρχοντας, ἀλαμάνους, ἰτα-
λοὺς, καὶ φιαμένκους, ἀνάμεσα εἰς τοὺς ὁποίους, ἦτον ὁ
μαρκέζης τῆς παρέλας, ὁποῦ εἶχε σιμά του 60 θεληματι-
κοὺς ἀνδρειωμένους, καὶ τότε πέφτωντας ἀπάνω εἰς τὸν
10 ἐχθρόν, ὡσὰν ἕνα θυμωμένον λεοντάρι, ἔκοψε μὲ τὰ ἰδιά
του χέρια τὴν κεφαλὴν ἑνὸς πασά, μὴν ἀπομένωντας ἀπὸ
τοὺς ἐδικούς του, παρὰ 5 λαβωμένοι, καὶ ἕνας μόνον ἀπε-
θαμένος.

Τὸ μέσον τοῦ στρατεύματος, τὸ ὁποῖον ·ἐκυβερνοῦσαν,
15 οἱ ἐλετῶροι τῆς σαξονίας τῆς μπαβιέρας, καὶ ὁ γενεράλης
βαλδέκ, ἐδιάβη εὐθὺς κατὰ πόδι τοῦ δοῦκα τῆς λορένας,
καὶ τὸ δεξιὸν πτερύγειον τῶν λεχῶν, ἐδιάβη πρὸς τὸν
ποταμὸν λεγόμενον βιένα.

Τὸ βράδυ εὐθὺς μὲ 3 τόπια ἔδωσαν εἴδησιν τῶν ἀπο-
20 κλεισμένων πῶς ἔφθασεν, ἡ βοήθεια, καὶ τὸ μεσάνηκτον
μὲ ἄλλα 3 καὶ μὲ ἄλλα τόσα πρὸς τὸ ξημέρωμα, καὶ εὐθὺς
ὁποῦ ἔλαμψεν ἡ ἡμέρα ἤρχησαν ἀψιὰ νὰ κτυποῦν τοὺς
ἐχθροὺς, μὲ τὰ τόπια ὁποῦ εἶχαν βάλη τὴν νήκτα, ἀπὸ
κάτω ἀπὸ τὸ ἄνω εἰρημένον μοναστήρι, οἱ ὁποῖοι ἀπὸ συμὰ
25 ἀντιστέκονταν, καὶ δὲν ἔδυναν τόπον, τὸν ὁποῖον ὅμως
κερδαίνωντας πάντα οἱ χνοί, καὶ κατευβαίνωντας εἰς τὸν
κάμπον πρὸς τὸ τεμπλήν, εἰς τὸν ἴδιον καιρὸν πολεμῶντας,
καὶ ἀποκτῶντας στάσιμον, ἔστεναν καὶ ταῖς λουμπάρδες
τοῦ κάμπου, ἐδὼ ἤρχησε νὰ ἐξαπλῶνηται τὸ στράτευμα
38 b τοῦ καίσαρος, καὶ τῶν λεχῶν ὁ|ποῦ ἔκαμναν τὸ δεξιὸν
πτερύγειον, καὶ ἦλθαν ἐμπρὸς πρὸς τὸ σεμπροῦμ, τότε
ὁποῦ ὁ δούκας τῆς λορένας ·προστάζωντας νὰ δράμουν
3 τάγματα πεζοῦρα συντροφιασμένα μὲ ἕναν ἄλο δραγόνων,
5 καὶ πλακόνωντας τοὺς τοῦρκους, ἐκεῖ ὁποῦ ἐφαίνωνταν
πλῆθος εἰς τὰ μετερήζια περιφραγμένοι, νικῶντας κάθε
ἀντίστασιν, ἐπερίλαβε ὅλον τὸ βουνή, καὶ τὸν ἄλλον
τόπον ἕως τὸν δοῦναβην.

but the courage and magnanimity which the Duke of Lorraine showed in all this battle were incomparable. You saw him, without recking ought of his life, running with his sword in his hands now here and now there, reminding his men of the necessity of the fortress, the protection of Christendom, the honour of the Emperor and himself, accompanied by many German, Italian and Flemish leaders, among whom was the Marchese di Parella[1], who had with him 60 brave volunteers. On that occasion he fell upon the enemy like a raging lion, and with his own hands cut off the head of a Pasha, of his own company only 5 being wounded and one dead.

The centre of the army, which was commanded by the Electors of Saxony and Bavaria and General Waldeck, marched immediately behind the Duke of Lorraine, and the Poles on the right wing advanced to the river Wien as it is called.

In the evening they at once gave notice to the besieged by 3 cannon that help had arrived, and at midnight with 3 others, and at daybreak with as many more. As soon as day dawned they at once bombarded the enemy with the cannon they had placed in the night below the above-mentioned monastery. These made a resistance at close quarters and did not yield ground, but the Christians ever kept gaining an advantage, and descended into the plain towards Döbling ; at one and the same time fighting and securing their position, they further planted their field bombards. Hereupon the Emperor's army and that of the Poles which formed the right wing began to deploy and came before Schönbrunn. Then the Duke of Lorraine ordered 3 regiments of foot accompanied by another of dragoons to advance quickly, and these surprised the Turks where they were seen thickly massed in their trenches, and overcoming all resistance, captured the whole mountain and the rest of the ground up to the Danube.

[1] On the Marchese di Parella, see Contarini, pp. 169, 175; Camesina, p. 125.

Εἰς τοῦτον τὸν καιρὸν εἶχαν δώση οἱ τοῦρκοι, ἕνα λα-
10 γοῦμι, ἀπὸ κάτω εἰς τὴν τάμπια τοῦ λέμπλε, τὸ ὁποῖον τὸ
ἐσύκωσεν παντελῶς εἰς τὸν ἀέρα, καὶ ὕστερα ἀπὸ τούτην
ἐκτύπησαν, ἕνα γιουρῆσι τὸ πλέα δυνατὸν ὁποῦ νὰ ἔκαμαν
εἰς ὅλον τὸν καιρὸν ὁποῦ ἐπολεμοῦσαν τὸ κάστρο, βλέ-
πωντας τὴν στενοχωρίαν, ἢ νὰ πάρουν γλύγορα τὸ κάστρο,
15 ἢ νὰ χαθοῦν ὅλοι, καθῶς, μὲ δύναμιν τοῦ θῦ τοὺς ἐπανέβη.
Ἔχωντας προσταγμένον, ὁ δοῦκας τῆς λορένας τὸ στρά-
τευμα νὰ κτυπήσουν εὐθὺς ταῖς ἀράδαις τοῦ ἐχθροῦ (καθῶς
εἶχεν ἀποφασισθῆ εἰς τὴν συμβουλὴν τοῦ πολέμου) καὶ
ἀνκαλὰ νὰ ἀντιστέκονταν, καὶ αὐτοὶ, μὲ ὁμοίαν καρδίαν,
20 τόσον ὁποῦ ἀπόμειναν καταχαλασμένα, σχεδὸν δύο τάγ-
ματα ἀλαμάνων, μ᾽ ὅλον τοῦτο προφθάνωντας ὁ δοῦκας μὲ
τὸ ἐπίλοιπον τοῦ στρατεύματός του, καὶ τῶν συνβοηθῶν
ἐλετώρων, τοῦ σαξονίας, καὶ τοῦ μπαβιέρας, εἰς τὴν κυβέρ-
νησιν, τοῦ γενεράλ πρέντζηπε βαλδέκ, ὕστερα ἀπὸ δύο
25 ὡρῶν σκύλινον πάλαισμα, ἐνίκησε καὶ ἐπερίλαβε τὰ μετε-
ρηζιά τους, καὶ εὐθὺς ἔστειλε, καὶ ἔδωσεν εἴδησιν τοῦ
ῥηγὸς τῆς λεχίας ὁποῦ καὶ αὐτὸς ἀπάνω εἰς ἕνα καλὸ
39 a στάσιμον ὁποῦ εἶχε πάρη ἀπὸ τοὺς ἐχθρούς, | εἶχεν στε-
μένα τὰ τόπιά του μὲ σκοπὸν μόνον νὰ τοὺς κτυπήση τὴν
ἐρχομένην ἡμέραν, καὶ μὴν χάνωντας καιρὸν εὐθὺς μὲ
βίαν ἔκαμε, καὶ ἐκατεύβηκε τὸ πλῆθος τῶν ὑπηρετῶν, καὶ
5 τοὺς ἐπρόσταξεν, καὶ ἀπ᾽ ἐκεῖνο τὸ μέρος νὰ κτυπήσουν
ταῖς ἀράδαις τῶν ἐχθρῶν, οἱ ὁποῖοι σεβαίνωντας μέσα
κτυπῶντας, καὶ νικῶντας εὐθὺς μὲ ἀνδρεῖαν ἐφέρθηκαν,
ἐκ συμφῶνου, καὶ τὰ δύο στρατεύματα εἰς τὸν κάμπον
τῶν τουρκῶν μὲ τόσην ὁρμὴν ὁποῦ τοὺς ἐπῆραν 16 κομάτια
10 τόπια, μὲ τὰ ὁποῖα ἐκτυποῦσαν τὸ κάστρο, καὶ ὕστερα τὰ
ἐγύρησαν νὰ κτυποῦν τὸ στράτευμα τῶν χνω΄ν.
Ἐτραβήχθηκε μὲ σπουδὴν ὁ ἐχθρὸς εἰς τὰ παροπίσω
κονάκια, λογιάζωντας, πῶς τὸ στράτευμα τῶν χνω΄ν εὐχα-
ρισθήτον μόνον νὰ ῥύξη βοήθειαν μέσα εἰς τὸ κάστρο
15 χωρὶς νὰ τὸν δυναστεύση νὰ ἀφήση παντελῶς, καὶ τὸν
περικλεισμόν, ἀλλὰ βλέποντας ὁ ῥήγας τῆς λεχίας πῶς οἱ
ἰμπεριάλοι μὲ τόσην εὐκολείαν εἶχαν νικήση, καὶ περι-
λάβη τὸ πρῶτον κονάκι τοῦ ἐχθροῦ, ἐπρόσταξεν νὰ ἀκο-

At this time the Turks had exploded a mine below the Löwel bastion, which blew it entirely into the air, and after this they delivered the most powerful attack that they had made during all the time of the war against the fortress, seeing their strait, that they must either take the fortress quickly or be destroyed utterly, as by the power of God it fell out for them.

The Duke of Lorraine ordered the army to attack the enemy lines at once (as had been determined at the council of war), and although these resisted with equal courage insomuch that nearly two regiments of Germans were destroyed, nevertheless the Duke and the rest of his army and that of the allied Electors of Saxony and Bavaria under the command of General Prince Waldeck arrived in time, and after a bitter struggle of two hours beat them and took their trenches, and immediately sent word to the King of Poland who had himself posted his cannon in a good position which he had taken from the enemy, merely with the object of attacking them on the following day. And wasting no time he at once hastily brought down the mass of his men, and ordered them to attack the ranks of the enemy from that position. During the bombardment they advanced, and being victorious the two armies by agreement pressed forward bravely to the plain where the Turks were with such dash that they captured 16 pieces of cannon which had been bombarding the fortress and had subsequently been turned for the bombardment of the Christian army.

The enemy withdrew hastily into his back positions, reckoning that the Christian army would be content merely to throw help into the fortress, without compelling him to abandon the siege altogether. But the King of Poland, seeing that the Imperialists had won such an easy victory, and captured the first position of the

λουθήση, ὁ πόλεμος, μὲ μεγαλήτερην ὁρμὴν παρὰ πρῶτας
20 χωρὶς νὰ στείλη οὐδὲ μίαν βοήθειαν εἰς τὸ κάστρο, ἀπὸ
τὴν ὁποῖαν ἀνέλπιστον ἀπόφασιν τοῦ ῥηγός, συγχησμένοι
οἱ τοῦρκοι, καὶ βλέπωντας ὁ ῥῆγας πῶς 10,000 γιανι-
τζάρους ἦτον τόσον καλὰ εἰς ταῖς ἀράδες τους, συνσφησγ-
μένοι ὁποῦ ἐφαίνετον ἀδύνατον νὰ τοὺς μετάσαλεύσοι
25 τινάς, ἐπρόσταξεν εὐθὺς ἕνα τάγμα τῶν οὐσάρων νὰ κτυ-
πήσουν ἀπάνω τους, οἱ ὁποῖοι σεβαίνωντας μέσα εἰς
αὐτούς, μετὰ κονταρηά τους ἀλύπητα τοὺς ἐκατάσφαξαν,
καὶ ἐκαταχάλασαν, ἀπόμένωντας ἀκομὴ τζακισμένον, καὶ
τὸ δεξιὸν πτερύγειον τῶν ἐχθρῶν ἀπὸ τοὺς ἰμπεριάλους |
39 b ὁποῦ ἀνδριωμένα, καὶ ἀφόβως ἐπολεμοῦσαν, καθὼς ὅλοι
οἱ πρέντζηποι, καὶ γενεράληδες, ὁποῦ ἔκαμαν μεγάλαις
ἀνδραγαθείαις, εὑρῆκ(ε)ν ἁρμόδειον τὸν καιρὸν καὶ ἀπὸ
μέσα ὁ γενεράλες σταρεμπέργ, ὁποῦ γνωρίζωντας τὴν νήκην
5 νὰ κλίνη πρὸς τὸ μέρος τῶν χνω̃ν, ἔκαμεν νὰ δράμουν οἱ
ἐδικοί του ἔξαφνα ἀπὸ τέσσαρους διαφόρους τόπους τοῦ
κάστρου μὲ τοὺς κολονέλους, σόουχες, καὶ σκαφενμπέργ
(τὸ ὁποῖον ἐστάθη τὸ περισσότερον μέρος τῆς νίκης) οἱ
ὁποῖοι κάμνωντας κομάτα ἕως 4,000 τοῦρκους, ὁποῦ ὅλοι
10 ἀπόμειναν εἰς τὴν φόσαν, ἀκολοῦθησαν καὶ τοὺς ἐξεκό-
νεψαν, ἀπὸ τὰ μετερηζιά τους, ὅθεν ὅλοι σμυγμένοι εἰς
ἕναν καιρὸν μὲ τὴν βοήθειαν τοῦ θῦ΄, τοὺς ἔκαμαν, κακὴν
κάκως, νὰ σκορπισθοῦσι, καὶ νὰ φύγουσι, καὶ δὲν ἐπέρασε
πολύ, ὁποῦ τὸ ἴδιον ἔπαθε καὶ ἡ καβαλαρία, ἡ ὁποία
15 βλέπωντας, τοὺς ἐδικούς της νὰ ἀφήσουν τὰ μετερήζια,
ἀφήκε καὶ αὐτὴ τὴν πεζούρα, ἀπὸ τὴν ὁποῖαν ἀπόμειναν
θανατωμένοι 12,000 καὶ ἐπειδὴ εἰς τοῦτον τὸν ἴδιον καιρόν,
ἐφάνηκαν πολλοὶ γιανητζάροι σμυγμένοι, ὁποῦ ἐπήγεναν
γυρεύοντες τὸν πρῶτον βεζήριν (ὁποῦ εἶχε ξεμακρύνη ὀλί-
20 γον ἀπὸ τὸν κάμπον) ὡσὰν νὰ εἶχαν νὰ τοῦ παραδώσουσι,
κανένα μεγάλον θησαυρόν, πέρνωντας εἴδησιν ὁ ῥῆγας
ἔδραμεν εὐθὺς κατάπανω τους, καὶ ἐγνώρισε, πῶς ἦτον
ἕνα τάγμα τουρκῶν, ὁποῦ ἦτον εἰς φύλαξιν τοῦ χαζρὲτ
μπαϊράκ, τὸ ὁποῖον ἐπαράδεινεν ὁ σουλτάνος τοῦ πρῶτου
25 βεζῆρι μὲ τὰ δύο τοῦϊα ὅταν εὐγένει ἔξω τὸ ἀσκέρι, καὶ
πρόφθάνωντας τὸν τοῦρκον ὁποῦ τὸ ἐβάστα, ὕστερα ἀπὸ

enemy, ordered the battle to be continued with greater
energy than before, without sending any assistance at all
into the fortress. The Turks were confounded by this
unexpected decision of the King, who, seeing that 10,000
Janissaries were so well concentrated in their lines that
it appeared impossible to shake them, immediately
ordered a regiment of Hussars to charge them. These
going among them slew them pitilessly with their
lances and destroyed them, the right wing of the
enemy also being shattered by the Imperialists, who
fought bravely and fearlessly, as did all the princes and
generals, who performed great deeds of valour. General
Starhemberg within found this a suitable opportunity.
Knowing that the victory was inclining to the side of the
Christians, he caused his men to make a sudden sortie
from four different places of the fortress, with Colonels
Soouches and Schärffenberg (and this contributed chiefly
to the victory), for they brake in pieces more than 4,000
Turks, all of whom were in the fosse, followed them and
turned them out of their trenches. As a result all, uniting
together by the help of God, put them in evil case, causing
them to scatter and to flee, and not long after the same
fate was suffered by the cavalry. These, seeing their own
men abandon their trenches, in their turn abandoned the
foot, of whom 12,000 were killed, and when at this same
time many Janissaries were observed massed together
and seeking the Grand Vezir (who had withdrawn a little
from the field) as though they had some great treasure
to deliver to him, the King receiving word of this
immediately ran upon them, and discovered that they
were a regiment of Turks who were in charge of the
Holy Flag which the Sultan delivered to the Grand
Vezir with the two horsetails when the army went out.
He reached the Turk who carried it, and after a very

βραχυτάτην, ἀμὴ σκλυρωτάτην πάλιν θανατωνωντάς τον,
τοῦ τὸ ἐσύκωσε ἀπὸ τὰ χέρια ἀτός του ὁ ῥῆγας, καὶ τὸ
ἔρυψεν ὀπίσω του, τῶν ἀνῶ̓ν του, νὰ τὸ μαζώξουσι, τὸ
40 a ὁποῖον ὕστερα ἔστειλε χάρισμα τοῦ πά|πα εἰς τὴν ρώμην.
Δὲν δύνεται τινὰς ἐδῶ ἀρκετῶς νὰ περηγράψη τὴν σύγ-
χησιν, τὴν καταστροφήν, καὶ τὸν φόβον ἐκεινῶν τῶν
ἀπείρων βαρβάρων, ὁποῦ πρὸ ὀλύγου ἐλογίαζαν, ἐδικήν
5 τως, ὅλην τὴν γερμανίαν, καὶ ὅλην τὴν χριστιανοσύνην,
ἤθελες ἰδῆ, ἄλλους ἀστόχαστα νὰ πύπτουν, ἀπάνω εἰς τὸ
σπαθὺ τῶν χνῶ̓ν, ἄλλους νὰ πύπτουσι μεσαποθαμένοι εἰς
τὴν γῆν νὰ φωνάζουν (ἀλλὰ ματαίως) ἔλεος καὶ ἀμάν,
ἄλλους νὰ κλαίουν ὡσὰν γυναῖκαις, ἄλλους μοναχοί τως
10 νὰ δέρνωνται, καὶ ἄπειρους ὡσὰν λαγοὶ δειλιασμένοι, νὰ
φεύγουσι, δὲν ἐψηφοῦσαν ἄσπρα, ὄχι πρᾶγμα, ὄχι ἄρματα,
ὁ ἴδιος βεζῆρις (καθὼς ὁμολόγα τοῦ ῥηγὸς ἔνας σκλάβος,
ὁποῦ ὑπηρέτει τὸν βεζῆρι εἰς ὅλον τὸν καιρὸν τοῦ πολέ-
μου) ὄχι ἐλαφρὰ λαβωμένος, καὶ βλέπωντας ἐμπρὸς εἰς
15 τὰ ὀμματιά του, σφαγμένους 4 πασάδες ἀπὸ τοὺς πρῶτους,
χωρὶς νὰ πηγένη εἰς τὸ ὀτάκι του, ἐκεῖ ὁποῦ ἦτον τὸ
ἀλογόν του βασιλεικὰ στολισμένον, ἐκαβαλίκευσεν, τὸ
πρῶτον ὁποῦ τοῦ ἔλαχεν ἐμπρός, καὶ μὲ ὀλύγα τόπια, καὶ
ἀμάξια τροφῆς, κλαίωντας ἀπαρηγόρητα, ἔφυγε, ὁποῦ
20 ἐφαίνετον χωρὶς ψεύματα, ὅμοιως ἐκεινοῦ τοῦ φοβεροῦ
ξέρξου ὁποῦ ὄντας ἀρχηγός, ἑνὸς τρόμακτικοῦ, καὶ ἀπείρου
φουσάτου, καταλυτῆς τῶν βουνῶν, καὶ καταπιοτῆς τῶν
ποταμῶν, ἀφόντις, καὶ ἐκαβαλίκευσε τὴν θάλασσαν, καὶ
ἔπλευσε τὴν στερεὰν μονάχος, καὶ ἀπὸ τοὺς ἐδικούς του
25 ἐγκαταλυμένος, ἔφυγε μὲ ἕνα μικρὸν βαρκάκι διὰ τῆς
ἐλησπόντου, τὴν ὁποίαν πρῶτα εἶχε δαμάση μὲ τὰ γε-
φύρια, καὶ καθολικὰ μὲ ταῖς ἀλυσίδες εἶχε σκλαβώση.
Καταπαύωντας ὁ πόλεμος, καὶ ἀκολουθῶντας, μὲ τέ-
τοιον τρόπον ἡ φυγὴ τῶν μουσουλμάνων, ὀλύγον ἔλειψεν,
30 ὁποῦ οἱ χνοί μέταχειριζόμενοι, τὴν ἀρμοδιότητα τῶν πραγ- |
40 b μάτων, νὰ τελειώσουσι τόσην νίκην, εἰς ἐκείνην τὴν ἡμέ-
ραν, ὅμως δύο καλολογαρίαστα ἐμπόδια τοὺς ἐδισκόλευ-
σαν, τὸ πρῶτον ἦτον ἡ ὑστέρησις τῆς τροφῆς, ὁποῦ καθὼς
εἴπαμεν μὲ ὀλύγην ἐκίνησαν, διὰ νὰ εὑρεθοῦν ἐλαφρότεροι

brief but bitter fight killed him, and the King himself took it from his hands and threw it behind to his men in order that they might pick it up. This flag was afterwards sent by him as a present to the Pope at Rome.

It is impossible to describe adequately here the confusion, destruction and panic of those countless barbarians, who a short while before had reckoned all Germany and all Christendom their own. You might have seen some fall heedlessly upon the sword of the Christians, others fall to the ground half-dead and cry (vainly) for grace and mercy, others weeping like women, others solitary and beating their breasts, and very many ran in flight like startled hares, without recking of their money, property or arms. The Vezir himself (as was admitted to the King himself by a captive who served the Vezir during the whole time of the battle) was severely wounded and saw 4 of his chief pashas slain before his eyes, and without going to his quarters where was his royally caparisoned steed, mounted the first horse he could find, and with a few cannon and provision waggons took to flight, weeping inconsolably. In truth he seemed like that fearful Xerxes, who, being leader of a terrible and innumerable army, leveller of mountains and drinker-up of rivers, after riding over the sea and sailing over the dry land, alone and abandoned by his followers fled in a little boat across the Hellespont, which he had at first tamed with bridges and entirely enslaved with chains.

When the battle had ended and the flight of the Mussulmans continued in this fashion, the Christians were very near seizing on their opportunity to complete so great a victory on that day. But two well-grounded hindrances stood in their way. The first was the shortage of food, because, as we have said, they marched with little, in order that they might move to battle more

5 εἰς τὸν πόλεμον, τόσον ὁποῦ ὁ ῥῆγας, δύο ἡμέραις ἐπέρασε,
μὲ ψωμὶ μόνον καὶ κρασί, καὶ οἱ ἄλλοι μετὰ βίας καὶ τὸ
ψωμὶ μὲ νερό, ἔξω ἀπὸ τὰ ἄλογα, ὁποῦ ἀπὸ τὴν πήναν δὲν
ἐδύνονταν νὰ σταθοῦν εἰς τὰ ποδιά των, ἐπειδὴ καὶ δὲν
εἶχαν βοσκύση παρὰ ὀλύγα σταφίλια ὁποῦ εὕρηκαν
10 ἀπάνω εἰς τὸ βουνή, ὅθεν κουρασμένα ἀπὸ τὴν στράτα,
καὶ ἀπὸ τὴν ἀναφαγίαν, θέλωντας καὶ μὴ θέλωντας, ἀναγ-
κάστηκαν νὰ ἀναπαυθοῦν ὀλύγον, τὸ δεύτερον ἐμπόδιον
ἦτον, ἡ νῆκτα ὁποῦ διὰ τύχην τῶν ἐχθρῶν ἔγυνεν μετὰ
τὸν πόλεμον, ὅθεν μὲ τὴν φυγὴν ἐφυλάχθησαν πρὸς τὸ
15 σχουέκτ, καὶ οἱ χνόι νικηταὶ ἐκόνεψαν, εἰς τὸν κάμπον,
τὸν ὁποῖον εὕρηκαν τόσον καλὰ εἰς τάξιν ἐσορθωμένον,
ὁποῦ ἐπαρομοίαζε, ἕνα πλοῦσιον καὶ εὐτυχισμένον κάστρο,
εἶχε ταῖς κοιναῖς στράταις του, νὰ περνὰ ὁ κόσμος καὶ
νὰ περιδιαβάζη, μὲ ὅλαις ταῖς ἀνάπαυσαις, ὁποῦ ἠμπόρηε
20 νὰ ἐπιθυμήση τινάς, ὡσὰν νὰ εἶχαν ἔλθη οἱ τοῦρκοι ἐκεῖ
νὰ περιδιαβάσουν, καὶ ὄχι νὰ πολεμήσουν, ἔφθαναν τὰ
τζαντηριά τους εἰς τὸν ἀριθμὸν 4,000 ἀνάμεσα εἰς τὰ
ὁποῖα πολλὰ ἦτον βασιλεικὰ εὐτρεπησμένα, καὶ μάλιστα
ἐκεῖνο τοῦ πρώτου βεζῆρι, εἰς τὸ ὁποῖον ἐκόνεψεν ὁ ῥῆγας
25 τῆς λεχίας, καὶ εὑρῆκε τὸν μικρὸν χασνά, χρυσάφη πλέα
παρὰ δύο μυλιοῦνια μὲ πολύτιμα πετράδια, καὶ ἄλλα
βαρυτάτης τιμῆς πράγματα, τὸ ἴδιον τζαντῆρι ἦτον τόσον
πλοῦσια στολισμένο, ὁποῦ ἐξετιμήθη 400,000 ἀσλανία,
ἀμὴ μὲ τόσην εὐρυχορίαν, καὶ εὐταξίαν διάταγμένον, εἰς
30 πολλοὺς εὔμορφους, καὶ εὐρύχορους ὀντάδες, ὁποῦ ἐπρο-
σκάλει τὰ μεγάλα παλάτια τῶν βασιλέων, τόσον περισ-
σότερον ἄξιον θαύματος, ὅσον ἐτοῦτο, ἠμπόρηε τινάς, νὰ
41 a θέση, καὶ νὰ ἐξεθέση κατὰ τὴν ὄρεξιν, καὶ ἀ|νάπαυσιν τοῦ
οἰκοκυροῦ, εἰς τὸ ὁποῖον ἀκομὴ εὑρῆκεν ὁ ῥῆγας τῆς λεχίας,
τὰ δύο φλάμπουρα, μὲ τὸ τοῦι, τὰ ὁποῖα εἰς τὰ μεγάλα
σεφέρια, συνηθήζουν νὰ βαστοῦν οἱ τοῦρκοι, δύο μόνον,
5 καὶ ὅταν εἶναι καὶ ὁ σουλτάνος παρῶν, τρία, κάνωντας
τοῦτο (καθὼς λέγουσι) εἰς μήμησιν τοῦ μεγάλου ἀλεξάν-
δρου, ὁποῦ καθὼς φαίνεται εἰς ταῖς μονέδαις του εἶχε τὴν
αὐτὴν συνήθειαν, καὶ διὰ τοῦτο ἀπ᾽ αὐτοὺς κρατιοῦνται
εἰς μεγάλην τιμήν, ἕνα ἀπὸ τοῦτα τὰ δύο φλάμπουρα,

lightly, insomuch that the King passed two days on bread and wine alone, while the others with difficulty obtained bread and water. This does not reckon of the horses, which by reason of hunger were not able to stand upon their feet, since they had eaten nothing save a few grapes which they had found upon the mountain; so that, wearied from the march and the lack of food, they were forced willy-nilly to rest a little. The second hindrance was the night, which fortunately for the enemy fell after the battle, so that in their flight they took refuge at the Schwechat, and the victorious Christians bivouacked on the plain, which they found so fairly ordered that it resembled a rich and well-built fortress. It had its public streets so that all might pass to and fro with all the conveniences that one could desire, as though the Turks had come there to walk about and not to fight. Their tents reached the number of 4,000, among which were many royally equipped, and particularly that of the Grand Vezir, in which the King of Poland lodged and found the small treasure[1], more than two million pieces of gold, with precious stones and other things of the greatest price. The same tent was so richly furnished that it was valued at 400,000 aslans, but was arranged with such spaciousness and good order, being divided into many fair and spacious rooms, that it challenged the great palaces of kings, a sight so much the more worthy of admiration in that any one could set it and display it according to the taste and convenience of its master. In this the King of Poland found further the two flags with the horsetail which the Turks are wont to carry on their great campaigns, two only, and when the Sultan is present, three, doing this (as they say) in imitation of the Great Alexander, who, as it appears from his coins, had the same custom, and for this reason they are held by them

---

[1] Cf. Hammer's criticism (*Gesch. d. osm. Reiches*, vi (1830), p. 415 n.). It is to be observed, however, that the text implies that the *great* treasure was missing.

10 ἔστειλεν ὁ ῥῆγας χάρισμα τοῦ καίσαρος, καὶ τὸ ἄλλο
ἐβάσταξεν διὰ λόγου του, τὸ ἐπίλοιπον κοῦρσος ἐδώθη τῶν
λεχῶν, διατί ὁ δοῦκας τῆς λορένας, πλέα φρόνημα, παρὰ
ὠφέλημα, εἶχε προστάξη τοὺς γερμανούς, νὰ μὴν κουρ-
σεύσωσι, φοβούμενος μὲ δικαιολογίαν ὅτι ἡ ἔξαφνος φυγῆ
15 τῶν βαρβάρων, νὰ μὴν ἦτον μὲ τέχνη, διὰ νὰ στρέψουν
ὕστερα νὰ πλακῶσουν τοὺς χνούς, ἔξαφνα ἀπάνω εἰς τὰ
κούρση, ὅθεν τοὺς ἀπόμειναν, μόνον τὰ λείψανα.

Ἔστειλεν εὐθὺς τὴν ἰδίαν βραδιὰν ὁ δοῦκας τῆς λορένας,
τὸν γενεράλε κόντε ἀουσπέργ, μέσα εἰς τὸ κάστρο, τὸν
20 ὁποῖον ἐδέχθηκαν μετὰ μεγάλης χαράς, καὶ ὕστερα τῆς
ὥρας, ἐμύσευσεν ὁλάκικα, διὰ νὰ φθάσῃ νὰ δώσῃ εἴδησιν
τοῦ καίσαρος, τῆς τόσον φημησμένης νίκης τῶν ἐδικῶν του,
καὶ τῶν λέχικων στρατευμάτων.

Ἀπόμεινε μὲ τοῦτον τὸν τρόπον, εἰς τούτην τὴν καλότυχην
25 ἡμέραν, ὁποῦ εἶναι αἱ 12 ὕστερα ἀπὸ 60 ἡμερῶν πολλὰ
στενωχοριμένον, καὶ θλιβερὸν ἀποκλεισμόν, ἐλευθερωμένον
τὴν δεύτερην φοράν, τὸ φημισμένον κάστρο τῆς βιένας,
ὑπόθεσις ἄξια, νὰ γραφθῇ ἀνάμεσα εἰς ταῖς ἄλλαις δόξαις
τῆς χρῆς, καὶ ἡ ἐλευθερία ἔτυχε, μίαν ἡμέραν πρωτήτερα,
30 τοῦ ἰδίου μηνός, ἀπὸ τοὺς 1529 ὁποῦ ἀποσφαλίσθη τὸ
κάστρο, ἀπὸ τὸν σουλτὰν σουλεϊμάν, καὶ ἐδιαφεντεύθη
41 b τότε μὲ ὁ|λυγώτερον αἷμα, ἀπὸ τὴν ἀνδρεῖαν, καὶ τύχην
τοῦ κάρλουκβίντου, ὁποῦ ἀνάγκασε, ἐκεῖνον τὸν μέγαν, καὶ
φοβερὸν σουλτάνον, ταῖς 14 ὀκτωβρίου, νὰ τραβίξῃ ὀπίσω
τὸ στράτευμά του, ὁποῦ ἦτον 250,000 ἀρματωμένων, ἀμὴ
5 ὄχι ποτὲ μὲ τόσην δόξαν, τόσον εἰς τὸν καιρὸν τοῦ κατα-
κλεισμοῦ, διὰ τὴν ἡρωϊκὴν ἀνδρεῖαν, τοῦ μεγάλου στρατάρ-
χου, σταρεμπέργ, καὶ ὕστερα ἀκομὴ διὰ τὸν κίνδυνον, ὁποῦ
κατὰ ἀλήθειαν ἦτον τόσος, ὁποῦ ἐφαίνετον ἄσφαλτα, νὰ
κουράσῃ, καὶ νὰ καταδαμάσῃ τὴν ὑπομονὴν τῶν διαφεν-
10 τευτῶν, ὅμως τοῦ θῡ῀ ἦτον ἡ βουλή, τότε νὰ τὴν ἐλευ-
θερώσῃ, καὶ νὰ τὴν δοξάσῃ, ὅταν ἐξ ἀνῶν δὲν ἀπόμεινε
καμία ἐλπίς, διὰ νὰ φανῇ λαμπρότερον τὸ θαῦμα, καὶ εἰς

in great honour[1]. One of these two flags the King sent as a present to the Emperor, the other he kept for himself. The rest of the booty was given to the Poles, for the Duke of Lorraine, with more wisdom than profit, had ordered the Germans not to take booty, fearing with reason that the sudden flight of the barbarians might be only a ruse, and that they might return afterwards to surprise the Christians when they were intent on the booty. So only the corpses were left to them.

The Duke of Lorraine immediately sent that same evening General Count Auersperg into the fortress, and they received him with great joy, and immediately afterwards he set out at full speed to give tidings to the Emperor of the famous victory won by his own and the Polish armies.

In this way the famous city of Vienna was on this auspicious day—the 12th—freed for the second time after a very grievous and woeful siege of 60 days, a theme worthy of being recorded among the other glories of Christendom. And it chanced that the deliverance was one day earlier in the same month than the time when the fortress was invested in 1529 by the Sultan Soliman[2], and on that occasion it was protected with less bloodshed by the bravery and good fortune of Charles V, who compelled that great and terrible Sultan to withdraw his army of 250,000 men on the 14th of October, but not with such glory as at the time of the present deluge on account of the heroic bravery of the great General Starhemberg, and also on account of the danger which was indeed so great that it seemed certain to tire out and subdue the patience of the defenders. Yet it was the purpose of God both to deliver it and to glorify it, at a time when no hope from men remained, in order that the marvel might appear more brilliant, and that the deliverance might be ascribed to

[1] Apparently this refers to the type of Nike holding a naval standard, which occurs on the reverse of coins of Alexander the Great. See Hill, *Historical Greek Coins*, Pl. vii, 58, p. 105.

[2] The first siege of Vienna by the Turks began on Sept. 26th, 1529.

τὴν δύναμιν τοῦ θῦ' μόνον νὰ δωθῇ ἡ ἐλευθερία, καὶ ὄχι
ἀπ' ἀλλοῦ, ἔστωντας ὁποῦ τὸ ταλαίπωρον κάστρον, εἶχε
15 φθάσῃ εἰς κατάστασιν, ὁποῦ μόνον νὰ κλαίει τινάς.

Δὲν εἶχαν ἀπομείνῃ πλέον στρατιῶται, οὔτε καστρινοί,
8,000 ἐσύκωσεν ἀπὸ τὸν κόσμον τὸ σύδηρον, καὶ ἡ φωτία
ἕνα μεγάλον πλῆθος αἱ ὑπὸ γῆν παγίδες τοῦ ἐχθροῦ, καὶ
ἄπειρους ἡ ἀσθένεια, οὔτε οἱ ζωντανοὶ δὲν εἶχαν σπήτια
20 νὰ κατοικήσουν, ὡσὰν ὁποῦ ἄλλα αἱ πέτρες, καὶ αἱ γρανά-
ταις, τὰ ἐκατατρύπησαν, ἄλλα αἱ λουμπάρδες καὶ τὰ
βόλια, τὰ ἐκαταγκρέμησαν, οὔτε τροφήν, διὰ νὰ ζοῦσι
πλέον δὲν εἶχασι, διατί ἔξω ἀπὸ ψωμή, ὁποῦ ὅλο εὑρί-
σκετον· ἕνα αὐγὸ εἶχεν 6 καλαράσιδες, μία λύτρα κρέας
25 μπάνια 60 καὶ ἀπὸ μοσκαρινὸ 100 ἕνα ζευγάρι ὄρνυθες
6 ἀσλανία, ὁποῦ κάμνουσι 45 λύτραις βενέτικαις, τὰ
παπία 2 ἀσλανία καὶ ἡ κούρκες 12 ἀσλανία τὸ ζευγάρη,
καὶ ἀγκαλὰ τὸ ἀλεύρη νὰ ἐφαίνετον πλήθιο, ὅμως, ἕνα
ψωμὶ ὁποῦ ἄλλαις φοραῖς, εἶχε δύο μπάνια τότες εἶχεν
30 60 δὲν ἀκούωνταν, ἄλλο εἰς τὸ κάστρο, παρὰ συσμοί, ἀπὸ
42 a τὰ λαγούμια, ὁποῦ ἔκαμναν τὰ σπήτια | νὰ γενοῦν μνή-
ματα τῶν κατοίκων, ἢ θρῆνοι, καὶ κλαυθμοὶ διὰ τὸν ξαφνη-
κὸν καὶ ἄσχημον θάνατον τῶν τέκνων τως καὶ ἐδικῶν, τοὺς
ὁποίους ἡ κουμπαράδες ἢ πέτραις, καὶ ἄλλαις φωτιαῖς τοῦ
5 πολέμου, εἰς μιὰν ῥοπὴν ἐκαταθανάτωναν τόσον ὁποῦ εἰς
κανένα τόπον, καὶ εἰς οὐδένα καιρόν, δὲν ἡμπόρη τινὰς
χωρὶς φόβον, ἢ νὰ σταθή, ἢ νὰ ἀναπαυθῇ, καὶ ὅλον τοῦτο
δὲν ἤτον τίποτες, εἰς σύγκρισιν τῆς τρομάρας, καὶ τοῦ
φόβου ὁποῦ εἶχασι, ἀνίσως ἤθελε πέσῃ τὸ κάστρο εἰς τὰς
10 χεῖρας τῶν βαρβάρων, ἐπειδή, καὶ καθὼς καθ' ἡμέραν
ἔπερναν λόγον ἀπὸ τοὺς σκλάβους, πῶς εἶχαν εἰς τὸ(ν)
νοῦν τους οἱ ἄθεοι, νὰ τοὺς κάμουσι τὸν πλέα σκληρότερον
ξεσχυσμόν, ὁποῦ νὰ ἤθελε ποτὲ λογιάσῃ, ἡ ἴδια ἀπανία
ὅμως δὲν τὸ ἐσυγχώρησεν ὁ οὖνός, ὁποῦ τολμῶ εἰπεῖν
15 ἐθαύμασε, καὶ εὐχαριστήθη εἰς τὸν ἴδιον καιρόν, εἰς τὴν
ἡρωϊκήν, ὑπομονὴν τῶν ἀποκλεισμένων, οὔτε τὸ ἐσυγχώ-
ρησεν ἡ φρόνησις τοῦ δοῦκα τῆς λορένας, ὁποῦ εἰς ὅλον
τὸν καιρὸν τοῦ ἀποκλεισμοῦ, ἂν καὶ ὁ κάμπος ὅλος ἤτον
περιπλακομένος, ἀπὸ τούρκους, καὶ τατάρους, μ' ὅλον

the power of God alone, and to none other, seeing that the unhappy fortress had come into a situation that one could only weep over.

No more soldiers or defenders of the fortress remained. Sword and fire had removed 8,000 from the world, the underground traps of the enemy a great number, and disease an infinitude, nor had the living houses to dwell in, since some had been riddled by the stones and grenades, others overthrown by the bombards and the cannon-balls, nor had they any more food to live on, for apart from bread which was everywhere found, an egg cost 6 calarash, a pound of meat 60 bani and one of veal 100, a pair of fowls 6 aslans which make 45 Venetian pounds, ducks 2, and turkey-hens 12 aslans the pair, and although flour appeared plentiful, yet a loaf, which at other times cost two bani, then cost 60. Nothing was heard in the fortress but shocks from the mines, which caused the houses to become sepulchres of their inhabitants, or weeping and wailing for the sudden and hideous death of their children and relations, whom the shells, stones and fires of war besides did to death in a twinkling, so that at no place and at no time could one stand or rest without terror. And all this was as nothing in comparison with the panic and fear which they had lest the fortress perchance should fall into the hands of the barbarians, for day by day they had word from their prisoners that these godless men had it in their mind to deal the most cruel destruction which inhumanity herself could ever have devised. Yet Heaven did not suffer it, since I make bold to say that she wondered and rejoiced at the same time at the heroic patience of the besieged, nor did the wisdom of the Duke of Lorraine suffer it, who during all the time of the siege, although the whole plain was entangled with Turks and Tartars, nevertheless knew

20 τοῦτο ἴξευρε, καὶ ἐφύλαξε τὸ στρατεύμά του σῶον, ὁποῦ
ὕστερα εἰς τὴν ἐλευθερίαν ἀθανατώθη, οὔτε τέως τὸ ἐσυγ-
χώρησεν, ἡ χριστιανικὴ ἀνδρεί(α), καὶ ὁ πολεμικὸς ζῆλος,
τοῦ πάντα δοξασμένου ῥηγὸς τῆς λεχίας, ὁποῦ ἀφήνωντας
τὸ ῥηγάτο του, διὰ νὰ διαφεντεύσῃ, τὴν κληρονομίαν τοῦ
25 ἐσταυρωμένου, καὶ βάνωντας κάτω τὸν στέφανον, διὰ νὰ
περιζωθῇ τὸν θυρεόν, καὶ τὴν ῥομφέαν, εἰς ὤφελος τῆς
χρῡῆς, καὶ τοῦ ἰμπερίου, ἠμπορεῖ χωρὶς μύθον νὰ λέγεται
ὄχι ὁ ἡρακλῆς, καὶ ὁ ἄρης τῶν χνῶ͂ν, ἀλλὰ τὸ φραγκέλιον
τῶν βαρβάρων, ὁ στρατιώτης τοῦ χῡ͂, ὁ διαφεντευτῆς τοῦ
30 εὐαγγελίου, καὶ ὁ ἐλευθερωτῆς τῆς γερμανίας, καὶ ὅλης
τῆς εὐρώπης, ὁποῦ ἂν ἔπεφτε ἡ βιένα εἰς τὰς χεῖρας τῶν
42 b τουρ|κῶν, ἤθελε μακρύνῃ, ἀμὴ ὄχι καὶ νὰ φύγῃ παντελῶς
τὴν σκλαβίαν.

Διάφοραις ἐστάθησαν ὕστερα, ἀπὸ τὴν νίκην αἱ γνῶμαις
τῶν ἀνῶ͂ν διὰ τὴν καταστροφὴν τῶν τουρκῶν, ἄλλοι
5 ἔλεγον, πῶς ἡ κατάρα ὁποῦ ἔδωκεν, ὁ σουλτὰν ἰμπραχῆμ
τοῦ νῦν βασιλεύωντος υἱοῦ του σουλτὰν μεεμέτ, διὰ νὰ
ἀπογράψῃ κατὰ τὸ θέλημα τῶν γιανητζάρων, εἰς τὸν
θάνατον τοῦ πρ͞ς του, τὸν ἔφερε νὰ πάθῃ τὰ ὅσα ἔπαθεν,
ἄλλοι ἔφερναν εἰς τὸ μέσον τὸ πικρὸν ὄνηρον, ὁποῦ πρὸ
10 15 χρόνους εἶχεν ἰδὴ αὐτὸς ὁ σουλτὰν μέεμετης, ἤγουν
πῶς ἔνας πρέντζηπες χνο͂ς τὸν ἐκτύπησε, καὶ τοῦ ἔκοψε
τὴν κεφαλήν, καὶ πῶς ἔκραξεν εὐθὺς διὰ νὰ τοῦ διαλύσουν
τὸ ὄνηρον, τὸν μουφτί, καὶ τοὺς διδασκάλους, τοῦ κω(ρ)α-
νιοῦ, οἱ ὁποῖοι κάμνωντας πρῶτα νὰ τοῦ φέρουσι, ἐμπρὸς
15 εἰς τὰ ὄμματα τὰς εἰκόνες τῶν χνῶ͂ν βασιλέων θεορῶντας
ταὶς μίαν πρὸς μίαν, ὡσὰν ἔφθασεν, εἰς ἐκείνην τοῦ λεο-
πόλδου, ἐστάθη ὀλύγον ἐξεστηκός, καὶ ἔπειτα ἀναστενά-
ζωντας, ὁμολόγησε πῶς ἐκεῖνος ἦτον βέβαια μὲ τὸν ὁποῖον
τόσον ἄσχυμα εἶχεν ὀνηρευτῆ, οἱ ἴδιοι τοῦρκοι ἀκομή,
20 ὁποῦ καθῶς ἀπὸ τὴν ἀρχήν, δὲν ἔστεργαν τοῦτον τὸν πόλε-
μον, διὰ νὰ εἶναι ἐναντεῖον τῆς ἀγάπης, ὁποῦ εἶχαν μὲ τὸν
καῖσαρα, καὶ ὁ καιρὸς ἀκομὶ δὲν ἦτον φθασμένος, ὅθεν ὁ
μουφτῆς παρησία ἔκαμνεν ἀχαμνὸν προγνωστικόν, διὰ
τοὺς τούρκους, εἰς τοῦτο ἐσμύγη πῶς τούτη ἦτον μία παί-
25 δευσις, ὁποῦ δικαίως ὁ θ͞ς τοῦ ἔστειλεν, διὰ τὸν ὅρκον

how to keep his army intact and was immortalised in the roll of freedom. Nor further did the Christian courage and warlike zeal of the ever-famous King of Poland suffer it, who left his kingdom to protect the inheritance of the Crucified, and laid aside the crown to gird on the buckler and the sword for the benefit of Christendom and of the Empire. Without fable he may be called, not the Heracles and the Ares of the Christians, but the scourge of the barbarians, the soldier of Christ, the defender of the Gospel, and the liberator of Germany and all Europe. Had Vienna fallen into the hands of the Turks, it might have delayed, but could not altogether have escaped, slavery.

After the victory the opinions of men were divided as to the overthrow of the Turks. Some said that the curse pronounced by the Sultan Ibrahim against his present reigning son the Sultan Mohammed, for having at the bidding of the Janissaries assented in writing to the death of his father, led to his suffering all that he actually suffered. Others brought forward the evil dream which the Sultan Mohammed himself had seen 15 years previously, to wit that a Christian smote him and cut off his head, and that he cried out immediately that the Mufti and the expounders of the Koran should interpret the dream to him. These first of all had brought before his eyes the portraits of the Christian Kings, and looking at them one by one until he came to that of Leopold, he stood for a while astonished, and then confessed with a groan that he was certainly the one of whom he had dreamed so evil a dream. The Turks themselves also from the beginning had no love for this war, because it was against the peace which they had with the Emperor and because the right time was not yet come. So that the Mufti openly made a bad forecast for the Turks. Moreover they regarded this as a chastisement which

ὅπου τοὺς εἶχε κάμη, ὁ σουλτὰν σουλεϊμάνης, πῶς τινὰς
ἀπὸ τοὺς μετὰ ταῦτα βασιλεῖς τῶν τουρκῶν, χωρὶς εὔλογον
αἰτίαν, νὰ μὴν ἤθελε περάσῃ τὸν ποταμὸν ράβ, διὰ νὰ
πηγένη νὰ πολεμήσῃ τὴν βιένα.

30 Ἀλλ᾽ ἡ ἀλήθεια ὅπου ἀπὸ τὰ πράγματα, ὕστερα καλὰ
ἐγνωρίσθη, ἦτον ἡ ἀγνωσία τοῦ πρώτου βεζῆρι, ἢ γελασ-
43 a μένος ἀπὸ τοὺς συμβούλους του, ἢ παρακινημένος, | ἀπό-
στάτας, ἀφῆκε τοῦ λόγου του νὰ καταπιασθῆ, ἔνα κάστρο
βαλμένο εἰς τὰ σπλάχνα τῶν χριστιανικῶν τόπων, χωρὶς
νὰ συλλογισθῆ ταῖς ἄλλαις, ὅπου τοῦ ἀπόμεναν ὀπίσω
5 εἰς ταῖς πλάταις, νὰ πηγένη εἰς ἐκεῖνο, εἰς τὴν διαφέν-
τευσιν τοῦ ὁποίου ἐξ ἀνάγκης ἤθελαν δράμη καθὼς καὶ
ἔδραμαν, ὅλοι οἱ πρήντζηποι τοῦ ἰμπερίου, καὶ ὁ ἴδιος
ρῆγας τῆς λεχίας, κατὰ τὴν συμφωνὴν τοῦ ὕστερου κεφα-
λαίου τῆς ἑνώσεως, καὶ τοῦτο ὅλον ἦτον ἀπότέλεσμα τῆς
10 δικαιωσύνης τοῦ θῡ ὅπου ἠθέλησε καθὼς καὶ ἄλλαις
φωραῖς, νὰ μεταχειρισθῆ τὸν τοῦρκον, ὡσὰν ραβδὺ διὰ νὰ
παιδεύσι πατρικῶς τὰ τέκνα του, καὶ ὕστερα νὰ τὸ τζα-
κίσῃ, καὶ νὰ τὸ ρύψη εἰς τὰ ποδαριά των.

Εἰς τὸ κάστρο τὸν καιρὸν τοῦ ἀποκλεισμοῦ, ἀπὸ τὸν
15 πόλεμον, καὶ ἀπὸ τὴν ἀσθένειαν ἀπόθαναν 16,000 μὲ κασ-
τρινοὺς καὶ στρατιῶτας, εἰς τὸν κάμπον τῶν ἰμπεριάλων
τὴν ἡμέραν τοῦ πολέμου ἐχάθη ὁ ἀδελφὸς τοῦ δοῦκα κροί,
καὶ αὐτὸς ὁ δοῦκας λαβωμένος, καὶ τάξιάρχης τοῦ στρα-
τεύματος σούλτζ ἀπεθαμένος, ἀπὸ τοὺς λέχους ἐχάθη ἔνας
20 ἀνεψιὸς τοῦ ρηγός, καὶ ἐλαβώθη ὁ μέγας χάτμανος τοῦ
ρηγάτου, μὲ χαϊμὼν μικρῶν στρατιωτῶν 700 καὶ ἀπὸ τοὺς
ἰμπεριάλους 3000 ἀπὸ τὰ στρατεύματα τῶν ἐλετῶρων,
πρῶτον ἐλαβώθη, ὁ ἐλετῶρος τῆς σαξονίας, ὁ ὁποῖος πολε-
μῶντας ἀνδριωμένα, ἐσέβη ἀνάμεσα εἰς τὰ σπαθία τῶν
25 ἐχθρῶν τόσον ὅπου ἀπόμεινεν ὅλος αἱματωμένος καὶ δὲν
ἐγνωρίζετον νὰ εἶναι αὐτός, ἀπομένωντας σκοτωμένοι ἀπὸ
τοὺς ἐδικούς του ἕως 400· ὁ ἐλετῶρος πάλιν τῆς μπαβιέρας
ἐφέρθη μέσα εἰς τὰ σπαθία τῶν ἐχθρῶν, ὅπου δὲν εἶχε ἀπὸ
τοὺς ἐδικούς του οὔτε ἔναν συμά του, καὶ τὸν ἐπρόφθασεν
30 ὕστερα ἔνα τάγμα τῶν δραγόνων του, ἀποθένωντας ἀπὸ
43 b τοὺς ἐδικούς του 500, ἀπὸ τὸ | <τὸ> τάγμα τοῦ μανσφὲρδ

God had justly sent upon him for the oath that the Sultan Soliman had sworn to them, to the effect that none of the succeeding Turkish kings should without just cause cross the river Raab to go to war against Vienna.

But the truth which was afterwards well known from the events was that it was due to the ignorance of the Grand Vezir. Either he was deceived by his advisers or was stirred into rebellion, and allowed a fortress situated in the heart of the Christians' country to be attacked, without considering the other forces which remained at his back; he allowed himself to proceed against a place to the aid of which there would necessarily hasten, as they actually did hasten, all the princes of the Empire and the King of Poland himself in accordance with the agreement in the last clause of the alliance. And all this was the result of the justice of God who wished as at other times to use the Turks as a rod to punish His children in fatherly wise, and afterwards to break it and to throw it at their feet.

In the fortress during the period of the siege there died as the result of war and sickness 16,000 soldiers and occupants of the fortress. On the day of the battle on the Imperialist side the brother of the Duke of Croy was lost on the field, and the Duke himself was wounded, while the Army-Commander Schulz died. Of the Poles a nephew of the King was killed, and the Great Hetman of the realm was wounded, with a loss of 700 common soldiers, and of the Imperialists 3000. Of the forces of the Electors, first the Elector of Saxony was wounded. He fought bravely and penetrated amid the swords of the enemy, so that he was left all bloody and unrecognisable, while of his men some 400 were killed. The Elector of Bavaria also rushed among the swords of the enemy, without having one of his men near him. Afterwards a regiment of his dragoons caught him up, 500 of his men being slain. Of Mansfeld's regiment only a single

δὲν ἀπόμεινεν, παρὰ μόνον ἕνας καπετάνος, καὶ οἱ ἄλλοι
ὅλοι ἐχάθηκαν, ἀπὸ τὸ τάγμα τοῦ δοῦκα τῆς βιτεμπὲργ
ὅπου ἦτον 1200 στρατιῶται δὲν ἀπόμειναν παρὰ 200, καὶ
5 εἰς ὅλο τὸ ἀσκέρι τοῦ καίσαρος ἐμετρήθηκαν ὅλοι 4000
ἀπεθαμένοι, ἀμὴ ἐστάθη πολλὰ περισσότερος, ὁ ἀριθμὸς
τῶν τουρκῶν, ἐπειδὴ καὶ πρῶτα ἐθανατώθηκαν, ὅσοι
ἔκαμναν τὸ γιουρῆσι, εἰς τὴν φόσαν χιλιάδες 4000, καὶ εἰς
τὸν πόλεμον ἕως 5000 καὶ εἰς τὸ φευγατιὸ μέσα ἀπὸ τὸν
10 κάμπον ἄλλοι 1000, ἀνάμεσα εἰς τοὺς μεγάλους ὁ σερα-
σκέρης ἰμπραχὶμ πασάς, μὲ πολλοὺς ἄλλους τῆς αὐτῆς
τάξεως, ἄλλοι 1000: ὁποῦ ἠθέλησαν νὰ διαφεντευθοῦν, εἰς
τὸ κάστρο τῶν ἐβραίων, ὁποῦ ὀνομάζεται τῶρα λεοπολδίνα,
ἀπάνω εἰς τὸ νυσί, ὁποῦ δὲν ἤξευραν τί ἐγύνετο, εἰς τὸ ἄλλο
15 μέρος, καὶ ἄλλοι 1500 ἀνάμεσα εἰς λαβωμένους καὶ ἀσθενεῖς,
οἱ ὁποῖοι εὑρέθησαν εἰς τὸν κάμπον, καὶ ἐγύρευαν ἔλεος,
τοὺς ὁποίους, ὅλους μὲ προσταγὴν τοῦ ρηγός, ἐκατάκοψαν,
διὰ νὰ μὴ χαλοῦν χωρὶς ἔλεος τὸν ζαχερέ, ἔξω ἀπὸ ἐκεινοὺς,
ὁποῦ ἀπέθαναν εἰς τὸν καιρὸν τοῦ ἀποκλεισμοῦ, ἀποκάτω
20 εἰς τὸ κάστρο, καὶ εἰς διάφοραις περιπλοκαῖς, ὁποῦ ἐμετρή-
θηκαν 70,000 τοῦρκοι καὶ τατάροι, καὶ τρεῖς χιλιάδες
σκλάβοι, οἱ ἄλλοι φευγάτοι ἔτρεχαν μὲ τόσον φόβον νὰ
φυλαχθοῦσι, ὁποῦ τοὺς ἐφαίνετον, πῶς πάντα εἶχαν, εἰς
ταῖς πλάταις, ἐξοπίσω των τοὺς χνοῦς νὰ τοὺς κινηγοῦσι
25 χωρὶς νὰ εἶναι οὔτε ἕνας.

Τὸ πουρνὸ ταῖς 13 εὐθὺς εἰς τὸ ξυμέρωμα, ἐξαναπιάσθη,
εἰς διαφόρους τόπους ὁ πόλεμος, καὶ ἡ καβ(αλ)αρία τῶν
λεχῶν, μισὸ μύλι μακρὰ ἔφθασε τὴν πεζοῦραν, τῶν ἐχθρῶν,
ἀφησμένην ἀπὸ τὴν καβαλαρίαν, φεύγωντας, τὴν ὁποῖαν
30 ὅλην ἀλύπητα τὴν ἐκατάκοψαν, καθὼς ἀκομή, ἔπαθαν, καὶ
44 a εἰς τὰ ὑποχώρεια ὅσοι | εὑρέθηκαν κριμένοι ἀπὸ πίσω εἰς
τὰ χαλάσματα τῶν σπητιῶν, ἀκομὴ καὶ ὅλοι ὅσοι ἀπὸ
κάτω εἰς τὴν γῆν ἐδούλευαν τὰ λαγούμια, μὴν ἰξεύρωντας
τί ἔπαθαν οἱ ἐδικοί τως, καὶ εὐγένοντας ἔξω νὰ τῶς
5 δώσουν εἴδησιν διὰ τὴν ἐργασίαν, ὁποῦ ἔκαμαν, ἐθανατώ-
θηκαν χωρὶς νὰ γλυττώση οὔτε ἕνας, ἐλευθερώθηκαν εἰς
τοῦτον τὸν καιρὸν 10,000 σκλάβοι χνοί, τοὺς ὁποίους οἱ
βάρβαροι δὲν ἐδυνήθησαν νὰ πάρουν, μέσα εἰς τοὺς ἄλλους

captain was left, all the rest were lost. Of the Duke of Würtemberg's regiment numbering 1200 soldiers only 200 were left, and of the whole of the Emperor's army there were counted 4000 dead. But the number of the Turks was much greater, seeing that first 4000 of those who made the assault on the fosse were slain, and in the battle some 5000, and in the flight on the plain another 1000. Among the great ones was the Army-Commander Ibrahim Pasha[1], with many others of the same rank. Another 1000, who tried to defend themselves in the Fort of the Hebrews, now called Leopoldina, on the island, and who did not know what was happening elsewhere, and another 1500, including sick and wounded, who were found on the plain and sought mercy—all these by order of the King they cut down, to prevent them being a ruthless burden on the commissariat. These numbers do not include those who died during the siege below the fortress and in various encounters, who amounted to 70,000 Turks and Tartars, and three thousand captives. The rest of the fugitives ran to save themselves in such panic that it appears that they imagined that they ever had the Christians behind their backs and chasing them, whereas they really had not one.

On the morning of the 13th immediately after daybreak the battle was resumed in various places, and the Polish cavalry came up with the enemy foot half a mile away, when they had been deserted by their cavalry and were in flight. All these they cut down mercilessly, while those who were found sheltering underground in the ruins of houses suffered the same fate, as did those who worked the mines below the ground ; these not knowing the fate of their men, came outside to give information as to the work they were engaged on, and were killed without one escaping. At this time 10,000 Christian captives were liberated. These the barbarians were not able to take

---

[1] This must be Ibrahim Pasha of Wardein.

ἦτον καὶ ἕνα πολὺ πλῆθος παιδιῶν ἀπὸ 10 εἰς 15 χρονῶν
10 τὰ ὁποῖα, ὡσὰν ὀρφανά, καὶ ἀπὸ πρά, καὶ ἀπὸ μρά, ἐδώ-
θηκαν νὰ φυλάγωνται, εἰς τὰ πτωχοτροφεῖα τοῦ κάστρου.

Τούτην τὴν ἡμέραν, ἐσέβηκαν θριαμφεύωντας, εἰς τὴν
βιέναν, ὁ ῥῆγας τῆς λεχίας μὲ τὸν δοῦκα τῆς λορένας, προ-
πορευόμενα τὰ δύο τούϊα, ὅπου εὑρέθηκαν εἰς τὸ ὀτάκη τοῦ
15 βεζῆρι, τοὺς ὁποίους ἐδέχθηκαν, μετὰ μεγάλης χαράς, ὁ
κόντες σταρεμπέργ, καὶ ὅλοι οἱ καστρινοί, τοὺς ὁποίους
κλαίωντας ἀπὸ τὴν χαράν, ἐνηγκαλίζετον ὁ ῥῆγας μὲ
ἐκείνην τὴν δεξιάν, ὅπου ἐστάθη τὸ ὄργανον τῆς ἐλευθερίας
των, καὶ τοῦτο ἐμπρὸς εἰς τὸν περίφημον ναὸν τοῦ ἁγίου
20 στεφάνου, καὶ ὕστερα εἰς τὸν ναὸν τῶν αὐγουστινιανῶν,
σιμὰ εἰς τὴν κούρτην, ἔκαμε καὶ ἔψαλαν μεγαλοφώνως, τὸ
δόξα ἐν ὑψίστοις θῶ΄, κτυπῶντας, ὅλαις οἱ λουμπάρδες,
τοὐφέκια, καὶ καμπάνες τοῦ κάστρου, μετὰ ταῦτα τὸν
ἐφύλευσαν μαζῆ μὲ τὸν δοῦκα τῆς λορένας, ἀπὸ τὰ καλά,
25 ὅπου εὑρέθηκαν, ἔξω εἰς τὰ τζαντήρια τῶν ἐχθρῶν.

Ἀδύνατον φαίνεται νὰ διηγηθῆ τινὰς τὴν ἑορτήν, καὶ
τὴν χαράν, εἰς τούτην τὴν εὐτυχεστάτην εἴσοδον, τόσον
44 b ἐκείνων, τῶν ὀλύγων καστρινῶν, ὅπου ἀπό|μειναν, ὡσὰν
καὶ τῶν στρατιωτῶν, ἐπειδὴ καὶ ὅλοι συμφώνως, μὲ ἐγκω-
μιασθηκαῖς φωναῖς, δὲν ἐχόρτεναν, νὰ ἐπαινοῦν, καὶ νὰ
δοξάζουν τοὺς μεγιστάνους, τὸν ῥῆγα τῆς λεχίας, τὸν δοῦκα
5 τῆς λορένας, τὸν κόντε σταρεμπέργ, τοὺς ἐλετῶρους, τῆς
σαξονίας, καὶ μπαβιέρας, τοὺς ὁποίους, ἐσύγκριναν, μὲ
τοὺς παλαιοὺς διαφεντευτὰς τῆς ῥώμης, τὸν μαόνλιον, τὸν
καμύλον, τὸν σκυπίωνα, καὶ τοὺς ἄλλους, μάλιστα τούτους,
τοὺς ἔκριναν, καὶ μεγαλήτερης δόξης, ὡσὰν ὁποῦ ἐκεῖνοι
10 παρακαλεμένοι, καὶ διὰ τὴν πατρίδα, ἀντιστάθηκαν τῶν
ἐχθρῶν, τοῦτοι θεληματικῶς, καὶ χωρὶς παρακάλεσιν, ἀφῆ-
καν τὴν πρίδα διὰ νὰ διαφεντεύσουν, τὴν βιέναν, καὶ τὴν
χρινήν.

with them; among the others was a large number of children from 10 to 15 years of age, who as orphans without father or mother were delivered over to the keeping of the almshouses of the fortress[1].

On this day the King of Poland and the Duke of Lorraine entered Vienna in triumph, preceded by the two horsetail standards[2] which were found in the lodging of the Vezir. Count Starhemberg and the rest of the inhabitants of the fortress received them with great joy, and, weeping for gladness, the King embraced them with that right arm which had been the instrument of their deliverance, and that before the famous Church of St Stephen, and afterwards at the Church of the Augustinians near the Hofburg. Here he caused them to chant aloud the Glory to God in the Highest, and all the bombards, muskets and bells of the fortress sounded. After this they entertained him, together with the Duke of Lorraine, on the good cheer found outside in the tents of the enemy.

It seems impossible to describe the festival and the joy at this most happy entry, both on the part of those few inhabitants of the fortress who still remained, as well as on the part of the soldiers, since all with one accord joined in utterances of panegyric, and were never sated with praising and glorifying the great ones, the King of Poland, the Duke of Lorraine, Count Starhemberg, and the Electors of Saxony and Bavaria, whom thy compared with the old defenders of Rome, Manlius, Camillus, Scipio and the rest, but these especially they judged worthy of still greater praise, for that, whereas the others had been summoned and for the sake of their country had resisted the foe, these had voluntarily and without summons left their native country to defend Vienna and Christendom.

[1] This was the work of Bishop Kolonitsch. See *Theatr. Eur.* xii. p. 551.
[2] Cf. above, F. 41*a*, l. 3 f., and Hahn, *Alt u. Neu Pannonia*, p. 578 f.: "Diesen Stecken oder Stange nennen die Türken *Toug* oder *Tug*=Fahnstange."

Ὕστερα ἀπὸ τὸ γεῦμα, ὁ ῥήγας, μὲ τὸν δοῦκα, καὶ ὁ
15 καλεστῆς σταρεμπέργ, εὐγήκαν ἔξω, νὰ περιδιαβάσουν
ταῖς τέχναις, καὶ πολεμικαῖς μυχαναῖς, τῶν τουρκῶν, εἰς
ταῖς ὁποῖαις μὲ φθόνον ὁμοῦ καὶ θαῦμα, τοὺς ἐφαίνωνταν
νὰ βλέπουσι ἀπὸ κάτω εἰς τὴν γῆν, ἄλλον ἕνα κάστρον, μὲ
ταῖς στράταις του, μὲ τοὺς φόρους τ(ου), μὲ ὅλαις ταῖς
20 ἀνάπαυσαις, ὁποῦ ἦτον ἀναγκαίαις, νὰ φυλαχθοῦσι, καὶ οἱ
στρατάρχαι, καὶ οἱ στρατιῶται, ὅλα κατάσκευασμένα μὲ
τέχνην, ἀπὸ σακιὰ μαλί, καὶ δέματα βέργαις, τόσον εὔμορφα,
ὁποῦ ἐφαίνετον ἕνας λαβήρινθος, εἴδασιν ἀκομή, τὰ χαλάσ-
ματα τῶν τάμπιων τοῦ ῥιβελίνου, τοῦ λέμπλε, τὰ μετε-
25 ρήζια ὁποῦ ἀπὸ μέσα ἕως τὸ παλάτι τοῦ ἐλτζῆ τῆς ἰσπανίας
εἶχε κάμη ὁ σταρεμπέργ, καὶ βλέπωντας τὴν στενοχωρείαν
εἰς τὴν ὁποῖαν εὑρίσκετον τὸ ταλαίπωρον κάστρον, ὁ ῥῆγας
στρεφόμενος πρὸς τὸν γενεράλε σταρεμπέργ, μὲ βασιλικὸν
ἐγκώμιον, ἐπαίνεσαι τὴν ἀνδρείαν του καὶ φρονεψίν του,
45 a ὁποῦ εἰς τόσην δισκολείαν, καὶ ἀπελπησίαν | ἴξευρε καὶ
ἐφύλαξε μὲ διαφέντευσιν, ἕνα χαϊμένο κάστρο, πρὸς τὸν
ὁποῖον τάπεινώνωντας ἐκ τοῦ ἐναντίου, τὸν ἑαυτόν του ὁ
σταρεμπέργ, ἔδινε τὴν ἀφορμὴν τῆς ἐλευθερίας, εἰς τὸν
5 ἐρχομὸν τῆς βοηθείας τῆς γαλυνοτητός του καὶ ὄχι εἰς τὴν
ἐδικήν του ἀσθένειαν, καὶ ὅτι αὐτὸς ἀκομὴ εὐχαριστήτον,
καὶ εἰς τὸν κάμπον νὰ δουλεύσῃ τὴν γαλεινοτητά του, διὰ
νὰ μάθῃ ἀπὸ λόγου του δοκιμώτερα νὰ πολεμῇ.

Εὐγήκαν ἕως τόσον ἔξω καὶ οἱ καστρινοί, καὶ ἐμάζωξαν
10 καὶ αὐτοὶ τὸ μερτικόν τους, ἀπὸ τὰ κούρση εὑρίσκονταις
πολλὰ σακιά, ἀλεύρι, κριθάρη, ῥήζη, καφέ, τὰ ὁποῖα δὲν
ἠμπορεῖ τινάς, καταλεπτῶς νὰ παραδώσῃ πόσα ἦτον, μόνον
τοῦτο, ἐμετρῶνταν χιλιάδες, ὅμως ὁ ἀριθμὸς τῶν μερικῶν
ἦτον, βοΐδια 800: ὁποῦ εὑρέθηκαν εἰς τὸν κάμπον, καὶ
15 2000 ἀμάξια κρυθάρι διὰ τὰ ἄλογα, τὰ ὁποῖα πολλὰ ὠφέ-
λησαν τὴν καβαλαρίαν τῶν χνῶν, καὶ σκευὴ πολεμικὴ
ὁποῦ ἦτον διὰ νὰ φερθῇ εἰς τοὺς ἀρσανάδες τοῦ κάστρου,
ὡσὰν λουμπάρδες, πιουλήτζαις, καὶ ἄλλα ὄργανα πολεμικά,
ἕως τὴν ὥραν, εἶχαν εὑρεθῇ τὰ κάτωθεν.
20   Τόπια μικρὰ μεγάλα, ὁποῦ εἶχαν πάρη, ἀπὸ λέ-
χους, βενετζάνους πέρσας, καὶ μοσχοβίτας.   160

After the feast the King and the Duke and their host Starhemberg went forth to pass through the devices and warlike engines of the Turks, in which at once with envy and wonder they seemed to see another fortress below ground, with its streets, its markets, and all needful conveniences for the protection of commanders and soldiers. All were prepared with art with sacks of wool and bundles of twigs, so fairly ordered that it seemed a labyrinth. They saw too the ruins of the bastions, of the ravelin, of the Löwel, and the trenches which Starhemberg had made up to the palace of the ambassador of Spain, and seeing the straits to which the unhappy fortress was reduced, the King turned to General Starhemberg and with royal praise lauded his courage and his wisdom, in that in such difficulty and desperation he had known how to protect a ruined fortress. In answer Starhemberg depreciated himself, and assigned the occasion of deliverance to the coming of help from his Serenity, and not to his own feeble efforts, and said that it was a pleasure to him to serve his Serenity in the field also in order to learn from him how to fight with greater experience.

Meanwhile those of the fortress went forth and themselves collected their share of the booty, finding many sacks of flour, barley, rice and coffee; the quantities it is impossible to give in detail. One can only say that they amounted to thousands, but the number of some was: 800 oxen found on the plain, and 2000 waggons of barley for the horses, which were of much service for the Christian cavalry, and material of war which had to be transported into the arsenals of the fortress, such as bombards, catapults, and other instruments of war. Up to the present there had been found the following:

Cannon, small and great, which they had
    taken from Poles, Venetians, Persians and
    Russians   160

	Πιουλίτζαις διὰ νὰ ρύχνουν μπόμπαις καὶ πέτραις	40
	Μπαροῦτη, ἁμάξια	200
25	Ἔξω ἀπὸ τρία ἁμάξια, ὁποῦ εἶχαν ἀνάψη καὶ ἐχάθηκαν	
	Μολίβη εἰς ψομία λύτραις ǀ	4,000
45 b	Γρανάταις τοῦ χεριοῦ, ἀπὸ ράμε	18,000
	Καὶ ἀπὸ σύδερο	02,000
	Τζαπιά, καὶ φτιάρια ἀδούλευτα	10,000
	Βόλια τοῦ φτυλιοῦ	01,000
5	Χουλάρες διὰ νὰ ρύπτουν, φωτιαῖς κατασκευασταῖς	2,000
	Πύσα ρωμαικὴ λύτραις	5,000
	Πετρόλαδο λύτραις	1,000
	Λινόλαδο λύτραις	5,000
10	Γκιουβερτζηλὲ λύτραις	15,000
	Κομάτια πανὶ διὰ τζαντήρια	5,000
	Ἄλλον μέταλο ἴσως διὰ νὰ κόψουν μονέδα λύτραις	30,000
	Σακία μάλινα διὰ νὰ φέρουν χῶμα	200,000
15	Βαρέλια με καρφία διὰ ἄλογα	10
	Καρφία μεγάλα διὰ γεφύρια	5,000
	Φανάρια μεγάλα	1,500
	Προβατοπέτζια	4,000
	Δεμάτια σφόρες ἀπὸ μαλὶ τῆς καμύλας	2,000
20	Ἀλαμπάρδες ὁποῦ βαστοῦν οἱ φουστάσοι	20,000
	Σακουλάκια διὰ μπαρούτι	20,000
	Κόσιες δια χορτάρη	400
	Τουφέκια καινούργια διὰ τοὺς γιανητζάρους	5,000
	Κουβάρια μαλὶ διὰ κλόσιμο, καὶ κλοσμένα ǀ	500
46 a	Σάκιὰ μάλινα, ἄδεια	1,000
	Πλάκαις σηδήρου, καὶ σκουτάρια	20,000
	Ἀξούγκη κάθελογῆς λύτραις	10,000
	Κερατάκια διὰ μπαρούτι	10,000
5	Καρδιαῖς μεγάλαις διὰ τὰ λαγούμια	200
	Μανήκια διὰ νὰ σβίνουν ταῖς μπόμπαις	40
	Σύδερο ἀδούλευτο λύτραις	10,000

Catapults for throwing bombs and stones . 40
Powder, waggons 200
Not counting three waggons which they had
    fired and destroyed.
Lead in pigs, pounds 4,000
Hand-grenades of brass 18,000
And of iron 02,000
Hoes and spades, unused 10,000
Balls of wick 01,000
Ladles for throwing artificial fire . . . 2,000
Roman pitch, pounds 5,000
Petroleum, pounds 1,000
Linseed oil, pounds 5,000
Saltpetre, pounds 15,000
Pieces of cloth for tents 5,000
Other metal, perhaps for striking coins . . 30,000
Woollen sacks for carrying earth . . . 200,000
Barrels with horse nails 10
Large nails for bridges 5,000
Large lanterns 1,500
Sheepskins 4,000
Bundles of twine of camel's hair . . . 2,000
Halberds carried by the soldiers (?) . . 20,000
Small sacks for powder 20,000
Scythes for grass 400
New muskets for the Janissaries . . . 5,000
Balls of wool for spinning and spun articles . 500
Woollen sacks, empty 1,000
Plates of iron and bucklers 20,000
Tallow of all sorts, pounds 10,000
Horns for powder 10,000
Large tubs for the mines 200
Sleeves for extinguishing the bombs . . 40
Unwrought iron, pounds 10,000

Ὄργανα ξύλινα διὰ νὰ ἀσικόνουν λουμπάρδες .   2,000
Ἀμόνια συδερένια μεγάλα   16
10   Ἀμάξια ἄδια διὰ ζαχερέ   8,000
Μπόμπαις χοντραῖς   3,000
Βόλια διάφορα   18,000
Ὄργανα διὰ νὰ σέρνουν γρανάταις   .   .   .   20,000
Καὶ σκυνιὰ διὰ νὰ τραβοῦν, τὰ τόπια ἄπειρα, διὰ νὰ
15 φέρουν, τὸ λοιπὸν τοῦτα ὅλα μέσα εἰς τὸ κάστρο μὲ ὅσα
ἄλογα, καὶ ἀμάξια εὑρέθηκαν εἰς τὸν τόπον μετὰ βίας, τὰ
ἔσωσαν εἰς ἐξ ἑβδομάδαις.

Ἔστρεψεν τὸ βράδυ ὁ ρῆγας εἰς τὸν κάμπον διὰ νὰ
κινήσῃ τὸ φουσάτον νὰ κινηγοῦν τὸν ἐχθρόν, καὶ τὴν ἀπε-
20 ρασμένην ἡμέρα, ἔστειλεν ὁλακλιὲ τὸν κόντε τόμάζον
τάλέντη μὲ τὸ χαζρέτη σαντζάκ, ὁποῦ παραπάνω εἴπαμε,
διὰ νὰ τὸ φέρῃ δῶρον εἰς τὴν ρώμην τοῦ πάπα.

Ὁσὰν ἄκουσεν ὁ καῖσαρ τὴν νίκην ὁποῦ ἔλαβαν τὰ
ἁρματά του, καὶ τῶν λεχῶν μετὰ δάκρυα, εἰς τὰ ὄμματα,
46 b εὐχαριστῶν τῷ θῷ ἐκίνησεν | εὐθὺς καὶ ἤρχετον πρὸς τὴν
βιένα, καὶ ἐσέβη μέσα θριαμβεύωντας εἰς ταῖς 14 συντρο-
φιασμένος μὲ τοὺς ἐλετώρους, τῆς σαξονίας, καὶ μπα(μ)βιέ-
ρας, καὶ ἀπὸ ἄλλους πολλοὺς τόπάρχας, καὶ γενεράληδες, καὶ
5 τὸν ἐδέχθηκαν ὅλοι μὲ χαράν, ἀραδιασμένοι οἱ καστρινοί,
καὶ οἱ στρατιῶται μὲ τάξιν, καὶ ἁρματωμένοι, τοῦ ὁποίου
εὐθύς, ὁ γενεράλες σταρεμπέργ, μὲ προσκύνησιν, ἔδωσε τὰ
κλειδιὰ τοῦ κάστρου, εὐχαριστῶν πῶς μὲ τὴν βασιλικὴ
του παρουσίαν, ἦλθε νὰ παρηγορήσῃ τοὺς τεθλιμένους, ὁ
10 ἴδιος καῖσαρ ὑπηρέτησε, καὶ εἰς τὴν λυτουργίαν, ὁποῦ
πανηγιρικῶς ἐψάλθη, εἰς τὴν μρόπολιν, τοῦ ἁγίου στεφάνου
μελωδούντες, τὸ δόξα ἐν ὑψίστοις θῷ, μὲ τὸ κτύπημα,
ὁλονῶν τῶν τοπιῶν, καὶ τοὐφεκιῶν τοῦ κάστρου, μετὰ τὴν
ἀκολουθείαν θέλωντας νὰ δείξῃ εἰς πόσην τιμὴν ἐβάστα
15 ἐκεινοῦ (sic), ὁποῦ μὲ τόσην ἀνδρείαν, καὶ ὑπομονὴν τοῦ
ἐδιαφέντευσε τὸ σκαμνί του, ἐκήρυξεν εὐθὺς τὸν σταρεμ-
πέργ, μέγαταγματάρχην τοῦ κάμπου, χαριζωντάς τον τὴν
ἀξίαν τῆς χρυσῆς χλαμίδος μὲ ἕνα χάρισμα 100,000 ἀσ-
λανίων, διὰ σημεῖον εὐχαριστείας, ἔξω ἀπὸ τὴν χρονικὴν
20 πληρωμήν, ὁποῦ ἦτον μία μεγάλη ποσότης, ἠθέλησε νὰ

Wooden implements for raising bombards . 2,000
Large iron anvils 16
Empty waggons for supplies 8,000
Heavy bombs 3,000
Cannon-balls, various 18,000
Implements for drawing grenades . . . 20,000

And innumerable ropes for dragging cannon. To bring all these into the fortress with such horses and waggons as were found on the spot was a task which with difficulty they accomplished in six weeks.

In the evening the King returned to the field to set the army in motion for the pursuit of the enemy, and on the previous day he had sent as courier Count Thomas Talenti with the Holy Banner which we mentioned above, to carry it as a present to the Pope at Rome.

When the Emperor heard of the victory which his army had won and that of the Poles, he thanked God with tears in his eyes, and set out himself and came immediately to Vienna. He entered in triumph on the 14th, accompanied by the Electors of Saxony and Bavaria, and by many other governors and generals, and was received with joy by all the men of the fortress and by the soldiers drawn up in line under arms. Immediately General Starhemberg with an obeisance gave him the keys of the fortress, thanking him that by his royal presence he had come to comfort them in their affliction. The Emperor himself attended Mass which was chanted in festal wise in the Cathedral of St Stephen. They sang the Glory to God in the Highest to the sound of all the cannon and muskets of the fortress. After the Mass, wishing to show in what honour he held him who had with such bravery and patience defended his throne, he immediately proclaimed Starhemberg a field-marshal, granting him the dignity of the golden cloak and a present of 100,000 aslans as a sign of his gratitude, over and above the annual payment which amounted to a large sum. His

εἰδὴ καὶ ἡ μεγαλειότης του ταῖς μυχαναῖς καὶ ἔργα τῶν
τουρκῶν, τὰ ὁποῖα βλέπωντας ἔκλαυσε, τὴν μεγάλην δυσ-
τυχείαν καὶ τὸν χαλασμὸν τόσου μεγάλου κάστρου καὶ
δυνατοῦ.

25 Ἐκίνησεν ὕστερα εἰς ταῖς 15 καβαλάρης διὰ νὰ πηγένη
εἰς τὸ φουσάτο, πρὸς τὸ σκουέκτ, συντροφιασμένος ἀπὸ
πολλοὺς αὐθέντας, καὶ καβαλέρους, τοὺς ὁποίους τὸν ἐρ-
χωμὸν μαθαίνωντας, ὁ ῥῆγας ἀπὸ μέσα ἀπὸ τὸ τζαντῆρι
του, εὐθὺς ἐκαβαλίκευσεν, καὶ εὐθὺς τὸ φουσάτον του,
30 ὁποῦ ἦτον σκορπισμένον εἰς τὸν κάμπον ἐμαζώχθη εὔτακτα,
47 a εἰς ἕνα ἡμικύκλον, διατί ἔτζη ἦτον πρόμελετημένα | νὰ
ἀνταμωθοῦσι, ὅταν πηγένωντας ἐμπρὸς ὁ ἰμπεραδῶρος, καὶ
ἐρχόμενος ἀγνάντια ὁ ῥῆγας ὡσὰν ἔφθασαν νὰ διαβοῦν αἱ
κεφαλαῖς τῶν ἀλόγων, καὶ εἶχαν τόπον νὰ δώσουν χέρι,
5 ἐσύντυχε πρῶτον ὁ ἰμπεραδῶρος, καὶ ἀπεκρίθη ὁ ῥῆγας,
καὶ ἐκεῖ ἐναγκαλιζόμενοι μὲ σπλάχνα ἀγάπης ἀνοικάστου
ἐγλυκοχαιρετήθηκαν, ὁμιλῶντας μαζῆ καμπόσον καιρὸν μὲ
λατινικὴν γλῶσσαν, μερικὰ δυνατὰ τόσον ὁποῦ ἄκουαν,
καὶ οἱ περιστῶντες, καὶ μερικὰ μόνος, πρὸς μόνον, εἰς τὸν
10 ὁποῖον καιρόν, θέλωντας ὁ ῥῆγας ὅτι ὁ υἱός του νὰ ἀσπασθῆ
τὴν δεξιὰν τοῦ καίσαρος, κατὰ πρῶτον ὁ καῖσαρ ἐτρά-
βηξε τὸ χέρι ὀπίσω, ἀμὴ προστάζωντάς τον δεύτερον ὁ
πατέρας του τὴν ἐφίλησε, καὶ ὁ καῖσαρ τὸν ἔβαλε εἰς ταῖς
ἀγκάλαις του, τὸ ὅμοιον ἔκαμαν, καὶ οἱ ἄλλοι μεγάλοι καὶ
15 τόπάρχαι τῶν λεχῶν, μετὰ ταῦτα ἀπομένωντες μοναχοὶ ὁ
ἰμπεραδῶρος μὲ τὸν ῥῆγα, τοῦ ἔδειξεν ὁ ῥῆγας γράμματα
ἀναγκαῖα ὁποῦ εὑρῆκε, καθὼς ἐλογίαζαν εἰς τὰ μυστικὰ
τοῦ βεζῆρι μὲ τοῦτον τὸν τρόπον, πέρνωντας θέλημα, ὁ
ἕνας ἀπὸ τὸν ἄλλον ἐμύσευσεν ὁ ῥῆγας, καὶ ὁ ἰμπεραδῶρος
20 ἐστάθη νὰ ἰδῆ τὸ φουσάτο, τὸ ὁποῖον ὅλον ξεχωριζόμενοι
ἀπὸ 20 ἀπὸ κάθε τάγμα ὁποῦ ἔστεκαν καταπρόσωπον τὸ
ἐστοχάσθη ὅλον μὲ πολήν του παρηγορίαν, ἐπειδὴ καὶ
ἦτον εὔτακτως ἐξαπλωμένων, πλακώνωντας εἰς τὸ μάκρος
δύο μύλια τόπον.

Majesty also wished to see the engines and works of the Turks, and when he saw them he burst into tears at the great misfortune and ruin of so great and powerful a fortress.

Afterwards on the 15th he went out on horseback to visit the army at Schwechat, accompanied by many officials and knights[1]. When the King in his tent heard of their coming, he forthwith mounted his horse, and immediately his army, which was scattered on the plain, was mustered in fair order in a semicircle, for so it had been arranged that they should meet. When the Emperor came forward the King went to meet him. As the heads of their horses crossed and they had opportunity to give each other their hand, the Emperor spoke first and the King replied, and then they embraced and kissed with inconceivable affection, and spake with each other a good while in the Latin tongue, some things loud enough for the bystanders to hear, and some only to one another. At this time the King desired that his son should kiss the Emperor's right hand. At first the Emperor drew his right hand back, but when the father bade his son a second time, he kissed it, and the Emperor embraced him in his arms, as did the other magnates and governors of the Poles. After this the Emperor remained alone with the King, and the King showed him important letters which he had found, as they reckoned, among the Vezir's secret papers. After they had thus communicated their will, the one to the other, the King set out, and the Emperor stationed himself to see the army, from which twenty men were separated from each regiment and stood before him, and he reviewed them all with many words of consolation. For they were spread out in fair order, stretching over a length of two miles.

[1] On this meeting, see Klopp, p. 321 f. In the present account (as in other contemporary accounts, except that of Sobieski) there is no indication of any coldness on the part of the Emperor. The drawing back of the right hand was apparently an act of modesty. See further Klopp, p. 555, Anl. IV.

25 Ἐκίνησε μετὰ ταῦτα ὁ ῥῆγας διὰ νὰ ἀκολουθήσῃ τὴν
νίκην, μὲ ὅλλα τὰ φουσάτα, καὶ φθάνωντας τοὺς ἐχθροὺς
πρὸς τὸ ἐντεπούργο, ἐκεῖ ὁποῦ ἐστάθησαν εἰς πολὺν ἀριθ-
μὸν μὲ τὸ ἐπίλοιπον τοῦ ζαχερέ, καὶ ὀκτὼ χοντραῖς λουμ-
πάρδες ταῖς ὁποῖαις ἔσερναν 90 ζευγάρια βουβάλια, αἱ
47 b ὁποῖαις λέγουν | νὰ ἦτον αἱ ἴδιαις ὁποῦ ὁ σουλτὰν μουρά-
της ἐβάστα, ὅταν ἐπῆγε, καὶ ἐπῆρε τὴν βαβυλῶνα, τοὺς ἐκ-
τύπησαν, καὶ νικῶντας τους ἔφυγαν, ἀφήνωντας ὅλα θανατό-
νωντας 5000 καὶ ἐλευθερόνωντας πολλοὺς σκλάβους χνοῦς,
5 ὁποῦ ἦτον μετ᾽ αὐτούς, εὑρίσκετον τὸ κάστρο τοῦ ἐντερμ-
πούργο ἀκομὴ εἰς καλὴν κατάστασιν τὸ ὁποῖον ἂν καὶ τὸ
ἐπιμεταχειρίσθηκαν οἱ τοῦρκοι εἰς φυλαξίν του, καὶ εἰς τὸν
καιρὸν τοῦ ἀποκλεισμοῦ, καὶ ὅταν ἔφευγαν μ᾽ ὅλον τοῦτο
δὲν ἔλαβαν καιρὸν νὰ τὸ γδύσουν, καὶ νὰ τὸ καύσουν, ὅθεν
10 ἔβαλαν οἱ χνοῖ μέσα ἱκανοὺς στρατιῶτας νὰ τὸ φυλάγουν,
καὶ ἔστειλεν ὀλίγον ὕστερα τοῦ ἰμπεραδώρου ὁ ῥῆγας δύο
ὡραιότατα, καὶ βασιλικὰ στολισμένα ἄλογα, τὰ ὁποῖ ἦτον
τοῦ πρώτου βεζῆρι.

Ἔφθασεν εἰς τούταις ταῖς ἡμέραις εἰς τὴν βενετίαν τὸ
15 μαντάτο, τῆς ἐλευθερίας τῆς βιένας, διὰ τὴν ὁποίαν εὐθὺς
ὁ λαός, καὶ οἱ ἄρχοντες μετὰ χαράς, καὶ εὐφροσύνης
ἐπανηγύρησαν, ἡμέρας πολλάς, κτυπῶντες ταῖς καμπάνες,
τὰ τόπια, τουφέκια, καὶ ἄλλαις φωτιαῖς, καὶ μηχανές,
ὁποῦ συνηθήζουν, εἰς τέτοιαις χαραῖς, ὁμοίως εἰς τὴν
20 φλορεντίαν, εἰς τὴν ῥώμην, καὶ εἰς ὅλην τὴν ἰταλίαν
μάλιστα ὁ πάπας ὁποῦ ἀπὸ τὴν χαρὰν ἔχυνε θερμά, καὶ
εὐσεβέστατα δάκρυα, μὴν ἔχωντας εἰς ἄλλο τὴν φροντίδαν
του τοῦτος ὁ μέγας πατὴρ (ἢ εἰς) τὴν δόξαν τοῦ χ̄ῡσμοῦ
καὶ τὴν παντελῆ ἐξολόθρευσι τοῦ κοινοῦ ἐχθροῦ.

25 Ἐπρόφθασαν ἕως τόσον οἱ λέχοι πρὸς τὸ ἀλτεμπούργο,
ἐκὶ ἀπάντησαν 10,000 γιανητζάρους οἱ ὁποῖοι ἤρχοντο μὲ
βοήθειαν, εἰς τὴν βιέναν βαστῶντες περισσὸ ζαχερέ, καὶ
πολλὰ τόπια, καὶ μαθαίνωντας τὴν καταστροφὴν τῶν
ἐδικῶν τους, ἔβαλαν τὰ ἀμαξιά τους σιμὰ ἕνα μετ᾽ ἄλλον,
30 καὶ ἐμαζώχθηκαν ὡσὰν εἰς μετερῆζι, ὅθεν ὁ ῥῆγας ἐπρό-
σταξεν 4 τάγματα ἀλαμάνων μὲ τόπια, νὰ πηγένουν,
48 a ἀπάνω τους, | καὶ τοὺς ἐκτύπησαν μὲ τόσην ὁρμήν, ὁποῦ

After this the King moved to pursue his victory, with all the armies, overtaking the enemy at Oedenburg, where they made a stand in considerable numbers with what remained of their supplies and eight heavy bombards. These were drawn by 90 pairs of buffaloes, and were, as they say, those bombards which the Sultan Murat had when he went and took Babylon. They attacked and conquered them, and they fled, abandoning everything. They killed 5000 and freed many Christian captives who were with them. They found the fortress of Oedenburg still in a good condition. Although the Turks had used it for their protection both during the period of the siege and at the time of their flight, they nevertheless did not find time to strip and burn it. Accordingly the Christians put in enough soldiers to guard it, and the King a little later sent the Emperor two very beautiful and royally caparisoned horses, which belonged to the Grand Vezir.

In these days the news of the deliverance of Vienna reached Venice, and the people and the rulers immediately celebrated it for many days with joy and cheer, ringing their bells, and firing cannon and muskets, and using fires and other devices usual in such jubilation. They did the same at Florence, Rome, and in all Italy. The Pope was foremost, and he shed warm and very pious tears of joy, this great Father being wholly devoted to the glory of Christendom and the entire destruction of the common foe.

Meanwhile the Poles reached Altenburg, and there they met 10,000 Janissaries who were coming to Vienna with help, carrying large supplies and bringing many cannon On learning the disaster to their army, they placed the waggons near one another, and concentrated themselves into a kind of strong-post. Thereupon the King ordered 4 regiments of Germans with cannon to go against them, and they attacked them with such violence that the most

οἱ περισσότεροι ἀπόμειναν, ἢ σκλάβοι, ἢ θανατωμένοι
μετὰ ταῦτα ἐπάγησαν, καὶ τὰ δύο φουσάτα πρὸς τὸ
ἰανίκι κατὰ πόδι τῶν φευγάτων, ὁποῦ εἶχαν περάση τὸν
5 ποταμὸν ραμπκίτζ, πολλοὶ ἀπὸ τοὺς ὁποίους ἐπνοίγικαν
εἰς τὸν ποταμόν, καὶ πολλοὶ εὑρισκόμενοι τριακοσιαριαῖς,
καὶ τετρακοσιαραῖς, ἐδὼ καὶ ἐκεῖ σκορπισμένοι, καὶ κατά-
φοβισμένοι ὅλους τοὺς ἐθανάτωσαν.

Καὶ εἰς τὸν ἴδιον καιρὸν πολλοὶ ἄλλοι, ὁποῦ ἦτον
10 δοσμένοι νὰ ἀρπάζουν, καὶ νὰ κλέπτουν, εἰς τὰ περίχωρα,
μὴν ἰξεύρωντας τὸν χαλασμὸν τοῦ φουσάτου των, εἰς τὸ
γύρισμα τοὺς ἐσκλάβωσαν ὅλους, καὶ τοὺς ἔστειλαν μὲ τὰ
σύδερα εἰς τὴν βιένα, νὰ χαλάσουν ταῖς ἴδιαις μυχαναῖς, καὶ
ἔργα, ὁποῦ αὐτοὶ μὲ πολύτως κόπον πρωτήτερα εἶχαν φτιάση.
15 Ἐμετάστρεψεν εἰς τὸ κάστρο ἡ πρώτη εὐθυνία ἐπειδή,
καὶ κάθε πρᾶγμα, ἐπουλιέτον, εἰς τὴν πρωτέραν τιμὴν
μᾶλιστα, τὸ βοϊδινὸν κρέας διὰ τὰ 800: ὁποῦ εἴπαμεν
παραπάνω πῶς εὑρέθηκαν εἰς τὸν κάμπον τῶν τουρκῶν,
καθὼς καὶ αἱ ἄλλαις ζωοτροφίαις ὁποῦ εἰς πλήθος εἴρχον-
20 ταν, μὲ τὰ καράβια εἰς τὸν δούναβη, ἐμύσευσεν καὶ ὁ
καῖσαρ, ἀπὸ τὴν βιέναν πρὸς τὸ λίντζ, ἀφόντις καὶ ἐχάρησε
τοῦ ἐλετῶρου τῆς σαξονίας, ἕνα σπαθὺ πολύτιμον διὰ τὸ
χρυσίον, καὶ τὰ πετράδια, ὁποῦ τὸ ἐτιμοῦσαν, ὁ ὁποῖος
μετὰ τὴν ἐλευθερίαν τοῦ κάστρου ἐπῆρε θέλημα νὰ πηγένη,
25 ὑποσχόμενος νὰ εἶναι πάντα ἕτοιμος μὲ τὸ σπαθὺ καὶ μὲ
τὸ αἷμα, εἰς διάφέντευσιν τοῦ ἰμπερίου, ἐπῆρε καὶ ἀπὸ τὸν
κάμπον, δύο εὔμορφα τζαντήρια εἰς συμεῖον τῆς νίκης.

Ὁ ἐλετῶρος τῆς μπα<μ>βιέρας, ἠθέλησε νὰ δουλεύση
48b καὶ παρέκει τὸν καῖσα|ρα μὲ τὰ στρατευματά του, κινη-
γῶντας τὸν ἐχθρόν, τότες ὁ καῖσαρ, ἐπρόσταξε τὰ στρα-
τεύματα ὁποῦ εὑρίσκονταν, εἰς τὴν στήριαν ὅτι συντρο-
φιασμένα μὲ τοὺς χρηβάταις, νὰ πηγένουσιν ἐπιμελῶς
5 καταπόδι τῶν φευγάτων, τὰ ὁποῖα ἐκίνησαν μὲ τὸν κόντε
σεράφ, καὶ προφθάνωντας 2000: ὁποῦ ἐπήγεναν μὲ ζαχερέ,
εἰς τὴν κάνισαν ἀνδριωμένα, τοὺς ἐκτύπησαν, καὶ τοὺς
ἐτζάκησαν.

Ἦλθεν εἰς τοῦτο τὸ μέσον, ὁ κόντες ταλέντης εἰς τὴν
10 ῥώμην, τὸν ἐπρόηπάντησαν οἱ καρδιναλέοι, καὶ καβαλέροι

part were either taken captive or slain. After this the two armies went to Raab in pursuit of the fugitives who had crossed the river Raabnitz. Many of these were drowned in the river, and many were scattered here and there in panic in groups of three and four hundred. All these they slew.

At the same time many others who were engaged in looting and stealing in the surrounding country, being ignorant of the ruin of the army, were on their return all taken captive and sent in chains to Vienna, to destroy their own devices and works which they themselves had before built with much labour.

The former cheapness returned to the fortress, since everything was sold at its former price, especially beef on account of the 800 oxen which, as we said above, were found in the Turkish camp, as also other provisions which came in abundance by boats on the Danube. The Emperor also set out from Vienna to Linz, after presenting the Elector of Saxony with a sword valuable for its gold and precious stones which gave it price. After the deliverance of the fortress the Elector decided to depart, promising ever to be ready with his sword and with his blood for the defence of the Empire. He also took from the field two fine tents as a token of the victory.

The Elector of Bavaria wished to serve the Emperor further with his troops in the pursuit of the enemy. Thereupon the Emperor ordered the armies in Styria in company with the Croats to go cautiously in pursuit of the fugitives. These moved forward with Count Serau and overtook 2000, who were marching with supplies, at Kanizsa, attacked them and shattered them.

At this juncture Count Talenti arrived at Rome[1]. He was met by the Cardinals and Papal Knights. Coming

[1] Cf. Klopp, p. 327 ff.

τοῦ πάπα, εἰς τὸν ὁποῖον ἐρχό(μ)ενος κατὰ τὴν συνήθειαν
τοῦ ἐφίλησε τοὺς ἁγίους πόδας, καὶ εὐθὺς ἔδωσε τὸ περί-
φημον φλάμπουρο μὲ τὸ γράμμα τοῦ ρηγός, ὁποῦ ἀρχί-
ζωντας, ἀπὸ τὸν περίφημον λόγον καίσαρος τοῦ αὐγούστου,
15 διορθωμένον μὲ τάπείνωσιν, ὁποῦ μᾶλλον τὸν ὕψωνε.
Ἤλθομεν ἴδομεν καὶ ἐνίκησεν ὁ θ̅ς̅', ἔδεινε εἴδησιν τῆς
μακαριωτητός του διὰ τὴν δεδοξασμένην νίκην, ὁποῦ δι'
εὐχῶν του ἐχάρησεν ὁ θ̅ς̅' τῶν χνω̅'ν ἐναντεῖον 180,000
βαρβάρων, ὅθεν τοῦ ἔστελνε εἰς μαρτυρίαν χάρησμα, τὸ
20 φλάμπουρο τοῦ μουαμέτι, διὰ νὰ τὸ κρεμάση εἰς τὸν ναὸν
τοῦ ἁγίου πέτρου, εἰς μνημόσυνον, τὸ ὁποῖον ὕστερα ἀτός
του μὲ τὰ χεριά του, μίαν διατεταγμένην ἡμέραν, συντρο-
φιασμένος, μὲ ὅλους τοὺς πρωεστοὺς τῆς ρώμης, βαστῶντας
τὸ τὸ ἔφερεν ὡσὰν θρίαμβον εἰς τὸν κουμπὲ τοῦ πάπα,
25 παρόντος του αὐτοῦ, μετὰ τῶν καρδιναλέων, καὶ ἀρχιερέων,
ἐκεῖ ὁ ἀπεσταλμένος ἐλτζῆς τοῦ ρηγός, ἔκαμεν ἕνα λόγον
λατινικόν, τοῦ ἀπεκρίθη, ὁ πάπας ἰταλικά, καὶ εὐθὺς ὁ
ταλέντης ἐξάπλωσε τὸ φλάμπουρο, τὸ ὁποῖον ἀπὸ τὴν
49 a χαρὰν μὲ τὰ δάκρυα στοχαζόμενος | ὁ πάπας, καὶ οἱ ἄλλοι
μεγαλοφώνως ἤρχησαν, τὸ δόξα ἐν ὑψίστοις θ̅φ̅', καὶ εἰς
τὸν ἴδιον καιρόν, ἐκτύπησε ὅλα τὰ τόπια τὸ καστέλι τοῦ
ἀρχαγγέλου, καὶ ἐσύμαναν μίαν ὥραν, αἱ καμπάνες τῆς
5 ρώμης, μὲ χριστιανικὴν εὐφροσύνην, ὅλου τοῦ κάστρου.
Τοῦτο τὸ φλάμπουρο δὲν εἶναι καθὼς μερικοὶ λογιάζουσι,
ἕνα ἁπλῶς ἀπὸ τὰ πρῶτα φλάμπουρα τοῦ φουσάτου τοῦ
τούρκικου, ἀμὴ εἶναι, ἐκεῖνο ὁποῦ αὐτοὶ λέγουσιν τοῦ μεε-
μέτι¹, τὸ ὁποῖον συνηθήζουν νὰ φυλάγουσι, εἰς τὸ θησαυρο-

¹ Marginal note in another hand:
Ὅτι ψευδὴς ἡ ἱστορία σου αὕτη δῆλον ἀπὸ τῆς περιγραφῆς, ἐπειδή· τὸ
σαντζάκι θερίφι ποτὲ ἔξω τοῦ βασιλικοῦ σεραγίου οὔτε ἐξῆλθεν, οὔτε ἐξέρχεται
καὶ αὐτοῦ τοῦ βασιλέως ἐκστρατεύοντος· δεύτερον αὐτὸ τὸ σαντζάκι θερίφι
εἶναι τρίχηνον, καὶ ὅλως λιτόν, καὶ ἀποίκιλον, καὶ ὄχι χρυσοῦν· λοιπὸν καὶ ἀγνοῶν,
καὶ φρενοβλαβῶς κομπάζων, χαριζόμενος οἷς βούλη, ψευδόμενος γλωσσαλγεῖς.

"That this history of yours is false is clear from the description, for the
Sandjak Sherifi has never gone out of the Royal Seraglio, nor does it go
out, even when the King is in campaign. Moreover this Sandjak Sherifi
is made of hair and is entirely plain and unornamented and not of gold.
So it is through ignorance and mad boasting and a desire to gratify those
whom you wish that you lie and trip with your tongue."

It is interesting to compare this anonymous criticism of the popular belief
that this standard was the Standard of Mahomet with that of Hammer,

to the Pope he according to custom kissed his sacred feet, and forthwith presented to him the famous standard with the letter of the King, which began with the famous speech of Caesar Augustus, amended with humility, a thing which the rather exalted it: "We came, saw and God overcame." He gave information to his Holiness of the glorious victory which owing to his prayers God had granted to the Christians over 180,000 barbarians. In witness whereof he sent him a present, the Standard of Mahomet, to hang in the church of St Peter, as a memorial. Which standard he himself with his own hands on an appointed day thereafter, in company with all the leading men of Rome, bore and placed in triumph in the Papal dome, the Pope himself being present with the Cardinals and Bishops. There the envoy of the King made a speech in Latin, and the Pope answered him in Italian, and Talenti forthwith unfurled the standard, which the Pope and the others looked upon with tears of joy, and forthwith began to chant aloud the Glory to God in the Highest, and at the same time the Castle of St Angelo fired all its guns, and the bells of Rome rang for an hour to the Christian joy of all the fortress. This standard is not as some think simply one of the principal standards of the Turkish army, but is that which they call the Standard of Mahomet[1], which they are

Gesch. d. osm. Reiches, vi (1830), p. 413 n.: "Ein grosser, schon bey Uhlich gerügter, in der Geschichte Wien's aber neuerdings wiederholter Irrthum, vor welchem alle Beschreiber dieser Belagerung, besonders aber die neueren, sich leicht hätten bewahren können, wenn sie die Beschreibung der prächtigen...Standarte, welche Sobieski als die heilige dem heiligen Vater nach Rom sandte...mit der Beschreibung der heiligen Fahne in Benaglia (welche grün) verglichen hätten, oder auch nur selbst hätten urtheilen wollen, wie denn Mohammed's Fahne, auf welcher, wie bekannt, nichts steht als: 'Es ist kein Gott, als Gott,' zu der prächtigen Inschrift, aus dem Koran gekommen, die in einem besonderen Werke erklärt ist...." This special work to which Hammer refers is *Descrizione dello standardo....* Anonymous, Naples, 1684. There is no copy in the British Museum.

Cf. however Al. Mavrocordato *apud* Papadopulos-Kerameus, *Texte grecești*, p. 6, where it is stated (under May 3rd) that ἐπῆρεν ὁ ἐπίτροπος τὸ σαντζάκι-σερίφι μὲ μεγάλην παράταξιν.

10 φυλάκιον τὸ βασιλεικό, καὶ τὸ παραδίνει ἀτός του ὁ
βασιλεὺς τοῦ βεζῆρι, παρόντος ἀραδιασμένου τοῦ φουσάτου,
τὸ ὁποῖον φιλῶντας πρῶτα τὴν σκάλα τῆς σέλας τοῦ
βασιλέως, τὸ δέχεται εἰς τὸ ὄνομα τοῦ μεγάλου θῦ' καὶ μὲ
πολλὴν εὐλάβειαν τὸ ἀσπάζεται, καὶ βανωντάς το ὕστερα
15 ἀπάνω εἰς τὴν κεφαλίν του, τὸ φέρνει εἰς τὸ τζαντῆρι του,
ὑποσχόμενος νὰ τὸ φυλάγη μὲ ἐπιμέλειαν, καὶ εἰς τὴν
στράταν τὸ βαστοῦσι μὲ πολὴν εὐλάβειαν, ὕστερα ἀπὸ
τοὺς τζαουσάδες, πρόπορευόμενος πάντα, ἔνας ψευτάγιος,
ὁ ὁποῖος μὲγάλως φωνάζη τοῦ λαοῦ νὰ προσεύχωνται,
20 τοῦτο(ν) τοῦ φλαμπούρου, κατὰ πόδι ἀκολουθοῦσι, οἱ σερή-
φηδες, ἀπὸ τὴν συγγενεῖαν τοῦ μωάμεθ μὲ τὴν παρουσίαν
τοῦ ἐμηρπάση, κριτοῦ, καὶ ἀρχηγοῦ τως.

Ἦτον τὸ ἄνωθεν φλάμπουρο, μέταξωτὸ μὲ δύο χρώματα
εἰς τὴν μέσην, κραμήζη κόκινο, εἰς τὴν ἄκρην πράσυνο, μὲ
25 τριαντάφυλα, χρυσὰ καὶ ἀργυρά, ἔμορφοκεντιμένο, μὲ ἕν
ἥμισοφεγκάρι, εἰς τὸ τέλος πρὸς τὴν ἀγκονήν, καὶ εἰς τὸ
κατώτερον μέρος, μίαν χραμάδα ὡσὰν ἀπὸ αἷμα.

Τρυγύρου εἰς τὴν μέσην ἐφαίνωνταν, πολλὰ γράμματα,
49 b ἀραβικά, ὁποῦ ἐδια|λάμβαναν, κάποιους χρησμούς, ἡ ἀπό-
φασες τοῦ μωάμεθ, πρῶτου προφήτου τῶν τουρκῶν, καὶ
τοῦ ἀμπουπεκήρ, καὶ ὁμὲρ μικρῶν προφητῶν, καὶ ἐξηγη-
τῶν, τοῦ ἀλκουράνου, τὰ ὁποῖα ἐμετάγλωττησαν, ὁ διδά-
5 σκαλος τῆς ἀραβικῆς γλώσσης, ὁ παπὰ βονέσιος μαρωνίτης,
μαζῆ μὲ ἔναν παπὰ δαμασκινόν, ὁποῦ εἰς τὸ ἰδίομα τὸ
λατινικόν, τέτοιας λογῆς τὰ ἐμετάφεραν.

Εἰς τὸ ἀπάνω μέρος, ὁποῦ ἦτον τὸ πράσυνο ἔγραφεν
οὕτως
10   μωάμεθ

Ἡμεῖς σε παρακαλοῦμεν, παράκάλεσιν, ἀληθηνήν, ἤγουν,
ὅτι ὁ θς' νά σου συγχωρήσει, ἂν ἔπτεσαις, εἰς κανένα

accustomed to keep in the royal treasury, and the King himself hands it to the Grand Vezir in the presence of the army drawn up in line. After first kissing the stirrup of the King's saddle, he receives it in the name of the great God, and embraces it with much reverence, and afterwards placing it above his head bears it to his tent, promising to guard it carefully, and on the march they carry it with much reverence behind the tchauchs. A so-called holy man always goes before it, and calls aloud to the people to pray. Behind the standard follow the Sherifs, of the family of Mahomet, accompanied by the Head Emir, their judge and commander-in-chief.

The above standard[1] was of silk in two colours. In the middle a scarlet red, on the edge green with roses in gold and silver, beautifully embroidered with a half-moon placed at the outer angle, and in the lower part with a border as of blood.

Around the middle were seen many letters in Arabic, which comprised certain oracles or sayings of Mahomet, the first prophet of the Turks, and of Aboubekir and Omar, minor prophets and expounders of the Koran, which were translated by the teacher of the Arabic tongue, the priest Vonesios, a Maronite, and by a priest from Damascus. These made a translation of them into Latin to the following effect.

On the upper part, which was the green, there was written this:

Mahomet

We pray thee a true prayer that God may pardon thee any sin into which thou hast stumbled or into which thou

---

[1] An illustration of the standard in colours is given in the Manuscript, but the Arabic inscriptions are wanting. These are given in the picture of the Flag in Camesina, p. 78. Cf. also *Theatr. Eur.* xii, pp. 556, 610. The flag was removed to Loretto in 1684. Cf. Camesina, *loc. cit.*: "Die von dem König in Polen vor Wien eroberte Türckische-Fahne, wurde auff die Verordnung des Cardinals Barbarini nach Loretto gebracht, umb allda zu Ehren der Mutter Gottes auffgehangen zu werden."

σφάλμα, καὶ ὅτι εἰς τὸ ἐξῆς θέλεις πτέσῃ, καὶ νὰ σοῦ
χαρίσῃ τὴν χάριν του.

15 ὁμὲρ

Κατευοδώσει σε ὁ θ𝑠̄′, διὰ τῆς εὐθείας ὁδοῦ.

Καὶ εἰς τὴν μέσην, ἀπάνω εἰς τὸ κόκινο

Οὐκ ἔστι θ𝑠̄′, πλὴν τοῦ θεοῦ,
Ὁ μωάμεθ ἀπόστολος τοῦ θεοῦ,
20 Οὐκ ἔστι θ𝑠̄′, πλὴν τοῦ θεοῦ,
Καὶ ὁ μωάμεθ ἀπόστολος τοῦ θῡ̄′.

Εἰς τὸ κατώτερον μέρος, ἀπάνω εἰς τὸ πράσυνο

Καὶ δώσει σοι ὁ θ𝑠̄′ βοήθειαν, καὶ νίκην κραταιάν, αὐτὸς
ἐστίν, ὁ εὐδοκήσας ἐνοικήσας, εἰς τὰς καρδίας τῶν πιστῶν,
25 εἰς αὔξησιν ἁγιασμοῦ, καὶ καθαρότητος τῆς αὐτῶν πίστεως

Δόξα τῷ Θῷ̄. |

50 a Καθῶς πλέα καθαρώτερα, ἡμπορεῖ νὰ ἰδὴ τινάς, εἰς τὴν
ἐνθάδε, ζωγραφισμένην εἰκόνα.

Ἐχάρησαν μὲ τούτην τὴν ἀφορμὴν τοῦ ταλέντη, εὔμορφα,
καὶ ἀκριβὰ χαρίσματα, τόσον οἱ ἄρχοντες, ὅσον καὶ οἱ
5 καρδινάλοι, μάλιστα ὁ πάπας, ὁποῦ τοῦ ἐχάρησε, ἕνα
καβαλιεράτο τοῦ ἁγίου πέτρου, μὲ πληρωμὴν τὸν κάθε
χρόνον σκοῦδα 200 ἔξω ἀπὸ μίαν ἄλυσον πέντελυτρόν, μὲ
δύο βούλαις εἰς ἐγκώμειον τοῦ ῥηγός, καὶ ὡς φαίνεται τὸν
ἐπ᾿ ὀνομάζει διάφεντευτὴν τῆς πίστεως, φεύγωντας ἀπὸ
10 τὴν βιέναν, εἶχε φυλαχθῆ, ἀπὸ κάτω εἰς τὴν μποῦταν ὁ
βεζῆρις, ὁποῦ διὰ νὰ ξεθυμάνῃ, ἀπὸ τὴν δυστυχείαν, ὁποῦ
τὸν ἐπλάκωσε, ἔκαμε εὐθὺς νὰ πνύξουν, τὸν πασὰ τοῦ
κάστρου, μὲ πολλοὺς ἄλλους φίλους του, εὑρισκωντάς του

mayest stumble in the future, and that He may grant thee
His grace.

Omar

God will guide thee aright in the straight path.

And in the middle, on the red:

> There is no god, save God,
> Mahomet the Apostle of God;
> There is no god, save God,
> And Mahomet the Apostle of God.

On the lower part, on the green:

And God will give thee help and strong victory; it is
He that hath deigned to dwell in the hearts of the faithful,
to the increase of the holiness and purity of their faith.

GLORY TO GOD.

As anyone may see more clearly in the picture here
painted.

On this occasion beautiful and valuable gifts were given
to Talenti both by the Officials and the Cardinals, and
above all by the Pope, who gave him a Knighthood of
St Peter, with a payment of 200 scudi a year, together
with a chain of five pounds weight, and two Bulls in
praise of the King, and, as it appears, further named him
Defender of the Faith[1]. On fleeing from Vienna the
Vezir had taken refuge down at Buda, where, to give vent
to the misfortune which had laid him low, he forthwith
gave orders that the Pasha of the fortress and many
friends of his besides should be strangled[2], making the

---

[1] Cf. *Theatr. Eur.* xii, p. 610: "Den 7 Octobris frühe wurde der ober-
wehnte Polnische Secretarius Talenti zum Pabst zur Audienz beruffen; da
er aus seiner eigenen Hand eine güldene Ketten von fürtrefflicher Arbeit
sechs Pfund schwär nebenst einer reichen Kron u. kostbahren Medaille
empfangen. Darauff ist gedachter Secretarius den 9. ditto nachdem er
auch von unterschiedlichen Personen treffliche Verehrungen u. von dem
Pabst an seinen König ein *Breve* voller herrlichen Lobs mit dem Titul
Defensoris fidei erhalten wieder zu seinem König abgereiset."

[2] Cf. Al. Mavrocordato *apud* Papadopulos-Kerameus, *Texte greceşti*,
p. 16.

ἀφορμήν, πῶς αὐτὸς πρῶτος, ἔκαμεν κακὴν ἀρχήν, νὰ φύγη |
50 b καὶ δὲν ἦτον ἔτζη μόνον τοῦτο τὸ ἔκαμεν διὰ νὰ μὴν ὁρμή-
σουν, κατάπάνω του τὸ φουσάτο, ὁποῦ πρῶτας τὸν εἶχε εἰς
μεγάλην εὐλάβειαν, ἄλλο ὅτι ὅταν ἐμελέτησε νὰ κάμη τὸν
πόλεμον, μὲ τὸν ἱμπεραδῶρον, καὶ νὰ πηγένη εἰς τὴν βιένα,
5 αὐτὸς ὁ πασάς, ἦταν ἐναντίας γνώμης, καὶ ἐφοβοῦντον, μὲ
τὸ μέσον τῶν φίλων του, νὰ μὴν τὸ βάλουν εἰς τὰ αὐτιὰ
τοῦ βασιλέως, καὶ ῥύψουν, ὅλον τὸ πταίσιμον ἀπάνω του,
ἀκομὴ διατί εἶχε πάρη τόπια, καὶ ἄλλαις πολεμικαῖς δύ-
ναμαις ἀπὸ τὸ μποῦτουμη, καὶ τὸ ἀφῆκε ξαρματομένον, καὶ
10 ἔτζη ἐπάσχησε, νὰ καλύψη τὰ σφαλματά του, μὲ τὴν ζωὴν
τῶν ἀλονῶν.

Ἕως τόσον τὰ κάστρη λεγόμενα, τότις, πάπα, καὶ θεσ-
πρὴν ὁποῦ εἶχε πάρη ὁ τέκελης, ἀπὸ τὴν κάτω οὐγκρίαν,
βάνωντας μέσα τούρκους, εἰς φύλαξιν, τὰ ἔπερναν ὀπίσω,
15 οἱ ἱμπεριάλοι θανατώνωντας ὅλους τοὺς τούρκους, ὁποῦ
εὑρίσκωνταν μέσα, ἐκεῖ ὁποῦ ὁ τέκελης, ἦτον πρῶτος νὰ
φύγη ἀπὸ τὴν βιέναν, ἐπῆγε νὰ φυλαχθῆ, εἰς τοὺς τόπους
51 a του, εἰς τὴν ἀπάνω | οὐγκρίαν.

Ἀκομὴ οἱ κροάται, παγένωντας ἐμπρὸς, εἰς τὸ ἔσεκη,
ἔκαυσαν ἐκεῖνο τὸ μέγα γεφύρι μὲ πολλὴν ζημίαν τῶν
τουρκῶν, ὁποῦ δὲν ἐδύνονταν ἀλέως νὰ περνοῦν τὸν ζαχερέ
5 τους.

Ὁ ῥῆγας τῆς λεχίας μὲ τὸν δοῦκα τῆς λορένας, καὶ μαζὴ
ὅλον τὸ φουσάτο ἐστέκονταν ἀνάμεσα εἰς τὸ πέτερνέλ, καὶ
τὴν ποσονίαν, ὁποῦ μὲ σπουδὴν ἐφτίαναν τὸ γεφύρι, διὰ νὰ
περάσουν τὸ φουσάτο, εἰς τὴν ἀπάνω οὐγκρίαν, καὶ ἐκεῖ
10 νὰ κτυπῆσουν, κανένα κάστρο, ἐτελειώθη τὸ γεφύρι, εἰς
ταῖς 24 καὶ εἰς ταῖς 25 ἤρχησαν νὰ τὸ περνοῦν.

Ἔφθασεν εἰς τοῦτον τὸν καιρόν, ἀπὸ τὴν βιέναν, ὁ κόντες
σταρεμπέργ, διὰ νὰ δουλεύση τὸν καίσαρα, καὶ εἰς τὸν
κάμπον, ἀπόμένωντας εἰς τὸν τόπον του, ὁ μαρκέζες φερδι-
15 νάνδος ὄμπιτζης, καὶ εὑρέθηκαν, εἰς τοῦτον τὸν καιρόν,
ἀκομή, καὶ ἄλλα τόπια, καὶ ζαχερὲς εἰς τὸν λόγκον.

Εὐθὺς τὸ λοιπὸν ὁποῦ τὸ στράτευμα, ὅλον τοῦ καίσαρος,
ἐπέρασε τὸν δοῦναβην, καὶ ἐσμύχθη μὲ τοὺς λέχους, ἔγυνε
συμβουλῆ, ἀναμεσά των εἰς τὴν ὁποῖαν ἀποφάσισαν, νὰ

excuse that he had been the first to set the bad example of flight. And this was not the case, but he did it simply that the army might not fall upon him. Originally the army had held him in great respect, but when he contemplated making war with the Emperor and going against Vienna, this Pasha was of contrary opinion, and he was afraid that with the aid of his friends they might bring the matter to the ears of the King, and throw all the blame on him, especially since he had taken cannon and other engines of war from Buda, and had left it disarmed. And so he endeavoured to cover up his own errors by taking the life of the others.

Meanwhile the Imperialists had recovered the fortresses called Totis, Papa and Veszprim, which Tekeli had taken in Lower Hungary, putting in Turks to garrison them. They killed all the Turks they found in them, while Tekeli, who had been the first to flee from Vienna, went to protect himself in his lands in Upper Hungary.

Further the Croats, advancing to Eszék, burned that great bridge with much damage to the Turks, who had no other means of getting their supplies across.

The King of Poland and the Duke of Lorraine with all the army were stationed in between Petronell and Pozsony (Pressburg), and they pushed forward the building of the bridge, with the object of letting their army cross into Upper Hungary, and of attacking a fortress there. The bridge was finished on the 24th and they began the crossing on the 25th.

At this time Count Starhemberg arrived from Vienna to serve the Emperor in the field also, the Marquis Ferdinand Obizzi remaining in his place. Further cannon and supplies were found in the forest at this time.

Immediately after the Emperor's army had all crossed the Danube and united with the Poles, a council was held at which they decided to besiege the fortress of

20 ἀπόκλεισουν τὸ κάστρο τοῦ νεἴεσέλ, τὸ ὁποῖον πρῶτα ἦτον
τοῦ καῖσαρος, καὶ τὸ ἐβαστοῦσαν οἱ τοῦρκοι πολλὰ δυνατὸν
ἔχωντας σκοπὸν ὕστερα ἀπὸ τοῦτο ὁ ῥῆγας, νὰ ὑποτάξῃ
τοῦτον τὸν χρόνον, ὅλην τὴν ἀπάνω οὐγκριάν, καὶ τὸν τέ-
κελην, διὰ νὰ ξεχυμάσῃ ἀπέκει εἰς τὸ ἐρδέλη, ὅθεν ἄρχησαν
25 νὰ περνοῦσιν τὸν ποταμὸν λεγόμενον βάγον, ὁποῦ εἶναι
συμὰ εἰς τὸ νεἴεσέλ, ἀνκαλὰ καὶ εἰς τὴν συμβουλὴν δὲν
51 b ἐδύνονταν, νὰ ἐβροῦν τὸν τρόπον, νὰ τὸ κτυπήσουν | μερικοὶ
εἶχαν γνώμην, νὰ τὸ ἀποσφαλήξουν μόνον ὅπως μὴν ἐλπί-
ζωντας πουθενὰ βοήθειαν νὰ παράδωθῇ, καὶ τὸ ἐπίλοιπον
τοῦ στρατεύματος, νὰ πηγένῃ, ἐμπρὸς πρὸς τὸ μπαρκάν,
5 καὶ πέστ, ὁποῦ εἶναι ἀγνάντεια εἰς τὴν μποῦδα, ἄλλοι
πάλιν εἶχαν γνώμην, ὅτι νὰ τὸ περικυκλῶσουν, καὶ νὰ
βαλθοῦν εἰς τὰ γιουρῆσια, διναστενωντάς τους μὲ τὸ σπαθὺ
νὰ παραδωθοῦν μᾶλιστα ὁποῦ ὁ χυμὸν ἐσύμωνε, καὶ οἱ
καιροὶ δὲν ἠμποροῦσαν, νὰ εἶναι ὅλο καλοί, καὶ ἄλλο ὅτι
10 κινηγῶντας, εἰς ἕναν ἴδιον καιρὸν πολλαῖς δουλειαῖς, δὲν
ἐκατορθώνετον οὐδέμια, καὶ ἐφθείρονταν καὶ τὰ στρατεύ-
ματα, ὅθεν ἐφάνη τὸ περισσὸ μέρος τῆς συμβουλῆς, νὰ
ἔκλυνε εἰς τούτην τὴν δεύτερην γνώμην ὅμως εἰς ταῖς 5 τοῦ
ὀκτωβρίου, ἔλαβαν εἴδησιν, πῶς ὁ τέκελης, εἶχε φθάσῃ σιμὰ
15 μὲ 15,000 τατάρους, οἱ ὁποῖοι ἕως δύο μύλια μακρὰ ἀπὸ
τὸν κάμπον τῶν χνῶ̄ν, ἐπεριτρυγήρηζαν, σκλάβωνωντας
τοὺς ὑπηρέτας, ὁποῦ ἐστέλνωνταν διὰ φαγητά, τόσον ὁποῦ
ἔκαμνε χρεῖαν ὁ ῥῆγας νὰ στέλη μὲ αὐτοὺς ἱκανὸν ἀριθμὸν
καζάκων νὰ τοὺς φυλάγουν.
20   Τὴν ἴδιαν ἡμέραν ἀκομὴ ἔμαθαν, πῶς ἀποκάτω εἰς τὴν
μποῦδα, ἐστέκονταν 40,000 τοῦρκοι, καὶ ἀνάμεναν τοὺς
χν̄ούς, ὅθεν ὁ ῥῆγας, ἀφῆνωντας εἰς ἕνα μέρος τὸ νεἴεσέλ,
ἔκαμε νέον καουτάρε, ὅλου τοῦ στρατεύματος, τὸ ὁποῖον
μετὰ τὴν νίκην εἶχεν αὐξήσῃ πολλά, ἐπειδὴ, καὶ εὑρέθηκαν
25 πλέα παρὰ 10,000 καὶ εἰς τὸ γερμανικὸν 80,000.
    Εἰς τὴν πρώτην τοῦ αὐτοῦ μηνὸς εἶχεν φθάσῃ ὁ πρέν-
τζηπες, λουμπομήσκης δούκας τῆς σαντομύριας, μὲ 2000
ἀνδριωμένους, καὶ διαλεκτοὺς στρατιῶτας, ἔξω ἀπὸ τοὺς
ὑπηρέτας του, ὁποῦ ἔφθαναν ἕως 6000, τὸ λέχικον φουσάτο
52 a στέ|κεται, εἰς ἕξη διάφορα γένη, εὐγενικῶν στρατευμάτων,

Neuhäusel, which originally belonged to the Emperor, and was very strongly held by the Turks. The King had the intention after this of subjugating this year all Upper Hungary as well as Tekeli, in order that from there he might pass the winter in Transylvania. So they began to cross the river Waag which is near Neuhäusel, although at the council they were unable to find the means of attacking the place. Some were of opinion that they should invest it only, in order that, being without hope of help from any quarter, it might surrender, and the rest of the army move forward against Párkány and Pesth which is opposite Buda. Others again were of opinion that they should surround it and proceed to an assault and force them to surrender at the sword's point, especially since winter was approaching and the weather could not be very favourable, and because moreover in hunting many hares at the same time they might not succeed in catching any, and would lose their armies. It appeared that the majority of the council inclined to the second opinion. However on the 5th of October they received news that Tekeli had reached the neighbourhood with 15,000 Tartars, who were roving within two miles of the Christian position, capturing the servants who were being sent out for provisions. As a result the King had to send with them a sufficient number of Cossacks to protect them.

On the same day they learned further that 40,000 Turks were stationed down at Buda, and were waiting for the Christians. Accordingly the King left Neuhäusel on one side, and made new quarters for his entire army, which he had increased largely after the victory, seeing that more than 10,000 were added to it, and to the German army 80,000.

On the first of the same month Prince Lubomirski, Duke of Sandomir, arrived with 2000 brave and picked troops, not including his servants who amounted to 6000. The Polish army is divided into six different kinds of noble troops; the first and most noble soldiers are the

οἱ πρῶτοι καὶ εὐγενικώτεροι στρατιῶται εἶναι οἱ οὖσαροι,
καὶ ἡ ἁρματωσία ὁποῦ βαστοῦσιν εἶναι τέτοια, τὸ κεφάλι
σφαλισμένο, μὲ περικεφαλέαν, τὸ στῆθος, ἡ πλάταις καὶ
5 τὰ χέρια συδερένια, μὲ δύο μεγάλαις πτέρυγαις, ἀπόπίσω,
καὶ αὐταῖς συδερένιαις, καὶ σκεπασμέναις μὲ πτερὰ ἀετοῦ,
ἔχουσι τὴν δεξιάν, ἀρματωμένην, μὲ μακρὰν λόγχην ὁποῦ
εἰς τὴν κορυφὴν ἔχει μεταξοτὸ διαφοροχρωματισμένο
μπαϊεράκι, τὴν ἀριστερὰν μὲ θυρεὸν ἤγουν τάργα, καὶ ἀπὸ
10 ταῖς πλάταις ἕως τὰ μεριὰ τοῦ ἀλόγου τους κρέμεται μία
γοῦνα ἀπὸ τύγρην ἔχουσι καὶ εἰς τὸ πλευρὸν τὸ σπαθύ,
τοῦτοι εἶναι τὸν ἀριθμὸν 5000 ἀμὴ θέλωντας τοῦτοι νὰ
ἀπογραφθοῦσι εἰς τὸ τάγμα αὐτὸ τῶν οὐσάρων, τοὺς βάνῃ
χρέος ἡ ἐξουσία νὰ ἔχῃ ὁ καθ᾿ εἷς δύο συντρόφους μὲ τὸ
15 αὐτὸ σχῆμα ἀρματωμένους τόσον ὁποῦ ἔρχονται νὰ γενοῦσι
15,000 ἔξω ἀπὸ τοὺς ὑπηρέτας των ὁποῦ φθάνουσι ἕως
40,000 δὲν λέγονται ὅλοι τοῦ τάγματος διατί οἱ ὑπηρέται
εἶναι ἔξω τοῦ ἀριθμοῦ.

Ὕστερα ἀπὸ τούτους πηγένουσι οἱ παντζηέροι, καὶ αὐτοὶ
20 καβαλάροι, σύδερο ἀρματωμένοι, μὲ ἕνα κονταράκι, ὁποῦ
συνηθίζουν εἰς τὴν λεχίαν καὶ σπαθὺ εἰς τὸ πλευρό, εἶναι
καὶ ἐτοῦτοι ἀνδριωμένοι, καὶ ἀπὸ τοὺς εὐ<ε>γενεῖς τούτους,
ἀκολουθοῦσι οἱ καζάκοι ἀρματωμένοι, μὲ τοῦφέκι καὶ σπαθύ,
μερικοὶ καὶ μὲ δοξάροι, οἱ τέταρτοι εἶναι οἱ λεγόμενοι δρά-
25 κωντες καβαλαροὶ ἄξιοι εἰς κάθε ὑπηρεσίαν τοῦ πολέμου
μὲ τοῦφέκι καὶ σπαθὺ ἔξοχοι λησταί, ἔρχεται ὕστερα ἡ
πεζοῦρα ἀρματωμένη, μὲ λόγχαις, σπαθύ, καὶ μπορντέζα,
52 b τοῦτα εἶναι ὡσὰν τζεκούρια, τῶν ὁποῖων ἡ κορυφὴ εἶναι
λεπτή, καὶ κατεβαίνει ὕστερα στρογκυλή, ὡσὰν μικρὸ
φεγκάρι, οἱ ὅλο ὕστεροι ἀκομὴ εἶναι οἱ λεγόμενοι χαϊδοῦκοι
καρδιακοί, καὶ ἀνδριωμένοι μεγαλόκορμοι, ὡσὰν γύγαντες
5 ἀρματωμένοι εἰς τὸν νόμον με τὸ τουφέκι, ἕνα μπαλτὰ εἰς
τὸ χέρι, καὶ εἰς τὸ πλευρὸν τὸ σπαθύ. καὶ τοῦτα τὰ τάγματα
κάμνουσι τὸ φουσάτο τῶν λεχῶν, οἱ γερμάνοι ἀπὸ τὸ ἄλλον
μέρος εἶναι σύδερο ἐνδυμένοι, καὶ αὐτοὶ δράκοντες, καὶ πε-
ζοῦρα ἀνδριωμένοι, καὶ ἄξιοι τοῦ πολέμου.
10 Μὲ τοῦτα τὰ στρατεύματα τὸ λοιπὸν λογιάζει ὁ γαλυ-
νώτατος ρῆγας νὰ πιασθῇ ἄλλην μίαν φορὰν μὲ τοὺς ἐχ-

Hussars, and the armour which they wear is of the following kind. The head is enclosed with a helmet, the breast, the shoulders and the arms are mail-clad, with two large pinions behind, themselves of iron and covered with eagles' feathers; they have their right hand armed with a long spear, which has at the head a little flag of silk with different colours, their left hand with a buckler or targe, and from the shoulders to the flank of their horse there hangs a tiger-skin; they have also a sword at their side. They are 5000 in number, but if they wish to be enrolled in the regiment of the hussars, the authorities compel each to have two companions armed in the same fashion, so that they come to be 15,000, not counting their servants who amount to 40,000. All are not reckoned in the regiment, for the servants are outside the number.

After these go the Panzers, they too horsemen clad in mail, with a lance of the usual Polish type and a sword at their side. These also are brave men and from the nobility. They are followed by the Cossacks armed with musket and sword, some also with a bow. The fourth are the so-called Dragoons, horsemen fit for every service of war, with musket and sword, first-rate pillagers. Afterwards come the infantry, armed with spears, sword and *bordeza*; these last are a kind of axe, the head of which is fine and afterwards goes down into a round like a crescent moon. Last of all are those called Haiduks, men of good heart and brave, huge of body like giants, armed with musket on their shoulder and axe in their hand and sword at their side. And these regiments make up the army of the Poles. The Germans on the other hand are clad in mail, they too both dragoons and valiant infantry, and worthy of the war.

With these forces the most serene King reckons to engage the enemy once again, and hopes to have the

θρούς, καὶ ἐλπίζει νὰ ἔχη βεβαίαν τὴν νίκην εἰς τὰς χεῖρας,
καὶ διὰ τὸ πλῆθος, καὶ διὰ τὴν ἀνδρείαν, τῶν πολεμιστῶν
ἐκεῖ ὁποῦ ἐκ τοῦ ἐναντίου οἱ τοῦρκοι ἦτον ὀλύγοι, καὶ φο-
15 βισμένοι, τούτους τὸ λοιπόν, ὡσὰν καταβάλλη, ἔχει εἰς τὸν
νοῦν του νὰ κτυπήση τὴν μπούδα, καὶ ἂν δυνηθῇ νὰ τὴν
περιλάβη, δίσκολα θέλει ἠμπορέση νὰ φυλαχθῇ, καὶ τὸ
ναϊεσέλ, καὶ ἂν ὁ καιρὸς δὲν τὸ καλέσει τοῦτο τὸ καλοκέρι,
τὸ ἄλλο καὶ μὲ καλειώτερην ἑτοιμασίαν, μ᾽ ὅλα τὰ ἐμπόδια
20 ὁποῦ ἤθελα προλάβη, ὁ τοῦρκος εἰς τὴν λεχίαν μὲ τὸ μέσον
τῶν τατάρων, τοῦτοι οἱ τατάροι διαβαίνωντας τὸν δοῦναβη,
ἔστειλαν εἰς τὸν τόπον τους, στὸ κρήμη τοὺς χνοὺς σκλά-
βους ὡς 80,000 ψυχαῖς, ἄνδραις, καὶ γυναῖκαις.

Τούταις ταῖς ἡμέραις εἶχεν ἔλθη εἰς τὴν κούρτην τοῦ
25 καίσαρος ἕνας ἀρχιερεὺς ρωμαῖος, καὶ ἦτον ἀπεσταλμένος
πρωτήτερα ἀπὸ τοὺς καζάκους, εἰς τὸν ρῆγα τῆς λεχίας, οἱ
ὁποῖοι ὑπόσχονταν τὴν ἐρχομένην ἄνοιξιν, νὰ ἔλθουν εἰς
τὸν πόλεμον, κατὰ τῶν τουρκῶν, μ᾽ ὅλον ὁποῦ ὁ ρῆγας νὰ
53 a τοὺς θελήση διὰ | συμβοηθούς, καὶ νὰ γενῇ ἐγκυητῆς, ὁ
καῖσαρ τοῦ ὁποίου ἀκομὴ δὲν ἐδώθη ἀπόκρισις.

Ἔφθασεν εἰς τούτην τὴν ἡμέραν ὁποῦ εἶναι ἡ 9 τοῦ
παρόντος, ἀπὸ τὸν κάμπον, τοῦ μπαρκὰν ἕνα χαρούμενο
5 μαντάτο, ἤγουν πῶς ἔστωντας νὰ ἐνωθοῦσι ἄλλην μίαν
φοράν, ἀγνάντια εἰς τὸ στριγόνι 50,000 τοῦρκοι, καὶ 15,000
τεκελιάνοι, ἐδιάβησαν ἕως ἀπὸκάτω εἰς τὸ κάστρο, ἐκεῖ
ὁποῦ, κτυπῶντας ὁ ρῆγας μὲ ὀλύγους, καὶ πολεμῶντας
αὐτοὶ μὲ περισσότερον ἀριθμὸν εὑρίσκετον εἰς μεγάλον
10 κίνδυνον μὲ τοὺς ἐδικούς του μάλιστα ὁ υἱός του ὁποῦ τρεῖς
ὥραις ἦτον χαϊμένος μέσα εἰς τοὺς ἐχθρούς, ὅμως προφθά-
νωντας μὲ καιρόν, ὁ ἐνδοξότατος δοῦκας τῆς λορένας, μαζὴ
καὶ οἱ δύο εἰς ἕναν καιρὸν ἔδωσαν ἀπάνω εἰς τοὺς τούρκους,
μὲ τόσην ὁρμήν, καὶ ἀνδρείαν ὁποῦ ὕστερα ἀπὸ ἕνα δυνατόν,
15 καὶ σκληρὸν πόλεμον, τοὺς ἐβίασαν νὰ στρέψουν ταῖς
πλάταις, καὶ νὰ φύγουν κακὶν κάκως, πέφτωντας 8000 θα-
νατωμένοι, καὶ θέλωντες, οἱ ἐπίλοιποι νὰ διαβοῦν τὸ γεφύρι
τοῦ δοῦναβη μεσοδίαβα τοὺς ἐτζακίσθη, καὶ ἐπνοίγηκαν

victory sure in his hands owing both to the numbers and valour of his warriors, whereas the Turks on the contrary are few in number and terrified. And when he has overthrown them, he has in mind to attack Buda, and if he can take it, it will be difficult for Neuhäusel to defend itself. And if opportunity shall not invite this summer, then in the next after better preparation, despite all the hindrances that the Turk may cause to Poland by means of the Tartars. These Tartars, crossing the Danube, sent to their home in the Crimea their Christian captives, some 80,000 souls, men and women.

In these days a Roman[1] Bishop had come to the Court of the Emperor, having been despatched earlier by the Cossacks to the King of Poland. These promised to come to the war against the Turks in the following spring, provided that the King should desire them as allies, and the Emperor should become their guarantor. At present no answer has been given him.

On this day which is the 9th of the present month[2] there has arrived a welcome message from the field of Párkány to the effect that 50,000 Turks and 15,000 of Tekeli's troops, being on the point of uniting once again over against Gran, had crossed below the fortress, and that the King in attacking them with few men (the enemy being in larger numbers) found himself and his men in great danger, especially his son, who for three hours was lost amid the enemy. But the most illustrious Duke of Lorraine arrived at the right moment, and the two launched themselves simultaneously at the Turks, with such dash and courage that after a strong and hard fight they forced them to turn their backs and to flee miserably, 8000 falling dead. When the rest essayed to cross the bridge over the Danube, it broke in mid passage,

---

[1] Cacavelas appears to use 'Ρωμαῖος throughout for 'Roman' not 'Greek.' Cf. above MS. F. 2 a, l. 8, F. 3 a, l. 1.

[2] On the engagement before Párkány, see Klopp, p. 345 f. The defeat of the Poles was on October 7th. Cf. also Al. Mavrocordato *apud* Papadopulos-Kerameus, *Texte grecești*, p. 17.

περισσοὶ εἰς τὸν ποταμὸν κάμνωντας ὅλους τοὺς ἄλλους
20 κομάτια, εὐθὺς μετὰ τοῦτο εὑρίσκοντας τὸν καιρόν, ὁ δοῦκας
τῆς λορένας, ἐκτύπησε τὸ καστέλι τοῦ μπαρκάν, τὸ ὁποῖον
μετὰ ὀλύγης μάχης, τὸ ἐπερίλαβε, καίωντας καὶ κρεμνή-
ζωντας, ἕως ἐδάφους ταῖς δυναμαῖς του, καὶ ἔτζη μαζὴ ὅλα
τὰ στρατεύματα, ἐδιάβησαν πρὸς τὴν μποῦδα μὲ ἐλπίδα
25 νὰ τὴν περιλάβουν, καὶ μὲ τοῦτον τὸν τρόπον, νὰ δια-
βοῦν, καὶ εἰς μεγαλήτεραις νίκαις μὲ τὴν δύναμιν τοῦ
θῡ΄.

Ἀλλὰ ποίαις νίκαις, καὶ ποίαις πρόκοπαῖς δὲν τυχένει
53 b νὰ ἐλπίζουν | οἱ χνόι ἀπο στρατεύματα τόσον ἀνδριωμένα,
καὶ ἀπο στρατάρχους τόσον ἐξόχους, καὶ διαλεκτούς, κάθε
ἡμέρα κάθε ὥρα, στιγμὴ καλῶντας το ὁ καιρὸς ἀπεδώ, καὶ
ἐμπρὸς θέλουσι προκόπτει τὰ ἄρματα τῶν χνῶΐν, μὲ καμίαν
5 καλὴν ἀνδραγαθείαν, καὶ τοῦ ναϊεσέλ, καὶ τὸ στριγόνι, καὶ
ἡ μποῦδα, καὶ ἡ ἀπάνω οὐγκρία, καὶ τὸ ἐρδέλι θέλουσι
εἶσθαι παρὰ στενὰ σύνορα, τῶν ἀρμάτων τοῦ καῖσαρος,
καὶ τῶν λεχῶν, θέλει εὐχαριστήσει τὴν κακίαν τῶν ἀπο-
στάτων, ὁ καῖσαρ πῶς νὰ ἐκίνησαν κατ᾿ αὐτοῦ ἐκείνην τὴν
10 ταραχήν, εἰς τὴν ὁποῖαν καταπόδι ἀκολούθησε ἡ γαλίνη
τόσης δόξης, καὶ εὐτυχίας, θέλει μνημονεύει τὸν ἀπο-
κλεισμὸν τῆς βιένας, ὡσὰν μιὰν λαμπρὰν διστυχείαν ὁποῦ
ἔγυνε ὕστερα μρὰ τῆς δόξης, καὶ εὐτυχείας τῶν χνῶΐν καὶ
νεύσει θεοῦ θέλει φθάσει, μαζὴ μὲ τὴν χρίνην τὸ ὑπερέν-
15 δοξόν του γένος, εἰς ἐκεῖνο τὸ ὕψος ὁποῦ ἡ παροῦσαις
εὐτυχείαις ὑπόσχονται καὶ εἶναι 34 χρόνοι ἀφόντις τὸ
ἐπροφήτευσεν ὁ αἰδεσιμώτατος παπὰ μαρτῖνος στριγόνιος
ἰησουΐτης, ὁποῦ εἰς μίαν του προφητειαν εἰς τοὺς 1649
ἐζωγράφησε φανερὰ διὰ τὸν λεοπόλδον καῖσαρα τῶν ρω-
20 μαίων, ὅτι ἴδαμεν ἕως τῶρα, καὶ εἰς τὸ ἐξῆς ἀκομὴ ἐλπίζομεν,
νὰ ἰδοῦμεν, τόσον ὁποῦ φαίνεται περισσότερον ὁ λόγος τοῦ
πρ̄΄ς μία εἴδησις τῶν ἀπερασμένων, παρὰ ἕνα προγνωστικὸν
τῶν ἐρχομένων μάλιστα διὰ τοῦτο εἰς τὸ τέλος τῆς ἱστορίας
λατινικὰ καθὼς ἐκεῖνος τὴν ἔγραψε τὴν ἐβάλαμεν διὰ νὰ
25 καταλάβουν οἱ ἀναγινώσκοντες.

Ὁ αἰδεσιμώτατος παπᾶ μαρτῖνος στριγόνιος ἰησουΐτης,
ἐτελειώθη εἰς τὴν μπροῦναν εἰς τοὺς 1649 εἰς τὸν δεύτερον

and very many were drowned in the river. The Duke of Lorraine hewed all the rest in pieces, and immediately after this found opportunity to assault the Castle of Párkány, and after a short fight captured it, burning and razing its stronghold to the ground. And so all their troops together crossed to Buda with the hope of capturing it, and in this way passing on to greater victories with the power of God.

But what victories and what progresses may not the Christians hope for from armies so brave and generals so excellent and chosen, every day and every hour, as occasion shall henceforth invite momentarily? And now the Christian arms will with all fair bravery go forward even to Neuhäusel, and Gran and Buda and Upper Hungary and Transylvania will be but too narrow boundaries for the arms of the Emperor and of the Poles. And the Emperor will thank the wickedness of the rebels for stirring up against him that trouble in the train of which there followed the calm of so much glory and success, and will remember the siege of Vienna as a brilliant misfortune which afterwards became the mother of the glory and success of the Christians, and by the guidance of God his very glorious family together with Christendom will reach that height which the present successes promise. And it is 34 years since the most reverend priest Martin of Strigonia (Gran), a Jesuit, prophesied it; who in a prophecy of his in 1649 clearly depicted for Leopold, Emperor of the Romans, that which we have seen up to now and hope to see further in the future, so much so that the word of the father seems an account of things past rather than a forecast of things coming, and it is for this reason particularly that at the end of the history we have put it in Latin as he wrote it, in order that the readers may understand it.

The most reverend priest Martin of Strigonia, a Jesuit, died at Brünn in 1649 in the second year of his second

χρόνον τῆς δευτέρας του ἡγουμενίας ἄνος ἀπὸ τὰ καλά του
ἔργα κρατημένος διὰ ἅγιος εἰς ὅλην τὴν γερμανίαν.

30 Τοῦ αὐτοῦ περὶ τοῦ λεοπόλδου, ἰγνατίου τῆς ἀουστρίας
προφητεία. |

54 a Φερδινάνδος ὁ τέταρτος θέλει γενῆ βασιλεὺς τῶν ρωμαίων
μεθ᾽ ὀλύγον θέλει ἀποθάνει, καὶ λεοπόλδος, ὁ ἀδελφὸς
αὐτοῦ θέλει γενῆ αὐτόκράτωρ τῶν ρωμαίων ὅμως διὰ τοὺς
πολλούς του ἐχθροὺς ἀδύνατον θέλει εἶσθαι νὰ πιστεύσῃ
5 τινὰς πῶς νὰ λάβῃ τὸ στέμμα τῶν ρωμαῖων, καὶ παρελπίδα
μὲ μόνην τὴν βοήθειαν τοῦ θεοῦ βέβαια θέλει γενῆ αὐτο-
κράτωρ ρωμαίων, εἰς τὴν νεοτητά του δεινὰς ἀσθενείας καὶ
μεγάλους κινδύνους ἔχει νὰ τραβίξῃ ὅμως χάριτι θεοῦ
παντοτε θέλει ὑγειάνει, πολλοὺς ἐχθρούς, καὶ πολλαῖς
10 ἐναντιότηταις θέλει λάβῃ, ὁ τοῦρκος ἀπὸ σιμά, καὶ ἀπο
μακρὰ μέλει νάλθη τόσον ὁποῦ ὀλύγη ἐλπίδα θέλει ἀπο-
μείνη διὰ τὸ σπήτι τῆς ἀούστριας, ὅμως ὕστερα ὁ θς᾽ θέλει
βοηθείσῃ, καὶ ὁ καῖσαρ θέλει νικήσει, καὶ θέλει συγχιστῆ
ὁ ἀγαρηνός, τόσον ὁποῦ νὰ θαυμάσουν ὅλοι, πολλαῖς μάχαις
15 θέλει νὰ ἔχῃ διὰ τὴν γυναῖκα του, τὴν ὁποῖαν τυχένει νὰ
λάβῃ ἀπὸ τὴν ἰσπανίαν, καὶ θέλει φανῆ ἀδύνατον νὰ ἠμ-
πορῆ νὰ τὴν πάρη ὅμως μετὰ πολλοῦ μόχθου, καὶ βέβαια
θέλει τὴν λάβῃ, μερικαῖς ἀποστασίαις, καὶ προδοσίαις
θέλουν τρέξη, εἰς τὸ φανερόν, καὶ θέλει φαίνεσθαι πῶς κάθε
20 πρᾶγμα εἶναι τοῦ χαῖμοῦ, διατί ὁ ἐχθρὸς εἰς τὴν ἀρχὴν
θέλει λάβη μεγάλαις νίκαις, καὶ εὐτυχίαις, καὶ πάντες
θέλει λογιάσουν, καὶ πιστεύσουν πῶς ὁ ἐχθρὸς ἔχει νὰ τὰ
καταπιῆ ὅλα, ὅμως ὕστερα ὁ θς᾽ θέλει βοηθείσῃ τὸν καῖσαρα
καὶ τὸν οἶκον του, θέλει νικήσει, καὶ θέλει βάλῃ, ὑποποδιόν
25 του ὅλους τοὺς ἐχθροὺς τόσον ὁποῦ ὅλοι νὰ θαυμάσουν,
καὶ νὰ γνωρίσουν τὴν δύναμιν τοῦ θῦ ὁποῦ πάντα διαφεν-
τεύει τὸν ποθητόν του οἶκον τῆς ἀούστριας. Τότε ὁ ἀετὸς
αὐτοῦ ὑψωθήσεται, καὶ τροπόσει πάντας τοὺς ἐχθροὺς
54 b αὐτοῦ· καὶ μετὰ εὐτυχείας βα|σιλεύσει, θέλει λάβη περισ-
σότερους τόπους, παρὰ ὁποῦ εἶχαν οἱ προγονεῖς του, ὁ
οἶκος τῆς ἀούστριας, ἀπὸ τοῦτον τὸν λεοπόλδον, καῖσαρα
πάλιν ἔχει, πολυπλασιασθῆ καὶ νὰ εὐτυχήσῃ, εὐτυχέστερος
5 ἀπὸ ὅλους τοῦ οἶκου τῆς ἀούστριας, θέλει λάβη πλέα παρὰ

abbacy, a man accounted as holy throughout all Germany
for his good works.

His prophecy concerning Leopold Ignatius of Austria.

Ferdinand the fourth will become King of the Romans.
Within a short time he will die, and Leopold his brother
will become Emperor of the Romans. Yet owing to his
many enemies it will be impossible that anyone should
believe that he will receive the crown of the Romans, and
it is only contrary to expectation that with the help of
God he will surely become Emperor of the Romans. In
his youth he will pass through terrible sicknesses and
great dangers, but by the grace of God he will always
recover. He will have many enemies and much opposition.
The Turk will come from near and far, so that little hope
will remain for the house of Austria. Yet afterwards God
will help and the Emperor will conquer, and the Hagarene
will be confounded, so that all will be amazed. He will
have many battles for his wife whom he is to get from
Spain, and it will seem impossible that he should win her.
Yet after much toil he shall win her surely. Some
rebellions and treacheries shall come to light, and it will
seem that everything is lost, for the enemy at first will
win great victories and successes, and all will reckon and
believe that the enemy is destined to swallow everything
up. Yet afterwards God will help the Emperor and his
house. He will conquer and make all his enemies his
footstool, so that all will marvel and recognize the power
of God, who ever protects His beloved house of Austria.
Then his eagle shall be exalted, and will overthrow all
his enemies, and he will reign with success and receive
more lands than his fathers had. The house of Austria
has again been multiplied by this Leopold as Emperor,
and, fortunate beyond all the house of Austria, he will

μίαν γυναῖκα, ἡ μεγαλειότῆς του, ὁ αὐτοκράτωρ λεοπόλδος, ὁ καλότυχος αὐθέντις, θεία χάριτι πάντων τῶν ἐχθρῶν αὐτοῦ κατὰ κυριεύσει.

Τ🖋 καὶ τῷ θῷ΄ δόξα.

10   Ἐτελειώ΄, εἰς μπουκουρεϛ΄, 1686 δεκεμ̅,

∝ παρά

take more than one wife. His Majesty the Emperor Leopold, the ruler of good fortune, will by divine favour overcome all his enemies.

Glory to the Holy Trinity (?) and to God.

Finished at Bucharest, 1686, December

By

Jeremias Cacavelas[1].

---

[1] I do not pretend to make out Cacavelas' name in this monogram. I have interpreted it as his, because I think it most probable. Mr Milne would prefer to read Νικολάου ἱερέως, the name of the scribe.

A. GENERAL GLOSSARY OF GREEK WORDS

This Glossary contains words likely to be unfamiliar to students who are acquainted with Ancient, but not with Modern Greek. The spelling of the text is not always retained. When a word is contained in Glossary B (Turkish and other foreign words), reference is made to that Glossary. The reference to the folio and line of the MS. refers as a rule to the first passage in which the word occurs.

Ἀγάς, 12 a 22, Aga, commander
ἀδειάζω, 21 b 24, empty, discharge
ἄδειος, 46 a 1, empty
ἀκόμη, 4 b 2, still, again
ἀκουμπίζω, 12 a 12, lean, rest
ἀλάι, 11 a 11, procession
ἀλαμάνος, 4 b 20, German
ἀλαμπάρδα, 45 b 20, halberd
ἀλαξιά, 9 b 6, exchange
ἄλογον, 14 a 3, horse
ἀλονός, 5 b 4, other
ἀμάν, 40 a 8, mercy
ἀμάχη, 11 b 24, strife
ἀμή, 14 a 27, but
ἀμόνι, 46 a 9, anvil
ἀμπώθω, 21 a 11, thrust back
ἂν καί, 17 a 21, although
ἀνακατώνομαι, 10 b 4, meddle
ἀνεγνοίαστος, 6 b 27, tranquil
ἀνεπρόκοπος, 21 b 5, unadvantageous
ἀνήκαστος, 5 a 7, inconceivable
ἀνκαλά, 6 b 1, although
ἀνταμόνω, 12 b 13, meet
ἀντιπάθεσις, 19 b 27, defence, resistance
ἀξούγκη, 46 a 3, tallow
ἀπαλαίνω, 6 a 7, soften
ἀπαντέχνω, 32 a 23, await, meet
ἀπάντησις, 37 b 12, meeting
ἀπάνω εἰς, 40 a 6, upon
ἀπερασμένος, 4 a 19, past
ἀπερνῶ, 12 b 16, pass

ἀπετῶ, 11 a 22, blow up
ἀπηδῶ, 23 a 12, leap
ἀποκοτιά, 28 a 5, daring
ἀποκοτῶ, 32 a 6, dare
ἀπόκρυφος, 8 a 2, secret
ἀπομένω, 38 a 11, remain, be
ἀποσφαλίζω, 41 a 30, besiege, invest
ἀποστολάτωρ, 30 a 18, messenger
ἀποφασίζω, 10 b 26, decide
ἀράδα, 12 a 9, line, file
ἀραδιάζω, 13 a 11, draw up in line
ἄργητα, 16 b 29, delay
ἄρμα, 7 a 5, weapon
ἁρματόνω, 12 a 5, arm
ἀρσανᾶς, 45 a 17, arsenal
ἀσηκόνω, 5 a 12, raise, take away
ἀσήμι, 7 b 7, silver
ἀσκέρι, 10 b 20, army. Glossary B
ἀσλάνιον, 40 b 28, aslan. Glossary B
ἄσπρον, 40 a 11, money
ἀστόχαστα, 40 a 6, heedlessly
ἄστρατα, 26 a 14, in unmilitary fashion
ἄσφαλτα, 41 b 8, certainly
ἀτός του, τως, 49 a 10, himself, themselves
αὐγό, 41 b 24, egg
αὐθέντης, 2 b 18, ruler
αὐτί, 50 b 6, ear
αὐτονός = αὐτός
ἀφίνω, 2 b 2, leave

ἀφόντις, 24*b* 28, when, after
ἀχαμναίνω, 4*a* 7, make worse, weaken
ἀχαμνός, 4*a* 8, weak
ἀψιά, 38*a* 22, at once

Βάνω, 16*a* 17, put, set
βαρέλι, 45*b* 15, barrel
βαρκάκι, 40*a* 25, little boat
βαρόσι, 17*b* 6, suburbs. Glossary B
βαστῶ, 9*b* 7, last, hold, extend
βέργα, 44*b* 22, twig
βία, 17*a* 28, difficulty, haste
βίγλα, 17*a* 29, scouts
βιγλίζω, 14*a* 27, reconnoitre
βοη(β)όνδας, 2*a* 2, voivode
βολετός, 10*a* 5, possible
βόλι, 32*b* 26, bullet, ball
βουβάλι, 47*a* 29, buffalo
βοῦλλα, 50*a* 8, bull, seal
βουλῶ, 21*a* 32, overwhelm, sink
βουνί, βουνόν, 10*a* 2, mountain
βράδι, βραδιά, 11*a* 10, evening

Γαληνός, 2*a* 1, serene
γαληνότης, 2*b* 5, serenity
γδέρνω, 20*b* 11, flay
γδύσιμον, 19*b* 30, stripping
γεμόζω, 27*a* 18, fill
γερός, 21*b* 12, strong, sound
γιουροῦσι, 14*b* 22, assault. Glossary B
γκιουβερτζηλέ, 45*b* 10, saltpetre
γληγοράς, 31*b* 19, quickness
γλυτόνω, 5*b* 22, escape, save
γοῦνα, 52*a* 11, skin, pelt
γυρεύω, 5*b* 21, seek
γυρίζω, 12*b* 15, return

Δεϊόχνω, 20*b* 4, chase
δείχνω, 15*b* 17, seem, show
δέσιμον, 24*b* 13, fastening
διαλαμβάνω, 2*b* 2, contain
διαφεντεύω, 2*b* 20, rule, master
δίνω, 30*b* 22, give

δοκιμή, 24*a* 17, attempt
δόκιμος, 19*a* 23, recruit, novice
δοξάρι, 19*a* 2, bow
δυναμόνω, 11*a* 2, fortify

Ἐβγάζω, ἐβγάνω, 9*b* 9, issue, put forth, take out, interpret
ἐβγαίνω, 6*a* 20, go out
ἐδικός, 4*b* 5, own
ἑλκουμπαρατζῆς, 21*a* 24, bomber. Glossary B
ἐλτζῆς, 5*b* 5, ambassador. Glossary B
ἐμηρπάσης, 49*a* 22, head-prince. Glossary B
ἐμπορῶ, 5*a* 5, am able
ἐμπρός, 7*a* 3, forwards, before
ἐντρέπομαι, 9*b* 27, be ashamed
ἐντροπή, 15*b* 31, shame
ἐξαναφυτρόνω, 6*a* 11, spring up, grow
ἐξανοίγω, 15*b* 9, discover
ἐξαπλόνω, 20*a* 22, spread
ἐξοστρακίζω, 27*a* 3, expel
ἐρδελία, 18*b* 13, Transylvania
ἔρημος, 37*b* 26, monastery
ἐρχομός, 45*a* 5, coming
ἔτζη, 11*a* 16, thus
ἐτουτονός, 5*b* 20, this
εὐθυνία, 48*a* 15, cheapness
ε(ὔ)μορφος, 13*a* 12, beautiful
ἕως τόσον, 5*a* 21, meanwhile

Ζαερές, ζαχερέ, 14*a* 11, supplies, Glossary B
ζερβός, 12*b* 25, left
ζευγάρι, 41*b* 25, pair

Ἠξεύρω, ἰξεύρω, ξεύρω, 6*b* 1, know

Ἴδιος, 5*a* 14, own
ἱεροκήρυξ, 3*a* 9, preacher

Καβαλικεύω, 13*a* 15, ride
κάθε, 12*a* 14, every

καιρός, 2 *b* 21, time, opportunity
καλαράσις, 41 *b* 24, horseman. Glossary B
καλεστής, 44 *b* 15, inviter, host
καλόγερος, 17 *b* 30, monk
καλοκέρι, 52 *b* 18, summer
καλορίζικος, 20 *b* 29, fortunate
κάμνω, 15 *a* 12, do, make
καμπάνα, 44 *a* 23, bell
καμπανέλι, 35 *b* 15, belfry
καμπόσος, 47 *a* 7, some, considerable
κανίσκη, 17 *a* 8, present
καντάρι, 18 *b* 24, hundredweight
καπικιαχαγιάς, 10 *b* 3, Agent at the Porte. Glossary B
κᾶποιος, 8 *b* 6, some
καράβι, 48 *a* 20, boat
κάρβουνον, 20 *a* 10, coal, burning ashes
καρδιά (καρδάρι), 46 *a* 5, tub
καρφί, 45 *b* 15, nail
κασέλα, 5 *b* 7, box
κατάγναντα, 19 *b* 13, opposite
κατακρημνίζω, 41 *b* 22, destroy, overthrow
καταπάνω, 39 *b* 22, upon
καταπατητής, 25 *b* 21, spy, scout
καταπόδι, 53 *b* 10, after
καταποντίζω, 31 *a* 26, drown, overwhelm
κατασκλαβόνω, 2 *b* 27, enslave
καταχώνω, 24 *a* 27, bury
κατζήκι, 17 *a* 12, kid
καφέ, 45 *a* 11, coffee
κείτομαι, 2 *b* 14, lie
κεντί, 13 *b* 19, afternoon
κλονάρι, 19 *a* 15, branch
κλουβί, 29 *a* 20, cage
κοινωνῶ, 37 *a* 11, give communion to
κόκκινος, 49 *a* 24, red
κολύμβου, 19 *a* 14, by swimming
κολυμπητής, 24 *b* 11, swimmer
κονάκι, 12 *b* 9, lodging. Glossary B

κονεύω, 12 *b* 11, lodge
κοντάρι, 36 *b* 15, lance
κοντολογία, 8 *a* 7, brevity, shortness
κορμί, 17 *b* 29, body
κόσια, 45 *b* 22, scythe
κουβάρι, 45 *b* 24, ball, hank
κουμπαρᾶς, 21 *b* 28, bomb. Glossary B
κουμπές, 48 *b* 24, dome
κουράζω, 41 *b* 9, tire
κοῦρκα, 41 *b* 27, turkey-hen
κουρσεύω, 7 *a* 23, ravage, pillage
κούρσος, 23 *b* 23, spoil, plunder
κούρτη, 8 *a* 18, court
κραμήση, 49 *a* 24, crimson. Apparently = *cramoisi*
κρασί, 18 *a* 2, wine
κρεμνίζω, 53 *a* 22, overthrow
κτυπῶ, 12 *a* 19, attack, bombard, fire
κυριακή, 22 *a* 15, Sunday
κυτάζω, 36 *a* 9, look

Λαβόνω, 16 *a* 9, wound
λαγκάδι, 25 *a* 3, valley, defile
λαγοῦμι, 21 *a* 21, mine. Glossary B
λαγουμτζῆς, 18 *b* 18, miner
λειτουργῶ, 37 *a* 11, hold a service, say mass
λεχία, 2 *b* 3, Poland
λινόλαδο, 45 *b* 9, linseed oil
λίτρα, 45 *a* 27, pound
λόγου του, 16 *a* 12, himself
λουμπάρδα, xxix *b* 6, bombard. Glossary B
λουμπαρδίζω, 28 *a* 9, bombard
λοῦντρα, 24 *a* 17, boat. Glossary B
λουφές, 18 *a* 20, pay. Glossary B

Μαζόνω, 8 *a* 11, collect
μαζύ, 10 *a* 17, together with
μάζωμα, 17 *b* 8, collection
μάλαμα, 10 *a* 11, gold

μαλί, 27a 26, wool
μάλινος, 45b 14, woollen
μανίκι, 46a 6, sleeve
μαντάτο, 22a 10, news
μαντατοφόρος, 18a 17, messenger
μαντένι, 7b 6, mine. Glossary B
μάτι, 21a 31, eye
μερικός, 4b 24, 49a 6, special, some
μερικῶς, 9a 26, particularly, specially
μερτικόν, 14a 14, ration. Glossary B
μεταξωτός, 49a 23, of silk
μεταπαίρνω, 23a 11, take back
μετερίζι, 15a 1, wall, entrenchment. Glossary B
μετζίτι, 8a 5, mosque. Glossary B.
μῆνα, 24a 4, mine
μησίρι, 25a 28, Cairo, Egypt. Glossary B
μισεμός, 16b 22, departure
μισεύω, 14b 16, set out
μονέδα, 41a 7, coin
μπαϊεράκι, 12b 23, flag. Glossary B
μπαλτᾶς, 52b 5, axe. Glossary B
μπάνι, 41b 25, ban (coin). Glossary B
μπαρούτι, 45b 21, powder. Glossary B
μπαρουτχανά, 11a 20, powder-magazine
μπαστοῦνι, 21b 21, bastion
μπαχτζέ, 11a 6, garden. Glossary B
μπογδάνος, 18b 15, Moldavian. Glossary B
μπορντέζα, 52a 27, battle-axe. Glossary B
μπουγκί (πουγγί), 10b 1, purse
μπουλούκι, 37a 4, division of soldiers. Glossary B

Νερό, 24a 18, water
νόμος (=νῶμος), 52b 5, shoulder

ντελίς, 18b 6, Delhi. Glossary B
νωπός, 26b 15, fresh
νωρίς, 26a 2, early

Ξανακαινουριόνω, 23a 9, renew
ξαναπαίρνω, 23a 8, take back
ξεθυμαίνω, 50a 11, vent one's anger
ξενευρίζω, 6a 23, unnerve
ξεσχισμός, 42a 13, destruction
ξεφυτρόνω, 30b 21, burst out, sprout
ξεχειμάζω, 9b 29, pass the winter
ξεχωρίζω, 15b 7, separate
ξεχωρισμός, 17a 24, separation
ξημέρωμα, 37a 28, daybreak

Οἰκοκύρης, 17b 14, houseowner
ὀλάκικα, 41a 21, posthaste. Glossary B
ὀλονός = ὅλος
ὁμιλῶ, 47a 7, speak
ὀντάς, 40b 30, room
ὀρδί, 18b 25, camp. Glossary B
ὀτάκι, 40a 16, large tent. Glossary B
οὑγκροβλαχία, 2a 2, Ugro-Wallachia
οὐδατινός, 4b 4, trivial
οὐλούκι, 20b 19, conduit. Glossary B

Παγένω, πηγαίνω, 7b 3, go
παίρνω, 5b 8, take
παλάνκα, 14b 22, palisade
πάλος, 22a 28, stake
παλοσιά, 23a 9, palisade
πανί, 45b 11, cloth
πάντα, 7a 1, always
παντοτεινός, 8b 16, perpetual
πάπας, 9a 21, pope
παπάς, 17b 30, priest
παπί, 41b 27, duck
παραμικρός, 4b 15, very little
πάρσιμον, 15a 20, taking, capture

παστρουμᾶς, 18a 4, smoked meat.
   Glossary B
πασχίζω, 5a 5, attempt
περιβόλι, 17b 15, garden
περιγιάλι, 17b 5, shore
περιδιαβάζω, 40b 19, pass
περιμαζόνω, 11b 27, collect
περισφαλίζω, 19b 7, shut off
περιτριγυρίζω, 51b 16, rove a-
   round
περνῶ, 6b 14, pass
πετρόλαδο, 45b 8, petroleum
πετῶ, 22a 28, fly
πηδεξιότης, 11a 20, skill
πηθαμή, 21a 27, span
πιάνω, 5b 6, take
πίμνητζα, 29b 22, cellar. Glos-
   sary B
πιουλίτζα, 24a 8, catapult.
   Glossary B
πλακόνω, 24b 20, assault, sur-
   prise, extend
πλέα παρά, 4a 18, more than
πληγόνω, 23b 24, wound
πληρόνω, 4b 11, pay
πληρωμή, 46b 20, payment
ποκάμισον, 12a 5, shirt
ποστέλνικος, 5b 3, chamberlain.
   Glossary B
πουθενά, 11b 8, anywhere
πουλῶ, 22b 8, sell
πουρνό, 19b 17, morning
πράσινος, 21a 1, green
προαπαντῶ, 48b 10, meet
προβατοπέτσι, 45b 18, sheepskin
προξενῶ, 26b 5, cause
πρωτοσπαθάριος, 2a 6, Proto-
   spatharios, chief of the guards
πταίσιμον, 50b 7, fault, blame
πταίω, 49b 12, sin, stumble

'Ράμε, 45b 1, brass
ραντηβάνι, 13a 25, carriage.
   Glossary B
ρήγας, 2b 3, king
ρηγάτο, 42a 24, kingdom

ρήγησα, 22a 15, queen
ρηγόπουλο, 22a 16, prince
ρήζη, 45a 11, rice
ρίκτω, 19a 17, throw

Σαϊμένις, 12a 6, bodyguardsman.
   Glossary B
σαΐττα, 4b 26, arrow
σακκοῦλα, 8b 7, purse
σάμπλον, 24a 33, sabre. Glos-
   sary B
σαντζάκ, 18a 18, province. Glos-
   sary B
σαριτζάς, 18b 6, irregular soldier.
   Glossary B
σβύνω, 46a 6, extinguish
σέλλα, 49a 12, saddle
σεντοῦκι, 28b 13, box
σεράγι, 11a 7, palace. Glos-
   sary B
σερασκέρης, 43b 10, general.
   Glossary B
σεργιανίζω, 12b 18, view, pass
σερήφης, 49a 20, sherif. Glos-
   sary B
σεφέρι, 24b 21, campaign, army.
   Glossary B
σηκόνω, 2b 11, raise
σιμά, 2a 14, near
σκάλα, 49a 12, stirrup
σκαλίζω, 28b 18, engrave
σκαμνί, 22a 14, seat, throne
σκάνω, 18a 6, break, burst
σκεπάζω, 14b 23, cover, protect
σκοτόνω, 28b 2, kill
σκουτάρι, 46a 2, buckler
σμίγω, 6a 13, join
σοκάκι, 20a 16, street. Glos-
   sary B
σοῦρλα, 28a 17, pipe. Glossary B
σπαχίς, 18a 18, cavalryman.
   Glossary B
σπήτι, 15a 2, house
στάγκινος, 28b 13, of tin
στάκτη, 20a 21, ashes
στανικῶς, 4a 9, perforce

σταυρωμένον, 37 a 14, crucifix
σταφίλιον, 40 b 9, grape
στέκω, 13 a 18, stand
στένω, 21 b 22, crowd
στερεόνω, 24 a 24, establish
στιγμή, 53 b 3, moment
στουπόνω, 20 b 21, stop up
στοχάζομαι, 2 b 5, reflect, aim at
στοχασμός, 2 b 1, reflection
στράτα, 17 a 5, road
συμπαθῶ, 33 a 28, forgive
συμπέθερος, 5 a 25, marriage relation
συμώνω, 11 b 17, approach
συνάζω, 10 b 25, collect
συνδρομητικός, 31 b 13, supporting
συντροφιάζω, 12 a 4, accompany
συντυγχάνω, 47 a 5, converse
σύρνω, 20 a 26, draw, drag
σφαλίζω, 6 b 24, shut up, enclose
σφόρα, 45 b 19, twine. Glossary B
σώνω, 33 a 12, finish
σωστός, 27 a 22, entire

Τάμπια, 15 a 5, wall, entrenchment, bastion. Glossary B
ταύλινος, 20 b 27, of planks
ταχύ, 37 a 29, early morning
τεντόνω, 36 b 9, encamp
τέτοιος, 6 b 8, such
τζακίζω, 29 b 22, break
τζαντίρι, 13 a 26, tent. Glossary B
τζαουσάς, 49 a 18, officer of the bodyguard. Glossary B
τζαπί, 45 b 3, hoe
τζεκούρι, 52 a 28, axe
τζεμπετζῆς, 18 b 17, ammunition man. Glossary B
τίποτες, 17 b 6, property
τόπι, 7 b 8, cannon. Glossary B
τοπιά, 25 a 4, round of cannon
τοπτζῆς, 13 a 4, gunner
τούϊ, 39 b 25, horsetail, flag. Glossary B

τούρτα, 5 a 16, cake
τουφέκι, 13 b 18, musket. Glossary B
τουφεκιά, 25 a 4, fusillade
τουφεκτζῆς, 21 a 24, musketeer
τραβηξιά, 27 b 28, breach
τραβίζω, τραβῶ, 14 a 26, draw
τριαντάφυλλον, 49 a 25, rose
τριγύρου, 7 b 17, round about
τρίχινος, 49 a 9 (note), of hair
τυφλαμάρα, 4 a 13, blindness, infatuation
τώρα, 4 b 2, now

Ὑπερηφανεύομαι, 7 b 2, pride oneself
ὑπερηφανία, 4 a 13, pride

Φαλσαμπράγα, 36 b 4, small rampart. Glossary B
φανάριον, 45 b 17, lantern
φατρία, 6 b 16, faction, party
φευγάτος, 48 b 5, fugitive
φημίζω, 41 a 22, celebrate
φθάνω, 24 a 29, arrive
φιαμένκος, 38 a 7, Fleming
φλάμπουρον, 28 a 17, banner
φορά, 4 a 5, time (occasion)
φόρος, 44 b 19, market
φορτόνομαι, 17 a 11, load oneself with
φουρνέλον, 22 a 2, small furnace
φουρτοῦνα, 11 a 12, storm
φουσάτον, 8 a 11, army
φουστάσος, 45 b 20, soldier (?)
φραγγέλιον, 31 a 1, scourge
φράκτη, 23 b 27, dam
φτιάνω, 7 b 7, make
φτιάρι, 45 b 3, spade
φτύλι, 45 b 4, wick

Χαβάνι, 23 b 9, mortar. Glossary B
χαζρέτ, 39 b 23, holy. Glossary B
χαϊδοῦκος, 52 b 3, Haiduk. Glossary B

χάλασμα, 21b 13, ruin
χαλνῶ, 7b 17, destroy, break
χαμπάρι, 14b 17, news
χάνης, 17a 9, sultan. Glossary B
χάνω, 14b 23, lose
χαράτζι, 10b 1, tribute. Glossary B
χαρατζομένος, 10a 25, tributary
χάσιμον, 26b 21, loss
χασνές, 40b 25, treasure. Glossary B
χασοῦρα, 23a 15, ruin
χοντρένω, 13a 7, mass, thicken
χοντρός, 14b 28, big, heavy
χορταίνω, 44b 3, satisfy, be sated
χουλ(ι)άρι, 45b 5, ladle

χραμάδα, 49a 27, fringe. Glossary B
χρηβάται, 48b 4, Croats
χρόνος, 5b 15, year
χωρὶς ἄλλο, 17a 25, certainly

Ψάλλω, 13b 3, sing
ψευτάγιος, 49a 18, pseudo-holy man
ψηφῶ, 26a 6, take count of
ψοφίζω, 2b 16, die (of animals)
ψωμί, 40b 6, bread ; 45a 27 = pig (of lead)

Ὥρα, τῆς ὥρας, 11a 26, at once
ὡσάν, 9b 20, when, like, as
ὡσὰν ὁποῦ, 7b 16, seeing that

B. GLOSSARY OF CERTAIN TURKISH AND OTHER FOREIGN WORDS

In preparing this glossary, I have derived most assistance from F. Miklosich, *Die türkischen Elemente in den südöstlichen und osteuropäischen Sprachen* (in K. Akademie der Wissenschaften zu Wien, *Denkschriften*, 34, 35, 37, 38); *idem*, *Die slav. Elemente im Neugriech.* (in K. Ak. d. Wiss., *Sitzungsberichte*, 63, p. 529 ff.); G. Meyer, *Neugriechische Studien* (in K. Ak. d. Wiss., *Sitzungsb.*, 130, 132). Many foreign words whose origin I have not been able to trace through these writers are included in Glossary A.

ἀσκέρι, T. *'askér*, army.
ἀσλάνιον, T. *aslan, anslan*, lion crown, value 1 piastre, 2 paras. Cf. Roum. *leu*.
βαρόσι, T. *varûsh*, suburbs. Cf. Hung. *város*, Serb. *varoš*, 'town.'
γιουρῆσι, γιουροῦσι, T. *jürüjuš*, attack, assault.
δραγομάνος, T. *térdjüman*, interpreter.
ἐλκουμπαρατζῆς, grenadier, bomber. See κουμπαρᾶς.
ἐλτζῆς, T. *elčí*, ambassador.
ἐμηρπάση, T. *émir, baš*, head-prince.
ζαχερές, T. *zahiré*, supplies. Bulg. *zajre*. Serb. *zahira*.
καλαράσις, apparently Roum. *calăraş*, cavalryman. In text evidently a coin.
καπικιαχαγιάς, T. *kapu, kahía*, agent at the Porte.
κονάκι, T. *konmak*, to dwell. Hence 'lodging.'
κουμπαρᾶς, T. *kumbara*, grenade, bomb.
λαγούμι, T. *lagum*, mine.
λουμπάρδα, "T. *lumbarda*, bombarde; ein solches Wort scheint vorausgesetzt zu müssen. Vergl. *kumbara*" (Mik.). In the text the word clearly means a piece of artillery. I have translated 'bombard.'
λοῦντρα, Roum. *luntre*, boat.
λουφές, T. *'ulufe*, pay.
μαντένι, μαντάγνι, T. *ma'den*, mine.
μερτικόν, Hung. *mérték*, measure. In text, 'ration.'
μετερίζι, T. *métériz*, wall, entrenchment. In text used for both 'trench' and 'strongpost.'
μετζίτιον, T. *mésdjéd*, mosque.
μισίρι, T. *mesr*, Egypt, Cairo.
μπαϊεράκι, T. *bajrak*, flag.

μπαλτᾶς, T. *balta*, axe.
μπάνι, T. *ban*, protector. Roum. *ban*, coin worth ⅛ of a para.
μπαροῦτι, T. *barut*, powder.
μπαχτζέ, T. *bagča*, garden.
μπογδάνος, T. *bogdan*, *bugdan*, Moldavian.
μπορντέζα, cf. Pol. *bardysz*, *berdysz*, battleaxe.
μπουλούκι, T. *bülük*, division of soldiers.
ντελίδες, T. *déli*, brave, fanatic. *Delija*, special bodyguard of the Vezir.
ὀλάκικα, ὀλακλιέ, T. *ulak*, courier. Roum. *olak*, relay of horses.
ὀρδί, T. *ordu*, camp.
ὀτάκι, T. *otak*, large tent.
οὐλοῦκι, T. *oluk*, canal. Roum. *uluc*, conduit.
παστρουμᾶς, T. *pasterma*, pressed, smoked or sundried meat.
πίμνητζα, Roum. *pimniţa*, *pivniţa*, cellar. Serb. and Bulg. *pivnica*.
πιουλίτζα, cf. Roum. *piuiala*, 'whistling.' Apparently a slang term for 'catapult' derived from the sound.
ποστέλνικος, Roum. *postelnic*, chamberlain. Serb. *posteljnik*.
ῥαντηβάνι, Roum. *rădvan*, carriage.
σαϊμένις, σαϊμάνις, T. *ségban*, *séjmén*, irregular soldier. Roum. *seimeni*, mercenary soldiers. Bulg. *sejgmen*, gendarme.
σάμπλον, Russ. *sáblya*, sabre.
σαντζάκ, T. *sandjak*, lance with horsetail; province.
σαριτζᾶς, T. *saridjé*, hastily collected soldiers. Roum. *sărăcei*, cavalry.
σεράγι, T. *sérai*, palace.
σερασκέρης, T. *séraskér*, general.
σερήφης, sherif; descendant of Mahomet, through his daughter Fatima.
σεφέρι, T. *séfér*, campaign.
σοκάκι, T. *sokak*, street, lane.
σοῦρλα, Roum. *surlă*, pipe, flute. Cf. Serb. and Bulg. *zurla*.
σπαχίς, T. *sipah*, rider, cavalryman.
σφόρα, Roum. *sfoară*, thread.
τάμπια, T. *tabja*, wall, entrenchment. In text 'bastion.'
τζαντῆρι, T. *čadęr*, tent.
τζαουσάς, T. *tchauch*, officer of the bodyguard.
τζαπί, T. *čapa*, spade.
τζεμπετζῆς, T. *djébé*, harness. Cf. T. *djébhané*, powder-magazine. Roum. *djebhana*. In text seems to mean 'ammunition man.'
τόπι, T. *top*, ball, cannon.
τοῦϊ, T. *tug*, tail, horsetail of Pasha. Serb. *tug*, flag.
τουφέκι, T. *tüfenk*, pipe, musket.
τραμπάντ, Germ. *Trabant*, halberdier, lifeguardsman.
φαλσαμπράγα, It. *falsabráca*, Fr. *fausse-braie*, 'low rampart at foot of the principal rampart' (Hoare).

χαβάνι, T. *hávan*, mortar.
χαζνές, T. *haziné*, treasure.
χαζρέτ, Ar. *házrét*, majesty, holy.
χαϊδοῦκος, T. *hajdud*, Hungarian guerilla soldier.   Serb. *hajdut.*
    Russ. *haiduk.*
χάνης, T. *hakan*, emperor, sultan.   Here probably the Khan of the
    Tartars.
χαράτζη, T. *haradj*, tribute.
χραμάδα, cf. χράμι, woollen fringed coverlet.   In text probably
    'border.'

APPENDIX

Bound up with the MS. are two inscriptions[1]. They are in the Roumanian language.

(1) At the beginning of the volume in Cyrillic character.

"Alu Kostandin Brankovénu V(oda) Spa(tar), skoasa de Jeremija Kakavela dasculu(l) și egume(nul) Plavicénilo(r). dupe limba francésca pe limba grecésca și scrisa de popa nekula: l(una) noe(mvrie) a(nu)l ‚αχ'πζ."

"To Constantine Brancovano Voivode and Spatar. Translated by Jeremias Cacavelas, Teacher and Abbot at the monastery of Plavicenii from Italian (Frank) into Greek, and written by the Priest Nicolaos, November, 1687."

(2) At the end of the volume in both Cyrillic and Roman script.

---

[1] The transcription and interpretation of these inscriptions have been very kindly supplied me by the British Museum authorities, on the understanding, however, that they are to be regarded as provisional, there being no expert in this branch at the Museum. Mr L. C. Wharton, of the Printed Books Dept., has kindly helped me in the interpretation.

"Dic(emvrie) 15, 7195, arzintul de la steaesca, dramar(i) 1217."

"December 15, 1687. Star (?) money. Drachmae 1217."

GENERAL INDEX

The references are to the page-numbers.

For EU product safety concerns, contact us at Calle de José Abascal, 56–1°, 28003 Madrid, Spain or eugpsr@cambridge.org.

www.ingramcontent.com/pod-product-compliance
Ingram Content Group UK Ltd.
Pitfield, Milton Keynes, MK11 3LW, UK
UKHW012335130625
459647UK00009B/289

* 9 7 8 1 1 0 7 4 5 6 7 1 6 *